선생님, 우리 그림책 읽어요

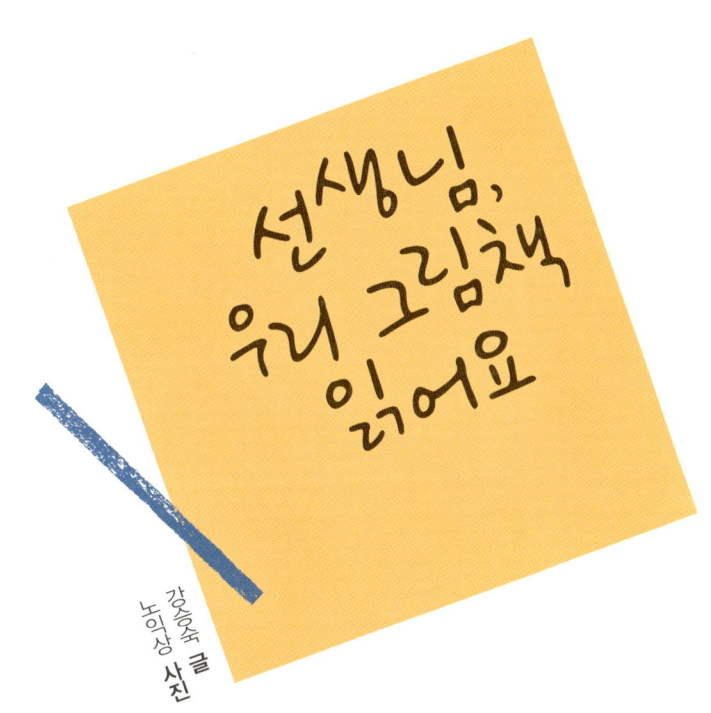

선생님,
우리 그림책
읽어요

강승숙 글
노익상 사진

보리

차 례

머리말_ 할머니가 되어서도 그림책을 읽어 주는 선생으로 살고 싶다 · 8

1. 지친 몸과 마음을 달래는 아이들

나한테 소원을 들어주는 요술 조약돌이 있다면 · 19
자기 힘으로 쉴 곳을 만드는 아이들 · 28
심심할 때는 꼬리따기 노래를 불러 보세요 · 39
도서관에서 놀자 · 50
아이들한테도 화를 풀 시간이 필요하다 · 57

2. 맑고 풋풋한 동심을 간직한 아이들

착하게 살기, 욕심 없이 살기 · 67
사랑이 필요해요 · 75
손때 묻은 인형 속에 담긴 수많은 이야기 · 82
꿈결 같은 일상, 일상 같은 꿈결 · 90
ㄱ은 가두다, ㄴ은 녹다 · 96

3. 자유롭고 당찬 삶을 사랑하는 아이들

마침내 자신만의 고양이가 된 길 고양이 · 105
백성들 마음속에 영원히 살아 있는 공주 이야기 · 114
보기 싫은 자신의 모습을 사랑하게 해 준 그림책 · 122
인디언 아이와 함께 모험을 떠나다 · 129
백두 거인이 일어날 때를 기다리며 · 138

4. 따뜻하고 평화로운 세상을 만드는 아이들

세상을 살리는 힘, 시작도 끝도 없는 어머니 사랑 · 151
관계를 바꿀 수 있는 아름다운 기억 · 161
나와 다른 것 끌어안기 · 170
세상에서 잊힌 이들이 함께 가는 길 · 176
전쟁 속에 꽃핀 우정 · 184
전쟁 없는 세상을 바라며 · 193

5. 자연과 생명을 소중하게 여기는 아이들

아이와 호랑이의 만남 속에 담긴 오래된 미래 · 205
가슴으로 느끼는 탄생과 성장의 비밀 · 212
우리 둘레에 있는 풀을 찾아서 · 217
나무 한 그루 심고 싶다 · 226
무시무시한 동물원 · 234
마음을 불편하게 하는 그림책 · 242

6. 가난해도 정겨운 생활을 꿈꾸는 아이들

욕심 때문에 놓친 사랑, 그리고 행복 · 253
가난해서 더 멋진 크리스마스 · 259
오래도록 귀하게 · 265
아이들이 정말 바라는 집 · 272
따스한 정이 묻어나는 식구 이야기 · 279

7. 환상 속에서 위로받는 아이들

주영이 마음을 어루만진 그림책 · 291

조금씩 나아지고 있는 정은이 · 299

현섭이를 지켜 주는 푸른 개 · 305

책에 눈뜬 정길이 · 310

피터의 휘파람과 세일이의 리코더 소리 · 321

그림책으로 만난 옆 반 아이, 은미 · 328

머리말

할머니가 되어서도
그림책을 읽어 주는 선생으로 살고 싶다

  십 년쯤 전 어느 날, 그림책을 소개하는 책을 한 권 읽었다. 마쓰이 다다시가 쓴 《어린이 그림책의 세계》이다. 이 책에서 처음 본 《100만 번 산 고양이》는 그만 내 첫사랑이 되었다. 고양이를 아주 좋아하는 나는 어린이 책을 공부하는 이들도 본 적 없다는 이 책을 찾아 여러 날 헤맸고, 드디어 찾을 수 있었다. 그 설렘은 지금도 잊을 수 없다.
  《100만 번 산 고양이》를 구한 날 너무 기쁜 나머지 뒤표지 안쪽에 달린 색종이로 주인공 고양이를 접어 책상에 고이 얹어 놓기까지 했다. 다음 날 나는 바로 아이들한테 그림책을 읽어 주었다. 처음으로 아이들에게 그림책을 읽어 주는 시간이었다. 가슴 두근거리며 재미있게 본 그림책을 아이들이 어떻게 받아들일지 몹시 궁금했다. 반응은 기대한 것보다 넘쳤다. 아이들은 온통 그림책에 눈빛을 쏟아부었고, 이어 펼쳐질 이야기에 숨죽이고 있었다.
  "선생님, 책이 이렇게 재미있다는 걸 처음 알았어요!"
  만화밖에 모르던 개구쟁이 남자아이가 흥분한 듯 소리쳤다. 이런 말을 들을 때 선생은 무척 행복하다. 그날부터 나는 토요일 오후 대부분을 책방에서 보냈다. 책방 한쪽에 주저앉아 그림책을 읽다 보면 서너 시간이 훌쩍 지나갔다. 단체나 개인이 펴낸 좋은 책 목록에 기대지 않고 그저 아무 책이나 읽다가 마음에 다가오는 그림책이 있으면 사 두었다. 그리고 우리 반 아이들한테 읽어 줄 월요일을 기다리고는 했다. 썩 마음에 드는 그림책을 구한 날에는 명절을 손꼽아 기다리는 아이처럼 새로운 한 주를 설레며 기다렸다.

　남달리 그림책을 벗하며 지내 온 세월도 벌써 십 년 남짓 되었다. 처음에는 마음에 끌리는 책만 아이들에게 읽어 주었다. 그러다 보니 자연히 외국 그림책을 많이 보여 주었다. 우리 정서를 담은 창작 그림책이 넉넉하게 나오지 않던 때라 아무래도 그림책 역사가 깊은 일본이나 미국, 유럽 그림책을 보여 주는 일이 잦았다. 고민이 되었다. 자아가 싹트는 아이들에게는 우리 작가가 그리고 쓴 그림책을 보여 주는 일이 무엇보다 중요하다고 생각했기 때문이다. 아쉬운 대로《백두산 이야기》같은 그림책은 입말로 이야기해 가며 보여 주었고, 우리 그림책 가운데 재미가 덜한 것은 책상을 뒤로 미루고 교실 한가운데 모여 앉게 하거나, 재미있는 활동으로 연결시켜 아이들이 호기심과 재미를 느끼도록 애썼다.

　그렇게 그림책을 읽어 주는 시간이 제법 흐르면서 아이들은 물론 나 자신도 달라졌다. 전에는 까마득하게 잊고 있던, 굳이 떠올릴 일도 없던 흐릿한 기억들이 그림책을 보면서 되살아났다. 부모님이나 동무하고도 그림책을 함께 볼 기회가 생긴 것도 그 무렵이다. 부모님과 몇 번 그림책을 본 것은 지금 생각해도 특별한 기억으로 남아 있다.

　우리 반 아이들하고도 많은 일들이 있었다. 함께 그림책을 보면서 느끼고 겪은 일들을 그대로 흘려보내기 아까웠다. 그만큼 그림책을 보는 시간은 나와 아이들이 생각과 느낌을 나누며 마음을 주고받고 서로를 이해하게 된 시간이었다.

앞에서도 말했지만 처음 아이들한테 읽어 준 그림책은 다분히 내 취향이 앞선 그림책이었다. 마음을 따듯하게 해 주는 이야기, 화면 구성이나 색이 독특한 분위기를 자아내는 그림책들이 여기에 들어간다. 하지만 시간이 흐르면서 아이들은 때로 내 생각이나 기준을 무너뜨리기도 했다. 심지어 내가 별로 관심을 기울이지 않는 그림책을 한 달도 모자라 석 달 내내 보면서 남다른 고민과 외로움을 달래는 아이들이 있었다. 그 모습은 신선한 충격이었다. 그 아이들을 보면서 내가 좋아하는 그림책을 고집해 좁은 범위에서 그림책을 고르던 태도에서 벗어났고, 그렇게 해서 그림책을 고르는 폭이 훨씬 자유로워졌다.

어릴 때부터 그림책을 읽으면 예술에 대한 감수성이 풍부해지고, 자기 안에 맺혀 있는 문제가 풀리기도 하고, 자유롭고 창의성 풍부한 사람이 된다는 이야기를 많이들 한다. 나는 아이들한테 그림책을 읽어 주면서 이런 경험을 맛보는 즐거움을 누리기도 했다.

그림책은 멋진 그림 전시장이다. 굳이 화랑에 가지 않아도 그림책으로 아이들과 나는 마음껏 미술 작품을 즐긴다. 판화의 아름다움과 강한 느낌을 잘 살린《아기 곰의 가을 나들이》나 콜라주 기법으로 단순하면서도 순박한 분위기에 해학미를 살려 감동을 주는 레오 리오니의 그림책, 아이가 그린 듯한 원색 그림으로 재미있으면서도 강렬한 느낌을 살린《쏘피가 화나면 – 정말, 정말 화나면…》이나《둥!》같은 그림책, 콜라주와 마블링 기법을 쓴 에즈라 잭 키츠의 그림책, 맑고 투명한 수채화로 마음을 설레게 하는 이와사키 치히로의 그림책……. 이 밖에도 꼽을 수 없을 만큼 멋진 그림책이 많다. 이런 그림책을 보면서 아이들은 따로 미술 작품 감상을 하지 않아도 훌륭한 미술 공부를 절로 할 수 있다.

그림책은 아이들 앞에 펼쳐진 사회 문제를 자세히 이해하는 길을 열어 주기도 했다. 2003년, 이라크 전쟁이 일어났을 때 더욱 그랬다. 아이들이 텔레비전 화면으로 전쟁을 구경하는 현실은 슬프고 답답했다. 무엇인가 해야겠다는 생각이 들었다. 나는 전쟁을 다루거나, 평화를 꿈꾸게 하는 그림책을 읽어 주었다. 그림책을 보여 주고 나서 이야기를 나누고 편지도 쓰고 손바닥만 한 포스터도 만들었다. 그 시간은 아이들 마음에 어떤 울림이 되고 깨달음으로 이어지는 듯했다.

계절 흐름을 섬세하게 느끼기 어려운 도시 아이들에게 자연과 계절을 더 풍부하게 느낄 수 있는 그림책을 보여 주기도 했다. 그림책을 보면서 아이들 사이에 일어난 문제를 더 분명하게 느끼고 함께 소통하기도 했다. 아이들은 자신들이 마음속으로 바라는 집이나 식구 이야기도 풀어놓았고, 때로는 속내를 내보이면서 눈물을 흘리기도 했다.

그림책은 교과 공부 시간을 더욱 풍성하게 만들어 주기도 했다. 6학년 아이들과 넓고도 막막한 세계 역사를 공부할 때였다. 나는 선으로 형태만 그린 흰 세계 지도를 나누어 주고 나서 제삼 세계라 할 수 있는 나라의 옛날이야기 그림책을 보여 주면서 그 나라를 지도에서 표시하게 했다. 가난하지만 그 나라들도 아름다운 문화를 창조했다는 것을 느끼게 하고 싶었다. 인권이나 이념 같은 사회성 짙은 문제를 다룬 그림책을 보여 주고 나서 토론하는 공부를 하기도 했다.

그림책을 넉넉히 가지고 있다 보니 어느 순간부터는 특별한 날, 특별한 때에 보여 줄 그림책을 여러 권 꼽을 수 있었다. 새 학기에는 한 해를 시작하는 마음을 생각할 수 있는 그림책, 봄이 오면 자연의 소중함을 생각해 볼 수 있는 그림책, 5월에는 식구를 생각할 수 있는 그림책을 골라 보여 줄 수 있었다. 장마철에는 비를 소재로 한 그림책을 여러 권 보여 주고, 가을이 되면 가을과 관계있거나 독서와 관계있는 그림책을, 한글날이 다가오면 한글을 다룬 닿소리 그림책을 보여 주었다. 추석이 다가오면 추석을 다룬 그림책을, 크리스마스가 다가오면 크리스마스를 소재로 한 그림책을 펼쳐 보였다. 인형이나 고양이, 개가 주인공으로 나오는 그림책을 보여 주고 인형에 얽힌 사연이나 동물 이야기를 풀어놓게 하기도 했다. 멋진 여자 주인공이 나오는 그림책을 내보이기도 하고 글자 없는 그림책이나 단색 그림책만 보여 주어 궁금증을 한껏 불러일으키기도 했다.

좋은 그림책은 세대를 뛰어넘어 사랑받는다고 하는데, 그림책을 보여 주면서 이런 경험을 많이 한다. 더구나 젖먹이 때부터 볼 수 있는 그림책을 6학년 아이들이 홀딱 반해서 볼 때는 정말 즐겁다. 그림책을 읽어 준다고 했을 때 시큰둥한 얼굴을 하던 6학년 아이들이 어느 순간 교실 그림책 책꽂이 앞을 서성이던 모습은 기억에 남는 즐거움 가운데 하나다.

그림책을 보는 즐거움 가운데 책 속 멋진 어른들을 만나는 즐거움도 빼놓을 수 없다. 《노란 양동이》의 아기 여우나 《강아지똥》의 강아지 똥, 《100만 번 산 고양이》에 나오는 고양이도 잊지 못할 사랑스런 인물이지만, 어른 주인공 가운데도 이들 못지않은 인물들이 있다. 내가 좋아하면서도 부러워하는 이들은 아이들하고 잘 노는 어른, 아이들 마음을 진짜 알아주는 어른들이다. 꼬마 아이 하나를 관객으로 앞에 두고 인형극을 공연하는 《꼬마 인형》속 할아버지나, 《비 오는 날의 소풍》에서 비 오는 날 아이와 소풍을 나가는 곰 아저씨 같은 어른이 그들이다. 이들은 늙었거나, 변변한 직업이 없다. 번

듯한 도시가 아닌 변두리 어딘가에 산다. 하지만 이들은 아이들에게 내가 어릴 때 흙 마당을 밟고 놀았던 것 같은 추억을 한껏 만들어 주고 같이 섞여 논다. 부족하지만 그림책을 읽어 주면서 조금이라도 이런 어른들을 닮아 보려고 애쓴다.

그림책을 보면서, 아이들한테 그림책을 읽어 주면서 나는 또 다른 꿈을 꾼다. 교실과 집을 작은 도서관처럼 꾸미는 일이다. 지금도 우리 교실에 들어오는 선생님들은 우리 교실이 따뜻한 느낌이 든다고 말한다. 그림책이 많아서인 듯하다. 책꽂이 사이에 놓여 있는 흙이나 헝겊으로 만든 그림책 속 주인공 때문이기도 할 것이다. 앞으로도 아이들과 내가 좋아하는 그림책 속 주인공을 헝겊이나, 흙, 십자수, 뜨개질로 만들어 놓을 생각이다. 그리고 할머니가 되어서도 그림책 읽어 주는 일을 하고 싶다.

이 글을 쓰다 보니 그림책을 읽어 줄 때마다 함께 웃고 슬퍼하던 아이들이 생각난다. 또한 이야기해 주는 선생님이 될 수 있도록 어린 시절 밤마다 많은 이야기를 들려주신 어머니, 새로 나온 그림책이나 마음에 드는 그림책을 함께 보며 이야기 나눈 동원 어린이 책방 정의신 님, 그림책을 더 알고 싶어 목말라하던 시절 좋은 그림책을 소개해 주고 많은 이야기를 들려준 동무 송희와 후배 명숙이도 생각난다. 고맙고 고맙다. 원고마다 정성껏 읽고 의견을 준 다큐멘터리 사진작가 노익상 씨에게도 고마운 마음을 전한다.

2010년 봄
강승숙

＊이 책에 나오는 그림책 수업 이야기는 강승숙 선생님이 2000년부터 2009년까지 10년에 걸쳐 수업했던 내용입니다. 아이들 이름은 인격을 보호하기 위해서 바꾸었습니다.

아영, 수진, 은영, 승훈

1

지친 몸과
마음을 달래는
아이들

나한테 소원을 들어주는
요술 조약돌이 있다면
《당나귀 실베스터와 요술 조약돌》

어린 시절이 기억난다. 학교에서 돌아오면 마당에 들어서는 순간부터 큰 소리로 엄마를 불러 대고는 했다. 그럴 때면 어머니는 꽃밭에 앉아 풀을 뽑거나, 부엌에서 찬을 만들거나, 마당에서 빨래를 널다가 반가이 맞이하며 안아 주고는 하셨다.

"아이구, 우리 이쁜 딸!"

어머니 품에 꼭 안긴 채 이 한마디를 들으면 동무들과 다투어 속상했던 마음도, 벌을 서다가 상했던 마음도 한순간에 다 풀렸다.

우리 집은 산 밑 외딴집이었다. 그래서 어머니가 없는 날에는 더없이 쓸쓸하고 허전했다. 그 마음을 아셨는지 어머니는 내가 학교에서 돌아오는 시간에는 늘 집에 계셨다. 어머니는 드물게 동네로 마실을 가기도 했는데, 그런 날이면 나는 미친 듯 악을 쓰며 사방팔방으로 어머니를 찾아 헤맸다. 마당, 방, 뒤란까지 뒤져도 어머니가 없을 때는 터져 나오는 울음을 삼키며 집 앞 동무네 배 밭을 가로질러 집에서 백 미터 남짓 떨어져 있는 우물가로 내달았다. 어머니가 그곳에 있기를 간절히 바라면서. 그곳에도 어머니가 없을 때는 참으로 절망스러웠다. 그럴 때면 다시 분에 못 이겨 씩씩거리며 마을로 달려갔다. 질질 울면서 어머니가 갈 만한 이웃집을 죄 뒤지다 어머니를 만날 때 그 기쁨은 이루 말할 수 없었다. 어머니는 미안해 어쩔 줄 몰라 했고, 나는 온갖 투정을 하며 어리광을 부렸다.

《당나귀 실베스터와 요술 조약돌》(윌리엄 스타이그 글 그림, 이상경 옮김, 다산기획)을 보면 그런 순간들이 떠오른다. 나는 자라면서 부모님과 떨어져 지내본 일이 거의 없다. 뜻하지 않은 일로 떨어져 있을 때조차 겨우 몇 시간을 넘지 않았다. 뜻하지 않은 일도 기껏해야 학교에서 집에 돌아왔을 때 어머니가 없거나, 시장에서 어머니를 잃어 헤맸던 일뿐이었다. 하지만 어린 나는 그 일을 겪는 순간이 더없이 길게 느껴졌다.

이 그림책을 보면, 요술 조약돌에게 소원을 잘못 비는 바람에 바위가 되어 평생 부모와 떨어져 살게 될지 모르는 어린 당나귀 실베스터의 슬픔이 참으로 실감 나게 다가온다. 자식이 집 뒤 언덕에 바위가 되어 있는 줄도 모르고 온 마을을 찾아 헤매는 부모의 아픔도 마찬가지다. 작가 윌리엄 스타이그는 특별하게 화면을 구성하거나, 특이한 기법이나 색을 쓰지 않았다. 오직 단순한 색을 입힌 선으로만 이 당나귀 식구들이 겪는 그리움과 슬픔을 표현한다. 등장인물인 당나귀는 마치 사람처럼 느껴진다. 그림책 속 동물들의 표정 연기가 그만큼 뛰어나다. 그 모습을 보면 언젠가 겪었던 비슷한 기억이 떠오른다. 그리고 자식을 잃은 부모 마음이 저렇구나, 하며 깊이 공감하게 된다. 아이들은 저마다 우리 부모도 같은 일을 겪으면 저렇게 마음 아파하겠구나, 하고 느낄 것이다.

《당나귀 실베스터와 요술 조약돌》을 보여 줄 때 진석이와 나영이, 현희가 마음에 걸렸다. 세 아이 모두 학교에 들어오기 전부터 어머니와 떨어져 새어머니와 살거나 할머니와 살고 있기 때문이다. 아직 2학년이라 고학년 아이들하고는 달리 그런 마음을 꽁꽁 싸매고 있지 않고 가끔씩 내게 내비친다. 하지만 아이들 앞에서는 좀처럼 그런 속내를 드러내지 않는다.

손에 쥐고 무언가를 빌면 소원을 들어주는 빨간 조약돌에 아이들은 금세 빠져들었다.

"아, 나도 저런 조약돌 하나 있으면 좋겠다."

당나귀 실베스터가 우연히 발견한 조약돌을 손에 쥐고 소원을 빌 때 아이들은 실베스터처럼 꿈결 같은 얼굴을 했다. 오던 비를 그치게 하고, 그친 비를 다시 내리게 하는 신비한 조약돌이니 그럴 만도 하다. 하지만 이렇게 귀한 조약돌을 가지고도 실베스터는 갑자기 닥친 위험 앞에서 제대로 쓰지 못한다. 달려드는 사자를 보고 놀란 나머지 자신이 바위가 되었으면 하는 엉뚱한 말을 해 버린다.

"아, 바보! 사자더러 생쥐가 되라고 해야지."

영민이가 말했다. 꽤나 답답했나 보다. 정말 그래야만 했다. 하지만 일은 벌어졌고, 실베스터는 바위가 되어 하루, 이틀, 한 달, 여러 계절을 보내며 그 자리에 마냥 붙박여 있다. 조약돌을 손에 쥐어야만 소원을 이룰 수 있는데, 실베스터가 조약돌을 손에서 놓쳐 버렸기 때문이다.

"아, 불쌍하다."

"배고프겠다."

아이들은 한마디씩 했다. 이제 어떻게 될 것 같냐고 물었다. 아이들은 막막해했다. 그래도 민석이는 제법 그럴듯한 상상을 해낸다.

"엄마, 아빠가 우연히 요술 조약돌을 주워서 아이가 돌아오게 해 달라고 소원을 빌 거 같아요. 실베스터가 조약돌 모으는 걸 아니까, 그걸 줍게 될 거 같아요."

그럴듯했다. 몹시 궁금해하는 아이들 앞에서 잠깐 뜸을 들이다가 다시 그림책을 읽었다. 민석이가 예상했듯 어느 봄날, 실베스터 부모는 슬픔을 이겨 보려고 언덕으로 소풍을 가서 바위가 된 실베스터 위에 앉는다. 그리고 그 작은 빨간 조약돌을 우연히 땅에서 주워 바위 위에 놓는다. 그 순간 실베스터가 당나귀로 돌아가고 싶다고 마음으로 크게 외친다. 그리고 기적이 일어난다. 함께 집으로 돌아온 식구들은 요술 조약돌을 상자 속에 집어넣고 자물쇠를 채운다. 식구가 서로 만났으니 요술 조약돌 따위는 이제 필요 없다. 함께하는 것만으로도 행복하기 때문이다.

"실베스터 식구는 왜 빨간 요술 조약돌을 더 쓰지 않았을까?"

"가장 소중한 걸 얻었으니까요."

"이런 좋은 날, 실베스터가 지금 여기에 우리와 함께 있으면 얼마나 좋겠어요."라고 엄마가 말하자 아빠는 슬픈 얼굴을 한 채 고개를 푹 숙이고 땅만 내려다보았습니다. "여보, 당신은 그렇게 생각하지 않으세요?"
그러자 아빠는 고개를 들고 엄마를 바라보았습니다. 아빠의 얼굴은 마치 "나도 당신만큼이나 실베스터가 보고 싶소." 라고 말하는 듯한 표정이었습니다.
엄마와 아빠는 슬픈 얼굴로 서로를 바라보았습니다. 바로 그 때 실베스터는 '나는 정말정말 다시 당나귀가 되고 싶어, 원래대로 내가 되고 싶어!' 라고 생각했습니다.
그러자 그 순간 바위가 실베스터로 변하는 것이 아니겠어요!

《당나귀 실베스터와 요술 조약돌》 윌리엄 스타이그 글 그림, 이상경 옮김, 다산기획

아이들은 식구가 헤어지지 않고 사는 것이 얼마나 행복한 일인가를 진심으로 느끼는 듯했다. 하지만 요술 조약돌을 아이들이 어떻게 생각하는지 궁금하여 실베스터가 가진 빨간 요술 조약돌을 갖게 된다면 어떤 소원을 빌겠냐고 물었다.

"저는요, 엄마, 아버지가 자주 싸우는데 싸우지 않게 해 달라고 빌고 싶어요."

민호가 말했다. 민석이도 비슷한 이야기를 했다. 어머니, 아버지가 한 번 싸우면 오래도록 말을 안 하는데, 싸우더라도 제발 빨리 화해하게 해 달라고 빌겠다고 했다. 식구 이야기가 나오니까 아이들은 저마다 제 집 속사정을 이야기했다. 이렇게 어머니, 아버지가 다투거나

아버지가 술 먹는 것을 고치게 해 달라고 빌고 싶다는 이야기가 이어지는 가운데 진석이가 소원을 이야기했다.

"저는 요술 조약돌이 있으면 유치원 때로 돌아가서 다시 친엄마랑 아버지랑 같이 살게 해 달라고 빌고 싶어요. 그때로 돌아가서 아버지가 술 먹고 엄마랑 싸우지 않게 해 달라고 빌고 싶어요."

어렴풋이 알고 있던 아이들도 진석이 이야기를 듣고는 진석이가 친어머니랑 살고 있지 않다는 것을 알게 되었다. 지금은 다 이해한 듯하지만 혹시 나중에라도 진석이를 놀리는 아이들이 있을까 봐 걱정이 되었다. 그래서 속마음을 이야기한 진석이를 크게 칭찬하면서 진석이를 위로해 주는 동무들이 되어 달라고 부탁했다.

내 말이 끝나자 현희가 얼굴이 발갛게 달아오른 채 손을 번쩍 들었다. 무슨 말을 할지 알 것 같았다. 현희는 좀처럼 친어머니와 떨어져 사는 것을 아이들한테나 나한테 이야기하지 않는다. 현희는 떨리는 목소리로 입을 열었다.

"저도 진석이처럼 유치원 때부터 엄마랑……."

현희는 말을 잇지 못하고 자리에 앉더니 엎드려 흐느꼈다. 사정을 잘 모르는 아이들은 어리둥절한 얼굴을 하기도 했다. 왜 우는 거야, 하며 궁금해하는 아이들도 있었다.

"얘들아, 실은 현희도 사정이 생겨서 엄마랑 살고 있지 않아. 그 얘기를 하려다 보니 엄마가 보고 싶어서 눈물이 났나 봐."

이 말을 하는데 내 눈시울이 뜨거워졌다. 어머니하고 잠깐만 떨어져도 난리를 피우던 어린 시절 내 모습이 생각나면서 현희가 너무나 안쓰러웠다. 현희는 어깨를 들썩이며 흐느꼈다. 이야기를 잠깐 멈추고 현희에게 다가가 어깨를 감싸 안았다. 현희는 그래도 두 주에 한 번씩 어머니를 만난다. 진석이보다 훨씬 사정이 낫다. 하지만 현희에게는 보름이라는 시간도 무척 길다. 현희는 오로지 어머니랑 같이 사는 게 소원이다. 현희를 보더니 나영이는 아예 말도 꺼내지 못하고 일어서서는 울기만 했다. 나영이는 어머니랑 헤어져 살면서 마음에 병이 생겨 치료까지 받았다. 몹시 힘든 시간을 보내고 있다. 하지만 이제 곧 나영이는 한 달 뒤면 어머니와 살게 된다. 그런데 한 달도 나영이한테는 너무 길다. 그리움이 부풀 대로 부풀어서 조금만 상처를 받아도 어머니를 찾으며 운다.

　나영이와 현희 울음이 그치자 남자아이 하나가 요술 조약돌이 있으면 돈을 많이 갖게 해 달라고 빌고 싶다고 했다. 그 이야기가 끝나자 진석이가 다시 손을 번쩍 들었다. 진석이는 뜻밖의 이야기를 했다.

　"저는 요술 조약돌이 없어도 열심히 노력하면 소원대로 이룰 수도 있다고 생각해요."

　진석이는 사실 나영이나 현희와 달리 어머니를 거의 보지 못하고 지낸다. 그만큼 아픔도 많고 상처도 많다. 그런데 이 아이가 무언가 애써 보겠다는 마음을 내비친 것이다. 고맙고도 안쓰러웠다. 진석이는 자신이 누구한테도 사랑받지 못하고 있다고 생각한다. 그래서 때로는 억울한 마음이 쌓여 거친 행동으로 터져 나오고는 한다. 하지만 우는 아이를 따스하게 위로하기도 한다. 상처받은 마음과 상처를 이겨 보려는 마음이 진석이 안에서 늘 다투고 있는 것처럼 보인다. 어

머니가 나오는 그림책을 즐겨 보는 진석이. 진석이가 자신을 돌보지 못하고 떠날 수밖에 없었던 어머니 마음을 조금이라도 헤아릴 수 있으면 좋겠다.

"엄마는 아주 착해요. 아버지는 술만 먹으면 무서워져요. 물건 던지고 그래요. 자꾸 내가 착한 엄마 안 닮고 아버지 닮는 거 같아요."

이런 이야기를 나한테 들려준 적도 있는 진석이는 어머니 마음을 조금은 이해하고 있는지도 모른다. 하지만 아주 조금뿐일 것이다. 자신의 처지를 이해하기에는 너무 어리고 맞닥뜨린 현실이 벅차기 때문이다.

《당나귀 실베스터와 요술 조약돌》을 보면서 너무나 안쓰러운 아이들 이야기를 많이 들었다. 이 세 아이뿐 아이라 다른 아이들도 저마다 식구들과 살아가면서 갖은 일을 겪는다는 것도 다시금 깨달았다. 이 아이들 마음을 어떻게 위로해 줄 수 있을지 모르겠다. 그저 더 따스한 선생이 될 수 있도록 애쓸 도리밖에. 그리고 아이들이 어머니, 아버지가 실베스터 부모처럼 자신들을 그리워하고 사랑하고 있다는 믿음을 잃지 않았으면 하고 바랄 뿐이다. 그림책 이야기는 주인공 당나귀 실베스터와 부모가 극적으로 만나면서 마무리되지만 세 아이에게는 그런 바람이 쉽사리 이루어지지 않을 것이기 때문이다.

같은 주제로 더 읽어 준 그림책
《까마귀의 소원》 하이디 홀더 글 그림, 이명희 옮김, 마루벌
《비야, 내려라!》 캐런 헤스 글, 존 J 무스 그림, 윤여림 옮김, 삼성출판사
《우즐리의 종소리》 셀리나 쇤츠 글, 알로이스 카리지에 그림, 박민수 옮김, 비룡소

자기 힘으로
쉴 곳을 만드는 아이들
〈우리들만의 작은 집〉

십 년 만에 6학년 아이들을 가르치던 해다. 새 학년을 맞이하기 전 겨울 방학과 봄 방학 내내 산을 오르거나 길을 걸으면서 중학생과 다름없을 만큼 달라졌다는 6학년 아이들과 어떻게 하면 잘 지낼 수 있을지, 생각하고 또 생각했다.

3월, 나름대로 몸과 마음을 추스르고 아이들을 맞이했다. 잘해 보고 싶다는 마음에 설레기도 했지만 긴장도 되었다. 아이들에 대한 정보가 썩 좋지 않았기 때문이다. 우리 반 아이들 몇몇이 5학년 때 아주 말썽을 피운 모양이다. 수업을 하기 어려울 만큼 선생님을 얕잡아 보고 반항한 아이들도 있다고 들었다. 교장 선생님이 가끔 교실에 들러 괜찮냐고 물어보는 것을 보면 지난해 일로 아직 걱정이 가시지 않은 모양이었다. 학급 편성 자료 참고란에 '문제아'라고 정확히 꼬리표를 달고 온 아이도 있었지만 일주일 동안 정말 아무 일도 없었다.

아이들을 만난 지 꼭 열흘 째 되는 날, 첫 시간 수업을 하는데 남자 아이 셋이 보이지 않았다. 몇 아이가 학교 오는 길에 그 아이들을 보았다고 하는데 무슨 일인지 알 수 없었다. 걱정하고 있는데 인엽이가 비밀 '아지트'에 갔을지도 모른다고 했다. 자기도 다녀온 일이 있고, 아직 안 온 아이 가운데 영재도 그곳에 가서 논 적이 있기 때문에 그럴 수도 있다고 했다. 생각할 겨를도 없이 아이들한테 자습하라고 이른 뒤에 학년 부장 선생님한테 사정을 말하고 인엽이와 '아지트'를 찾아 나섰다. '아지트'는 다른 반 아이가 만들어 놓은 건데, 그 아이는 지난해 그곳에서 놀다가 결석한 적도 있다고 했다. 불안한 마음을 누르며 허둥허둥 '아지트'로 달려갔다.

놀랍게도 '아지트'는 주택가 한가운데, 공사장 안에 있었다. 개구멍으로 들어가 보니 공사를 하다 만 공터 한쪽에 어엿한 공간이 보였다. 널빤지로 지붕을 만들어 생긴 자리에는 어디에서 가져왔는지 매트리스가 깔려 있고, 그 위에는 담요까지 놓여 있었다. 아이들은 없었다. 인엽이한테 여기에서 무얼 하며 노냐고 물으니 이야기도 하고 게임도 하면서 논다고 했다. 눈치로 보아 담배나 다른 것은 하지 않는 듯했다.

맥이 풀려 학교로 돌아올 때는 인엽이와 이야기를 나누면서 천천히 걸었다. 덕분에 인엽이 또래 아이들의 마음과 생활을 조금이나마 알 수 있었다. 인엽이는 공부 잘하는 영재가 학교에 안 오는 것은 이해가 안 가지만, 자기도 학교에 오기 싫은 마음이 있기 때문에 그럴

수도 있겠다고 했다. 무엇보다 어른들이 참견하지 않는 곳이 필요해서 아지트를 만든다고도 했다. 게임방이나 피시방을 찾는 까닭도 알려 주었다. 걱정이 되면서도 자기들 살 구멍을 이렇게 만들어 내는구나, 하는 생각이 들었다.

　아침에 일어난 사건은 싱겁게 끝났다. 내가 교실로 돌아오기 전에 아이들이 먼저 와 있었기 때문이다. 영재가 동무네 집에 열쇠를 두고 와서 동무들과 함께 가지러 갔다가 버스를 잘못 타서 늦게 왔다고 했다. 말 한마디 없이 늦게 온 아이들이 야속하기는 했지만 야단칠 마음은 없었다. 덕분에 남자아이들의 세계를 엿보는 행운을 얻었기 때문이다.

　여자아이들은 남자아이들하고 좀 다르다. 학교에서만 보더라도 남자아이들은 틈만 나면 복도나 층계에서 뛰놀거나 운동장에서 공놀이를 하는데, 여자아이들은 구석에 몰려 있기를 좋아한다. 하지만 학교 어디에도 여자아이들이 모여 있을 만한 구석진 자리는 없다. 아름드리나무도, 아담한 뒤뜰도 없다. 그러니 자연 여자아이들은 화장실을 아지트로 삼는다. 남자아이들도 화장실을 놀이터로 쓰지만 여자아이들이 더한 것 같다. 화장실 한 칸 안에 두세 아이가 들어가 쑥덕거리기도 하고, 화장실 통로에서 말타기놀이를 하거나 몇몇씩 둘러서서 군것질을 하며 비밀 이야기를 주고받기도 한다.

　가끔 아이들을 보면 어른인 나하고는 다른 세계 안에 있구나, 하는 생각이 들고는 하다. 이 아이들하고 기까워지고 싶은데 그 마음속으로 정말 들어갈 수 있을까, 하는 두려움도 생긴다. 하지만 아이들이 고민이나 하고 싶은 이야기를 풀어놓을 자리를 만들어 주는 것밖에는 다른 길이 없는 듯하다.

세 해째 갖고 다니면서도 아이들한테 한 번도 읽어 주지 않은 그림책 《우리들만의 작은 집》(하이드룬 페트리데스 글 그림, 사과나무 옮김, 크레용하우스)을 이 아이들에게 읽어 준 것은 순전히 학기 초에 겪은 '아지트'에 관한 일 때문이었다.

책을 읽어 주려고 교탁 위에 가져다 놓았을 때다. 효진이가 다가오더니 재미있게 읽은 책이라고 했다. 그리 재미를 못 느낀 책이라 아이들은 어떻게 볼까, 걱정스러웠는데 그 말을 들으니 안심이 되었다.

사실 지난해 가르쳤던 2학년 아이들 손때가 잔뜩 묻은 그림책을 백권도 넘게 교실 한쪽에 꽂아 놓고는 한 번도 아이들한테 읽으라고 말한 적이 없다. 아이들은 일주일이 넘도록 그림책에 손도 대지 않았다. 그림책은 자기들하고는 상관없는 책으로 여긴 모양이다. 《강아지 똥》(권정생 글, 정승각 그림, 길벗어린이)을 읽어 주고 나서야 한두 아이가 그림책 책꽂이 둘레를 서성거렸다. 그러다 《두루미 아내》(야가와 수미코 글, 아카바 수에키치 그림, 김난주 옮김, 비룡소), 《수호의 하얀 말》(오츠카 유우조 글, 아카바 수에키치 그림, 이영준 옮김, 한림출판사)을 잇달아 읽어 주고 나니 부쩍 그림책에 흥미를 보였다. 저학년 아이들하고 다를 바 없이 내가 읽어 준 책을 찾아 읽었고, 효진이처럼 마음에 드는 책을 골라 읽기도 했다.

표지를 보여 주었다. 아이들은 별 말이 없다. 몇 번 책을 읽어 주면서 굳이 아이들한테 아무것도 묻지 않았다. 6학년 아이들은 되도록 기다려 주는 쪽이 나을 듯싶었다. 그저 아이들이 조용히 귀 기울이면 아, 이 책이 마음에 드는구나, 하고 생각할 뿐이다. 서로 말하고 싶어 야단인 저학년 아이들하고는 많이 다르다. 생각하고 느끼는 게 있어도 그다지 말하고 싶어 하지 않는다. 그래도 이 책을 읽어 줄 즈음은 아이들하고 조금 친해져서 읽는 도중에 말을 거는 아이들도 더러 생겼다.

비가 새는 다락방에 사는 키가 큰 한스와 사람들 신발만 보이는 지하방에 사는 키 작은 피터. 두 아이는 어느 날 나란히 앉아 어른이 되면 살고 싶은 집을 그려 본다. 그러다 한스와 피터는 둘레 풍경이 아름다운 빈터에서 바라던 낡은 집을 얻는다.

"아지트다!"

"키 차이가 되게 난다."

누군가 입에서 튀어나온 말이다. 남자아이들은 대부분 낡은 집이 두 아이의 아지트가 되리라는 것을 어렵지 않게 알아차렸다. 저희들도 이런 집을 발견하면 분명 아지트로 삼을 것이다.

이 책에는 고학년 아이들이 좋아할 만한 대단한 사건이나 모험에 가득 찬 일도 없고, 반전도 없다. 이야기가 자연스레 흘러가서 밋밋한 느낌마저 든다. 하지만 아이들은 자꾸 그림책 속으로 빠져든다. 가난한 두 아이에게 연민을 느끼며 이 아이들 속에서 지금 없는 것을 갖고 싶어 하는 자신들을 들여다볼 수 있어서일 게다. 키 큰 아이와 삭은 아이를 농부로 짝지은 점도 흥미롭게 느끼는 것 같다. 키가 너무 크거나 작은 것은 아이들한테 고민거리다. 대부분 아이들은 몸집이 비슷한 아이끼리 어울리고는 하는데, 이렇게 키 차이가 나는 아이들이 동무로 나오니 흥미를 느낄 만도 하다.

크레파스로 칠한 듯한 친근한 그림이 큼직큼직하게 나오다 두 아이가 집주인한테 편지를 쓰는 대목에 가서 그림은 아주 자그마한 삽화로 바뀐다. 우리 반 아이들은 일기를 쓰다가 구석 자리에 그린 듯한, 연필로 그린 흑백 그림을 보려고 길게 목을 뺐다. 한스와 피터는 주인이 누구인지 묻는 편지를 쓴 덕에 쉽게 주인을 찾고, 주인한테 집을 쓸 수 있다는 허락을 받는다.

거미줄과 먼지로 가득한 집, 두 아이는 팔을 걷어 부치고 청소를 한다. 공사장 빈터에 아지트를 마련한 우리 학교 아이들도 이 아이들처럼 기쁨에 들떠서 집을 만들었을 거라는 생각이 자연스레 드는 장면이었다. 쌓여 있는 널따란 널빤지를 날라다 지붕과 바닥을 만들면서 얼마나 신이 났을까! 그 아이들 모습이 눈에 보이는 듯했다.

두 아이는 거침이 없다. 문제가 생기면 해결하기 위해 적극 나선다. 페인트가 필요하면 페인트 가게 아저씨를 찾아가 일을 돕고 페인트를 얻는다. 도와주는 어른이 있기는 하지만 아이들이 아무런 노력도 하지 않는 것은 아니다. 아이들은 편지를 써서 주인을 찾으려 하거나 일을 해서 페인트를 얻었다. 하지만 모든 게 너무 순조로우면 재미가 없다. 모험을 좋아하는 고학년 또래 아이들이 벌이는 일에 고난은 조금 있어야 한다. 대단한 고난은 아니지만 고장 난 난로에 불을 붙인 탓에 집 안은 시커먼 연기에 그을려 다시 엉망이 된다. 한스는 눈물을 떨어뜨린다.

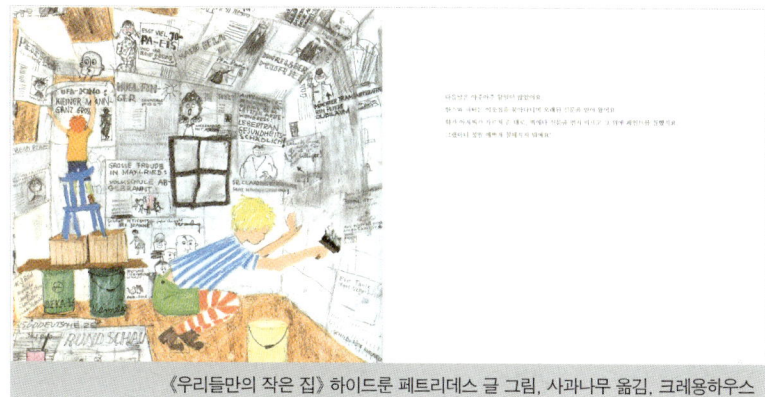

《우리들만의 작은 집》 하이드룬 페트리데스 글 그림, 사과나무 옮김, 크레용하우스

우리 반 아이 영재는 혼자 있고 싶거나 동무들끼리 놀고 싶을 때 돗자리를 들고 과자를 사서 아파트 옥상에 올라가 논다. 동무들과 뒹굴면서 하늘도 보고 우스갯소리도 하며 지내는 그 시간이 가장 행복한 순간이라고 했다. 하지만 이따금 경비 아저씨한테 걸려서 되게 야단을 맞기도 한단다. 그림책 속 한스와 피터가 그렇듯 아이들이 자기들만의 공간을 만들어 노는 일도 결코 쉽지 않다.

이제 화면에는 신문지로 초배를 한 벽에 페인트를 칠하는 두 아이가 나온다.

"페인트칠 해 보고 싶다!"

장난꾸러기 효성이가 한마디 한다. 그림책을 보다 보니 무언가 하고 싶은 마음이 꿈틀거리나 보다. 집을 단장하고 나자 아이들은 갖가지 헌 가구를 구해 살림을 장만한다. 낡은 유보자에 낡은 의자, 새장, 냄비를 싣고 가는 모습을 우리 반 아이들은 부러움에 가득 차 보고 있다. 낡은 물건들은 아이들이 톱질도 하고 망치질도 해서 반듯하게 바뀌고 있다. 한스와 피터는 신문을 접어 커튼을 만들고 헌옷을 길게 잘라 꼬아서 양탄자도 만든다. 조립품을 사서 장난감을 만드는 아이들한테 이 장면은 정말 새로울 것이다. 이제 곧 실과 시간에 인형이나 책꽂이 만들기를 한다. 나는 틀림없이 한스와 피터 이야기를 꺼내면서 멋지게 만들어 보자고 할 것이다.

집을 다 고치고 나서 한스와 피터는 식구들과 도와준 어른들을 초대한다.

"자, 애들아. 이제 한스와 피터가 집 안을 어떻게 꾸몄는지 보여 줄게."

화면을 펼치자 아이들 입에서 와아, 하고 소리가 나온다. 이렇게 사과 상자로 만든 푸른색 의자, 불에 검게 그을린 벽에 칠한 붉은색 페인트, 신문지로 만들어 단 커튼 하나하나가 아이들에게 감동으로 다가간 것이다. 그래서 마치 저희들이 한스, 피터와 함께 집을 꾸민 듯 즐거워한다. 이 그림책 작가는 열다섯 살에 이 그림을 그렸다. 어린 시절 동무들과 나뭇가지로 새장을 만들고 상자로 의자를 만들었던 기억을 고스란히 살려 책으로 만들었으니, 그 마음이 아이들한테도 고스란히 전해졌다.

이렇게 만들고 움직이고 꾸미기를 좋아하는 아이들이 지금 컴퓨터에 갇혀 있다. 어른들 눈에는 그렇게만 보인다. 하지만 아이들 마음은 여전히 자기들만의 공간을 갖고 싶다는 열망으로 가득하다. 지금 못 하면 어른이 되어서라도 살고 싶은 집을 짓겠다고 말한다. 그런

뜻을 자라면서 펼쳐 볼 수 있게 학교가 바뀌어야 한다. 문득 오래전에 텔레비전에서 본 독일 슈타이너 고등학교에 다니는 남학생이 떠오른다. 그 아이는 집에만 오면 창고를 들락거리며 온갖 재료를 꺼내 들고 방에 들여 놓을 가구를 만드느라 바쁘다. 그 일에 재미를 붙여 푹 빠져 있다. 그 아이는 자기만의 공간을 제 힘으로 만들고 있었다.

이야기를 다 읽어 주고 나서 아이들에게 공책에 느낌을 써 보라고 했다. 책은 칠판 위에 놓아두었다. 다락방에 사는 한스가 우산을 들고 앉아 있는 장면을 다시 보고 싶다는 아이들이 많아서 그 장면을 펴 놓았다. 나와서 그림을 보고 그리는 아이들도 있고, 글을 쓰는 아이들도 있다. 느낀 것도 쓰고, 혼자 있고 싶을 때 어떻게 하는지도 써 보자고 했다.

더 어릴 때는 책상 밑을 이불로 가리고 그 안에 들어가서 놀았다는 효성이는 이제 그런 놀이를 하지 않는다고 했다. 하지만 아이들은 저마다 혼자 있는 시간과 공간을 얻기 위해 갖은 애를 쓰고 있었다. 영재처럼 경비 아저씨 몰래 아파트 옥상에 올라가기도 하고, 부모가 늦게 들어오는 동무네 집에 가기도 한다. 집 베란다에 돗자리를 깔고 놀거나 마당에 텐트를 치고 노는 아이들도 있고, 오락실에 가거나 아지트를 만들어 노는 아이들도 있다. 아이들은 간절하게 자기들만의 공간을 바라고 있었다. 오락실은 게임만 하는 곳이 아니었다. 어른이 간섭하지 않는 공간이기에 아이들한테 더 매력 있는 곳이었다.

아이들과 같이 이 그림책을 보면서 산도 들도 빼앗기고 갈 곳 없는 아이들을 다시 생각했다. 어른들은 아이들이 피시방에 간다고, 텔레비전에 매달려 산다고 아이들을 나무라기 전에 둘레에 아이들이 바라는 공간이 있는지 먼저 살펴봐야 할 것 같다.

   덧붙임 : 이 글에 나오는 효성이는 이 그림책을 읽어 주던 해 11월, 뜻밖의 사고로 하늘나라로 갔다. 나와 아이들은 몹시 슬펐다. 효성이는 운동과 음악에 재능이 많았다. 학예 발표회를 앞두고 사물 연습을 할 때 효성이는 상쇠를 맡았는데, 놀랍게도 하루 만에 그 복잡한 쇠가락을 다 익혔다. 그 아이가 흥에 겨워 쇠를 칠 때면 먼 훗날 청년이 되어 풍물놀이를 이끄는 아름다운 모습이 그려지고는 했다. 하늘나라에 간 효성이, 그리고 어엿한 고등학생이 되었을 그때 아이들 모두 행복하기를 바란다.

같은 주제로 더 읽어 준 그림책
《놀이터를 만들어 주세요》 쿠루사 글, 모니카 도페르트 그림, 최성희 옮김, 동쪽나라
《로지의 작은 집》 주디 하인들리 글, 헬렌 크레이그 그림, 김서정 옮김, 웅진주니어
《벽장 속의 모험》 후루따 타루히, 타바따 세이이찌 글 그림, 박숙경 옮김, 창비

심심할 때는 꼬리따기 노래를 불러 보세요
⟨시리동동 거미동동⟩

돌담 아래 나란히 쪼그려 앉은 세 동무, 까마귀와 계집아이, 토끼를 보는 순간 나는 몇 해 전 친한 벗들과 제주도에 여행을 간 기억 속으로 빠져들었다. 여행을 다니는 동안 늘 바람이 불었다. 하루는 점심밥을 싸 가지고 나들이 가듯 마냥 걷다가 밭을 둘러싼, 햇볕 따스한 돌담 아래 동무들과 둘러앉아 점심을 먹었다. 우리나라 다른 곳에서는 볼 수 없는 풍경, 줄줄이 이어진 까만 돌담은 볼수록 낯설어 마치 다른 나라에 와 있는 것 같았다.

우리 반에서는 제주도에 외가댁이 있는 승훈이를 빼고는 제주도에 가 본 아이들이 없다. 그림책을 더 잘 이해하기 바라는 마음으로 내가 알고 있는 제주도의 이런저런 모습을 조금 들려주었다.

"제주도는 옛날부터 바람도 많고 돌도 많고 말도 많은 곳이야. 제주도 돌은 다른 데하고 색깔이 아주 달라."

아이들은 무슨 대답을 해야 할지 모르겠다는 얼굴을 하고 있다.

"음, 제주도 여행 갔다 오면서 사람들이 꼭 사 들고 오는 돌 인형 있잖아?"

"아, 그 까맣고 구멍 난 돌하르방이요?"

그제야 알아채는 아이들이 여럿 있었다.

《시리동동 거미동동》(제주도 꼬리따기 노래, 권윤덕 그림, 창비)은 단순한 놀이에서도 큰 기쁨을 느끼는 저학년 아이들이 놀이하듯 흥겹게 볼 수 있는 그림책이다. 마침 2학년 국어 시간에 말놀이와 되풀이되는 말을 배우고 있던 터라 박자가 척척 맞아떨어지는 이 노래를 배우기에 안성맞춤이라는 생각이 들었다.

돌담 사이로 단발머리에 빨간 옷을 입은 계집아이가 무엇인가 내다보는 첫 장면을 지나 펼쳐지는 두 번째 장면을 보니 계집아이가 사는 집이 나온다. 아무도 없는 너무나 심심한 집이라는 게 단박 느껴진다. 집 벽과 돌담에 걸쳐 쳐진 거미줄에 들어앉아 웅크리고 있는 거미, 얌전히 집 모퉁이에 앉아 졸고 있는 토끼. 아이는 심심해서 가만있지 못하고 문지방을 넘어 집을 나선다. 도안화처럼 그린 인물들은 어린아이 그림 같은 단순미가 있다. 여기에 아이가 입은 빨간 옷, 까만 거미, 흰 토끼로 색을 대비해서 화면이 퍽 뚜렷하다.

펼친 화면마다 글자는 열 자도 넘지 않는다. 하지만 이 짧은 꼬리따기 노래 속에 놀이가 들어 있다. 그래서 그림책을 보는 시간은 그리 길지 않았지만 아이들하고 놀이를 한 시간은 꽤 길었다.

이 노래는 주고받으며 불러야 제 맛이 난다. 아이들한테 내가 읽는 대로 따라 하라고 했다.

나 : "시리동동 거미동동."
아이들 : "시리동동 거미동동."

이어 그림을 보여 주었다.
"와, 토끼다. 귀여워!"
토끼가 귀엽다며 야단이다. 남자아이들은 거미를 자세히 보여 달라고 했다. 그 작은 것은 검기까지 해서 가까이 보여 주어도 아이들은 안 보인다며 구시렁거렸다. 저학년 아이들하고 그림책을 볼 때면 아이들은 궁금한 것도 많고 할 말도 많아 한 장면 한 장면 넘어가는 게 쉽지 않다. 술렁이는 아이들 마음을 차분하게 가라앉히고 나서 다음 장으로 넘어가야 할 때도 있다.
"왕거미 거미줄은 하얘."를 읽을 때였다. 영민이가 왜 거미줄이 하야냐고 갸웃거리며 물었다. 어찌 대답할까 생각하다가 영민이에게 되물었다.
"그럼 거미줄이 까매?"
영민이는 재미있는지 피식 웃었다. 아이들도 덩달아 웃었다. 우리도 말놀이를 한 셈이다.
다시 책을 본다. 아이와 토끼가 나란히 걷는 장면이 나왔다.

나 : "하얀 것은 토끼."

아이들 : "하얀 것은 토끼."

나란한 검회색 돌담 아래 새하얀 여백, 그리고 그 하얀 공간에 앞서 가는 아이와 뒤따라가는 토끼가 참으로 사랑스럽다. 여기에서부터 다음 장에 무엇이 나올지 아이들에게 맞혀 볼 기회를 주기로 했다. "토끼는—." 하고 말을 길게 늘이면서 이어질 말이 무엇인지 맞혀 보라고 눈짓했다. 아이들은 우물쭈물했다. 답은 찾아야겠는데 아직 감이 오지 않나 보다.

"난다."

"아!"

원석이는 맞히지 못한 것이 너무 아쉬운 듯 주먹을 쥐고 책상을 치는 흉내까지 냈다. 그런데 누군가 왜 토끼를 난다고 했냐며 묻는다.

"글쎄, 왜 토끼를 난다고 했을까?"

민수가 생각났다는 듯 달아오른 얼굴로 손을 들었다. 민수는 답을 잘 맞혔다.

"토끼는 깡충깡충 잘 뛰니까요."

"그래, 민수 말이 맞아. 뛰는 모양이 나는 듯 가벼워 보였겠지."

아이들은 그럴 듯했는지 수긍하는 눈빛이었다. 여기까지만 읽어 주고 나서 그 다음부터는 뒤에 나올 꼬리따기 말을 아이들 스스로 찾게 했다.

"나는 것은?"

"까마귀!"

잘도 맞혔다. 이제 아이들은 서로 답을 맞히고 싶어 긴장한다.

"까마귀는?"

"검다."

정말 답이 척 나온다.

"근데요, 무슨 까마귀가 저렇게 커요? 꼭 독수리 같아요."

날개를 편 까마귀를 보자 묻는다. 그렇게 보일 수도 있겠다. 까마귀를 보니 한라산을 오를 때 눈밭에서 가까이 보았던 까마귀 생각이 났다. 까마귀는 산어귀에서부터 우리 둘레를 날다 내려앉다 했다. 먹을 것을 달라는 것 같아 식빵을 떼어 주었는데, 아니나 다를까 까마귀는 조금도 두려워하지 않고 가볍게 눈밭에 내려앉아 빵을 먹었다. 덕분에 햇빛에 비치는 새까만 털에서 빚어 나오는 온갖 빛깔을 볼 수 있었다. 정말 아름다웠다. 그 까마귀 이야기를 아이들에게 해 주었다.

이제 아이는 까마귀와 토끼랑 어깨동무를 하고 간다. 그런데 다시 아이들은 다음 나올 말을 못 맞힌다.

"검은 것은?"

"먹구름!"

"아니!"

"……."

아이들은 바위를 맞히지 못했다. 아이들은 아직 바위를 검은색으로 떠올리지 못하는 모양이다. "바위는 높나."도 맞히지 못했다. 아이들한테 높은 것은 산, 하늘 같은 것들이다.

"바위는 높다."를 표현한 장면은 세로로 펼쳐져 있다. 어느새 동무가 된 아이와 까마귀, 토끼가 바위 꼭대기에 앉아 있다.

"떨어지면 다치겠다."

세로로 펼친 화면에 서 있는 바위가 꽤나 높아 보였는지 경배가 한마디 한다.

"높은 것은 하늘."
"하늘은 푸르다."
"푸른 것은 바다."
"바다는 깊다."

여기까지 몇 번 실수는 했지만, 아이들은 이어질 말을 잘 알아맞혔다.

그러다 "깊은 것은?" 하고 묻는 화면에 이르렀다. 등을 돌리고 바다를 보며 앉은 아이와 까마귀, 그리고 토끼. 무언가 깊은 생각을 하는 듯한데 아이들 입에서는 "굴뚝이요.", "땅속이요." 하는 말만 나온다.

《시리동동 거미동동》 제주도 꼬리따기 노래, 권윤덕 그림, 창비

결국 다음 장을 아주 천천히 넘기면서 "엄마의 마음." 이렇게 읽어 주었다. 근경으로 크게 그린 물질하는 해녀 엄마는 둥근 얼굴을 하고 둥근 구덕을 지고 팔을 둥글려 까마귀와 아이와 토끼를 품어 안고 있다. 따스한 장면이다. 아이들은 "아!" 하며 감탄과 아쉬움이 섞인 한숨을 내쉬었다.

"왜 힌트를 더 주지 않았어요!"

지우가 나를 원망하듯 볼멘소리를 했다. '엄마의 마음'은 아이들이 생각하기에 중요한 것이라서 꼭 맞히고 싶었던 것 같다. 깊은 것은 굴뚝이라고 답한 장난꾸러기 민석이한테 정말 엄마의 마음이 깊냐고 물었다. 고개를 끄덕인다. 아이들에게 다시 물었다.

"정말 엄마의 마음이 가장 깊은 것 같아요?"

"예에!"

아이들은 힘차게 대답했다.

이 이야기는 여자아이가 물질 나간 엄마를 기다리며 심심해하다가 엄마가 돌아오는 길을 따라 꼬리따기 놀이를 하며 마중 나가는 이야기다. 나 같은 어른이 보면 어린 시절 엄마 마중 나가던 일을 떠올리며 웃음 지을 그림책이다. 그림이 단순하고 글이 짧아 어찌 보면 슥슥 넘길 수도 있는 그림책이지만, 육지에서 멀리 떨어져 있어 남다른 자연과 정서를 간직해 온 제주도를 놀이 속에서 느끼도록 만든 좋은 그림책이다. 아이들한테 읽어 주고 보니 더 그런 생각이 든다.

다 읽고 나서 그림책을 넘기가 너무 아쉬워서 아이들한테 그림책에 나오는 '꼬리따기 노래'를 불러 보자고 했다. 내가 앞머리를 하고 아이들은 뒷말을 하면서 천천히 두세 번 하니 생각보다 즐거워했다.

"나랑 같이 해 볼 사람?"

이번에는 나랑 겨뤄 볼 사람이 없냐고 물었다. 자신이 없는지 아이들 서넛만 쭈뼛대며 손을 든다. 하나씩 차례로 나오게 해서 꼬리따기 노래를 했다. 내가 먼저 앞말을 했는데, 아이들은 하나같이 서너 고개를 넘지 못하고 틀렸다. 당당하게 손을 든 아이들이 틀리는 것을 보자 그보다는 잘할 수 있겠다는 생각이 들었는지 나서는 아이들이 늘었다. 그러다 윤희가 나왔다. 조금 더듬거리기는 했지만 윤희는 끝까지 해냈다. 그 모습을 본 아이들은 크게 손뼉을 치며 좋아했다.

나와 아이들, 남자와 여자 이렇게 나누어 꼬리따기 노래를 몇 번 더 해 보고 나서 그 다음으로 짝끼리 연습할 시간을 주었다. 짝 대항 꼬리따기 노래 대회를 열 거라고 했다. 아이들은 눈을 반짝이며 연습에 들어갔다. 무엇이 마음에 안 드는지 짝하고 시큰둥하게 앉아 있는 아이들도 눈에 들어왔다. 아니나 다를까, 문제가 생겼다. 수창이가 씩씩대며 나왔다.

"선생님, 지영이가 자꾸 틀려서 못 하겠어요."

지영이를 보니 풀 죽은 모습이다. 나는 수창이 귀에 대고 말했다.

"짝이 잘 못 하는데 잘하게 도와주면 보너스 꿈딱지를 줄 거야."

그제야 수창이는 마음이 풀려 제자리에 들어갔다. 이런 문제가 다른 데서도 일어날 것 같아 아이들한테 다시 한 번 이야기해 주었다.

"선생님은 사이좋게 연습하는 것도 중요하게 여겨. 그러니까 짝꿍이 조금 실수해도 사이좋게 가르쳐 주고 연습한 사람한테는 꿈딱

지를 더 줄 거야."

조금 분위기가 달라진 것 같았다. 수진이는 종합장에 꼬리따기 노래를 써서 짝에게 가르쳐 주고 있었다. 이슬이도 배우는 게 느린 현섭이를 도와 열심히 연습하고 있었다.

드디어 짝꿍끼리 나와서 발표하는 시간이 되었다. 그런데 가르치지도 않았는데 몸짓까지 곁들여 하는 아이들이 있었다. 원석이는 짝이 '까마귀'를 맞히지 못하면 팔을 휘휘 저어 가며 새가 나는 흉내를 냈다. 손을 머리 위에서 끄덕이며 토끼 흉내도 내고, 두 팔을 아래로 깊숙하게 내리면서 바다가 깊다는 몸짓도 했다. 어떻게 해서든지 맞히게 하려고 애쓰는 모습이 참 기특했다.

그러다 현섭이와 이슬이가 나왔다. 둘을 보니 끝까지 해냈으면 하는 마음에 긴장이 되었다. 이슬이가 현섭이를 친절하게 가르쳐 주어서 잘할 것 같기도 했지만, 목소리가 작고 발음이 뚜렷하지 못한 현섭이가 잘 해낼지 어떨지 걱정이 되었다. 둘이 나오자 다른 아이들도 조용해졌다. 시작했다. 둘은 무슨 달리기 대회라도 나간 듯 손을 꽉 쥐고 눈을 댕그랗게 뜨고는 서로 마주 보며 한 고개 한 고개를 넘어갔다. 아슬아슬한 대목도 있었지만 현섭이와 이슬이는 해냈다. 내가 다 즐거웠다. 내 마음을 알았는지 아이들도 크게 축하해 주었다. 꿈딱지를 한 개씩 더 주었다.

공부 시간이 끝나고 쉬는 시간이 되었다. 자기 때문에 연습이 더디졌다고 생각하는 수창이 짝, 지영이가 나왔다. 수창이가 처음에는 지영이가 못한다고 나한테 이르고 짜증을 내더니, 지영이 공책에 노랫

말을 써 주면서 같이 연습한 모양이다.

"선생님, 나 이거 할 줄 알아요. 집에 가서 엄마랑도 할 거예요."

지영이는 발표는 못 했지만 즐거운 얼굴이었다.

공부를 마치고 집에 가기 전에도 다시 한 번 제주도 꼬리따기 노래를 번갈아 불렀다. 이제는 동시 낭송할 때 이 노래도 끼워 주어야 할 것 같다.

같은 주제로 더 읽어 준 그림책
《께롱께롱 놀이노래》 편해문 글, 윤정주 그림, 보리
《징금 징금 징금이》 일노래, 윤정주 그림, 창비
《하나 하면 있는 것은》 임석재 글, 인강 그림, 웅진주니어

도서관에서 놀자

《도서관》, 《도서관에 간 사자》

《도서관》(사라 스튜어트 글, 데이비드 스몰 그림, 지혜연 옮김, 시공주니어)에 나오는 엘리자베스 브라운은 평생을 책에 빠져 책하고만 연애를 한다. 걸을 때도, 물구나무를 설 때도, 청소를 할 때도 책에서 눈을 떼지 않는다. 심지어는 여행을 하다 길을 잃었을 때도 목적지를 찾는 데 시간을 쓰지 않는다. 발길이 멈춘 그 마을에서 얼른 묵을 곳을 찾고는 책에 빠져든다. 책은 엘리자베스 브라운의 밥이며 동무며 애인이었다. 집 안에 책을 더 놓아둘 데가 없어지자, 엘리자베스 브라운은 가진 책을 마을에 몽땅 기증해 도서관을 만든다. 엘리자베스 브라운 도서관!

이 책을 덮을 때쯤에는 작은 도서관 하나 만들고 싶다는 꿈이 절로 싹텄다. 그렇지만 이 꿈은 이루어질지 어쩔지 모르는, 아직은 먼 이야기라 먼저 교실부터 도서관처럼 꾸미는 꿈을 꾼다. 교실을 도서관처럼 꾸밀 때는 맨 먼저, 학년 초에 교실을 옮길 때마다 가지고 다녀도 망가지지 않을 빛깔 고운 책꽂이를 짜고 싶다. 그리고 폭신한 의자 한두 개쯤에다 노랗거나 연푸른빛을 띤 둥그런 책상도 마련하고 싶다. 그 위에 좋아하는 그림책이나 동화책 주인공을 지점토나 인형으로 만들어 올려놓고 싶다. 장난감도 두루 준비하고. 당장은 아니지만 천천히 준비해 볼 생각이다. 공부가 끝나도 아이들이 남아 있고 싶어 하는 아늑한 교실, 이야기가 많은 교실을 꿈꾸어 본다.

아이들은 《도서관》을 보며 어떤 생각을 했을까? 책벌레라 부를 만한 다윤이, 보훈이, 정민이는 책을 많이 갖고 있는 주인공을 몹시 부러워하며 도서관을 만들고 싶다고 했다. 주인공이 책에 너무 빠져서 현실 생활에 관심이 없는 것은 문제라고 말한 아이도 있다. 내가 전혀 생각지도 못한 말을 한 개구쟁이 승욱이. 승욱이는 주인공 집 거실에 산더미처럼 책이 쌓여 있는 장면을 보자마자 "술래잡기하면 좋겠다!" 하고 소리쳤다. 아이들도 나도 와하하 웃었다. 맞다. 도서관에는 아이들이 술래잡기하고 싶을 만큼 친근하면서도 구석진 자리가 있어야 한다. 우리 교실 옆에 붙어 있는 학교 도서관은 휑하니 넓기만 하고 아기자기하고 구석진 자리가 별로 없다.

책을 보면서 아이들이 가장 관심을 보인 것은 뜻밖에도 '두꺼운 책'이었다. 사실 엘리자베스 브라운은 삐쩍 마른 데다 커다란 안경까지 쓰고 있다. 아이들 입에서 이상하게 생겼다는 말이 나올 법도 한데 주인공의 행동이 별나서 그런지, 아이들은 얼굴보다는 내내 주인

《도서관》 사라 스튜어트 글, 데이비드 스몰 그림, 지혜연 옮김, 시공주니어

공이 읽고 있는 두꺼운 책에만 관심을 보였다.

"선생님, 저는요, 두꺼운 책만 보면 어지러워서 보다가 던져 버려요. 그리고 만화만 보게 되는데 엘리자베스 브라운은 계속 두꺼운 책만 읽잖아요. 나도 한번 그래 보고 싶어요."

4학년 우리 반 아이들 가운데는 장편 읽는 맛을 아는 아이들도 몇몇 있지만, 아직 그림책이나 가벼운 동화책에서 맴돌고 있는 아이들도 꽤 된다. 그 아이들은 마음속으로 어쩐지 자신하고 달라 보이는, 두꺼운 책을 읽는 동무들을 조금은 부러워했던 것 같다. 하지만 감히 두꺼운 책에 손을 대지는 못하고 있다. 그런데 그림책 《도서관》에는 어릴 때부터 할머니가 될 때까지 두꺼운 책만 줄기차게 읽는 사람이 나온다. 아이들은 책에 빠져 사는 주인공을 보면서 두꺼운 책에 아주 대단한 흥미거리가 숨어 있나 보다, 하고 생각했을지도 모른다.

하지만 이렇게 호기심이 생겼다고 책을 읽게 되는 것은 아니다. 아이들이 두꺼운 책을 읽든 어쨌든 책을 가까이 하려면 아무래도 도서관하고 친해져야 한다. 우리 교실에도 책이 많이 있지만 곧 방학이다. 그러면 아이들은 자연스레 그동안 친해졌던 책과 멀어질 수밖에 없다. 방학 때 컴퓨터나 텔레비전에서 아이들을 떼 내 도서관으로 끌어들일 방법이 없을까, 고민하다가 《도서관에 간 사자》(미셸 누드슨 글, 케빈 호크스 그림, 홍연미 옮김, 웅진주니어)를 보면서 실마리를 찾았다.

사실 아이들에게는 도서관보다 마당이나 들판, 산이 더 어울린다. 그런 아이들한테 어쩐지 엄숙하고, 조용히 있어야 하는 도서관은 그다지 내키지 않는 공간일 수 있다. 도서관에는 동무하고 킬킬거리거나 괜히 신이 나서 몇 발자국 내달리기라도 하면 눈을 크게 뜨고 성큼 다가와 벌을 주거나 쫓아내는 어른들이 있다. 이래저래 도서관은 조심스럽다. 그래서 차라리 밖에 나가 노는 게 낫다고 생각하는 아이들도 많을 것이다.

작가는 이런 아이들 마음을 잘 알고 있다. 그래서 순박한 얼굴을 한 사자를 주인공으로 내세워 도서관이 가 볼 만한 곳이라는 것을 재미나게 그려 낸다. 사자는 아이들이 책을 읽을 때 기댈 수 있는 등받이가 되어 주기도 하고, 손이 안 닿는 책을 뽑을 수 있게 등에 태워 도와주기도 한다. 아이들이 푹 빠실 만큼 재미있는 장면으로, 도서관이 친근한 곳이라는 생각을 하게 만든다. 아이들은 학교 도서관에도 그

런 사자가 있으면 좋겠다며 부러워했다.

《도서관에 간 사자》를 보면서 아이들이 가장 인상 깊어 한 장면은 규칙을 어겨 도서관 밖으로 쫓겨날 수밖에 없었던 사자가 유리창 너머로 도서관 안을 들여다보는 장면이다. 뒷모습이 참 쓸쓸하다. 여기저기에서 불쌍하다고 한마디씩 한다. 사자 뒷모습을 보면서 도서관에서 떠들다 쫓겨난 동무나 자기 모습을 떠올렸을지도 모른다.

마무리는 유쾌하다. 사자를 싫어하던 도서관 사서 맥비 씨가 마음을 돌려 사자를 도서관에 들어오게 만든다. 도서관장은 그 소식을 듣고 복도를 내달린다. 규칙을 어겨 버린 것이다. 아이들이 통쾌해할 만한 반전이다.

처음에 이 그림책을 읽어 줄 때는, 방학 때 아이들을 도서관에 자주 들르게 하려는 욕심이 있었다. 하지만 책을 읽어 주면서 우리 학교 도서관이 사자도 들어오고 싶어 안달이 날 만큼 매력 있는 공간이 아니라는 것을 깨닫고 나니 아이들한테 미안한 마음이 들었다. 그래서 재미있는 것을 하나 생각했다. 방학 때 도서관에 일곱 번 넘게 가면 개학하고 나서 떡볶이 상품권을 주기로 한다. 물론 사서나 도서관 도우미의 서명을 받아야 한다. 아이들 반응이 궁금하다.

아이들을 집으로 보내고 복도를 지날 때면 슬쩍 도서관을 들여다보고는 한다. 그러다 우리 반 아이들을 보면 괜히 기분이 좋다. 한 번은 정민이와 서현이가 다정하게 붙어 앉아 책을 읽고 있었다. 가만히 보는네 책을 읽다 갑자기 서로 바꾸어 읽는다. 한 권은 동화책이고 한 권은 만화책이다. 궁금해서 무얼 하는 거냐고 물어보니 그냥 바꾸어 가며 읽고 있다고 했다. 나는 책을 그렇게 보면 안 된다고 말하려다 얼른 입을 다물었다. 생각해 보니 안 될 게 없었다. 《도서관에 간 사자》에서 아이들이 사자와 놀 듯 우리 아이들도 제 나름대로 도서관 놀이를 하고 있었던 거다. 나름대로 규칙을 지켜 가면서.

같은 주제로 더 읽어 준 그림책
《나의 를리외르 아저씨》 이세 히데코 글 그림, 김정화 옮김, 청어람미디어
《아름다운 책》 클로드 부종 글 그림, 최윤정 옮김, 비룡소
《책을 구한 사서》 지네트 윈터 글 그림, 박수현 옮김, 미세기

아이들한테도
화를 풀 시간이 필요하다
《쏘피가 화나면— 정말, 정말 화나면…》

첫째 시간 공부를 마치고 4학년 학년 회의실에 다녀왔다. 교실에 들어서는데 반장 예림이가 급하게 달려 나오더니 권일이가 운다고 했다. 그 말을 듣고 1분단 끝에 앉아 있는 권일이를 보니, 당장 무슨 일이라도 낼 것처럼 몸을 부르르 떨고 있었다. 나까지 긴장이 되었다.

권일이는 내가 어찌 해 볼 사이도 없이 자리에서 벌떡 일어나더니 시뻘게진 얼굴로 씩씩거리며 재빠르게 뒤쪽으로 걸어갔다. 처음에는 뒷문으로 뛰쳐나가는 건 아닌가, 생각했다. 그런데 몸을 틀더니 내 쪽으로 왔다. 이번에는 앞쪽에 앉아 있는 누군가에게 가서 주먹질이라도 하려는 건가, 하는 생각이 들어 더 긴장이 되었다. 하지만 걱정과는 달리 권일이는 곧장 나한테 왔다. 그러고는 바들바들 떨면서 굵은 눈물을 뚝뚝 떨어뜨렸다. 교실은 순간 조용해졌다.

"권일아, 누가 이렇게 화나게 한 거야?"

내 말이 떨어지기가 무섭게, 권일이는 떨리는 목소리를 어찌지 못하고 소리치듯 아이들 이름을 뱉어 냈다.

"피민경이ㅡ이 나더러 바바리맨이라고 하고, 어ㅡ어ㅡ어 전혜인하고 김ㅡ 김다윤, 김현경이 저더러 벼언태라고 했어요. 엉엉엉."

"권일이를 이렇게 화나게 만든 사람 얼른 일어나요!"

나는 권일이 화를 풀어 주려고 부러 더 화난 목소리를 냈다. 그사이 예림이가 휴지를 가져다 권일이 손에 쥐어 주었다. 곧이어 잔뜩 주눅든 여자아이 넷이 우물쭈물 일어났다.

"어떻게 된 건지 얘기해 봐요."

그런데 일어선 아이들이 말을 하기도 전에, 권일이를 응원하는 다른 아이들이 할 말이 있다고 다투어 손을 들었다. 권일이는 자기편을 드는 아이들이 많고, 선생님도 제 편을 들고 있으니 화가 조금 가라앉는 모양이었다. 어느새 울음도 그치고 떨리던 어깨도 차분해졌다. 빨갛게 달아올랐던 얼굴도 제 빛깔로 돌아왔다. 화가 가라앉은 권일이를 보니 내가 다 마음이 놓였다.

권일이는 좀처럼 아이들하고 다투지 않는 명랑한 아이다. 누구하고나 잘 어울려 논다. 권일이를 울린 여자아이들 이야기를 들어 보니, 얼마 전에 권일이가 지나가다가 실수로 혜인이 엉덩이를 살짝 스쳤는데, 혜인이가 그 뒤로 변태라고 놀렸다고 한다. 또 그 일을 빌미로 며칠 동안 권일이를 이리 와라, 저리 가라 귀찮게 하며 놀려먹은 모양이다.

 권일이는 참다 참다 오늘 폭발해 버렸다. 여자아이들은 장난으로 시작한 일인데 권일이가 우는 것을 보고 많이 놀란 것 같았다. 권일이를 놀린 아이들은 반 아이들 앞에서 다시는 그러지 않겠다고 약속하고, 권일이 손을 붙잡고 진심으로 사과했다.
 권일이가 화가 나서 씩씩거리며 걸어올 때는 마치 온몸에서 불길이 솟는 것처럼 보였다 며칠 전에 우리 반 아이들한테 읽어 준 그림책,《쏘피가 화나면— 정말, 정말 화나면…》(몰리 뱅 글 그림, 이은화 옮김,

케이유니버스)에 나오는 장면 하나가 생생하게 떠올랐다. 주인공 쏘피가 언니한테 고릴라 인형을 빼앗기고 엄마한테 야단까지 맞고 나서 불같이 소리를 지르며 날뛰는 장면이다.

> 쏘피는 발을 굴러 댔어요.
> 쏘피는 소리를 질렀어요.
> 쏘피는 이 세상을 작은 조각으로
> 부숴 버리고 싶었습니다.

이 작가는 아이들 마음을 조금도 거르지 않고 있는 그대로 보여 준다. 글뿐 아니라 강렬한 색과 의성어로 아이 감정을 생생하게 표현하고 있다. 쏘피보다 세 배쯤 큰 쏘피의 빨간 그림자부터 바닥이 무너

《쏘피가 화나면— 정말, 정말 화나면…》몰리 뱅 글 그림, 이은화 옮김, 케이유니버스

질 듯한 상황을 묘사하는 조각난 글자 '와지끈'까지.

다음 장면, 쏘피는 있는 대로 소리를 지른다. 소리는 불길이 되어 모든 것을 삼켜 버릴 듯 이글거리고, 집 안에 있던 물건들은 모조리 튕겨 나가고 날아다닌다. 쏘피 마음을 알고도 남을 만하다. 보는 사람 마음까지 시원하다. 이 장면을 펼치는 순간, 아이들은 "와!" 소리를 질렀다. 속에 뭉쳐 있던 것이 펑 터지는 듯한 해방감을 맛보는 것 같았다.

"선생님, 저요, 동생 때문에 엄마한테 혼날 땐요, 쏘피 입에서 불이 나온 것처럼 화나요!"

그림책을 보고 나서 예림이가 제 입에서 불길이 나오는 그림을 그려 나한테 보여 주면서 한 말이다.

어른들은 아이들을 늘 자기 기준으로 판단한다. 어른은 화가 나면 물건을 부수기도 하고 소리도 질러 대고 아이들을 함부로 야단치기도 하면서, 아이들이 화나서 성질부리는 꼴은 못 본다. 하지만 아이들도 어른 못지않게 끓어오르는 화를 삭여야 할 때가 있다. 아이들은 쏘피처럼 화가 날 때 어떻게 화를 풀까?

"저는요, 인형을 막 때려요. 나중에 화가 풀리면 안아 줘요."

"저는요, 이불 뒤집어쓰고 주먹으로 바닥 치면서 울어요."

"저는 방문 잠그고 구석에 쪼그리고 앉아서 울어요."

아이들도 나름대로 화를 푸는 방법이 있지만, 그저 제 방이나 이불 속에서 인형을 때리거나 바닥을 치거나 울기만 할 뿐이다.

그러면 쏘피는 불길처럼 쏟아져 나오는 화를 어떻게 풀었을까? 화가 난 쏘피는 집을 뛰쳐나가 뒷산으로 내달린다. 나무도, 이파리도 불에 덴 듯 화가 난 쏘피 마음을 닮아 테두리가 모두 빨갛다. 달리다 지친 쏘피는 풀이 죽어 운다. 울다 보니 점점 화가 풀리고 고요한 산속 바위와 나무가 보인다. 쏘피는 저도 모르게 지저귀는 새소리에 귀를 기울인다. 나무를 둘러싼 테두리도 자줏빛에서 진분홍빛, 푸른빛, 연푸른빛으로 제 빛을 찾아간다. 그림책을 보며 쏘피와 같이 흥분했던 아이들도 조용해진다. 그러다 쏘피가 정자나무처럼 우람한 밤나무 나뭇가지에 걸터앉는 장면이 나오자 아이들은 다시 한 번 "우와!" 하고 소리를 질렀다.

나무에 걸터앉아 바다를 바라보는 쏘피. 아이들은 경험하지 않아도 이 일이 얼마나 멋진 일인가를 충분히 느끼고 있다. 화면에 꽉 찬 나무, 산들바람, 출렁이는 바다가 정말 마음을 어루만져 주는 것 같다. 다음 장면에서는 같은 장면을 원경으로 잡아 보여 준다. 순간 영화 속 한 장면을 보는 듯하다. 참 아름답다. 집에 갈 준비가 다 된 쏘피 마음을 알려 주듯 화면 끝자락에 등대와 집이 보인다.

쏘피는 환하게 웃으면서 집으로 가 "나 왔어요!" 하며 현관문을 열고 들어간다. 이 장면은 부드러운 선과 색조가 어우러져서 보고 있으면 마음이 편안하다. 쏘피 부모는 아무것도 묻지 않는다. 어머니는 그저 두 팔을 벌려 따스하게 아이를 맞아 준다.

화를 폭력으로 풀어내는 아이들이 많다. 그림책을 보면서, 아이들이 화가 났을 때 어른들이 성급하게 달래거나 윽박지르지 않고 스스로 풀 시간을 주고 기다린다면, 아이들도 화를 다스릴 방법을 나름대로 찾을 거라는 생각을 새삼 했다. 우리 아이들은 대부분 가까이에 마음을 달래 줄 자연조차 없는 곳에서 자라고 있다. 그래서 어른들이 넉넉한 마음으로 기다려 주는 게 더 절실히 필요하다. 화가 난 쏘피를 따라가다 보면 자연스럽게 화가 풀리고 마음이 평화로워지고 따뜻해진다. 이 그림책은 아이의 감정이 어떻게 흘러가는지 단순하면서도 익살스럽고 깊이 있게 그려 냈다. 그래서 아이들은 쏘피와 하나가 되어 실컷 화도 내 보고 위로도 받는다.

같은 주제로 더 읽어 준 그림책
《검은 새》 이수지 글 그림, 천둥거인
《눙!》 야마시타 요스케 글, 조 신타 그림, 유문조 옮김, 천둥거인
《부루퉁한 스핑키》 윌리엄 스타이그 글 그림, 조은수 옮김, 비룡소

2

맑고 풋풋한
동심을 간직한
아이들

착하게 살기, 욕심 없이 살기

《노란 양동이》

《노란 양동이》(모리야마 미야코 글, 쓰치다 요시하루 그림, 양선하 옮김, 현암사)는 몇 년 전 책방에서 우연히 고른 책이다. 보통 그림책과 달리 동화책 크기만 한 그림책. 어쩐지 나는 표지에 나오는 노란 여우한테 마음이 끌렸다. 양동이를 들고 수줍어하며 나를 보는 듯한 얼굴, '여우 같은' 영악함 따위는 조금도 찾아볼 수 없는 순한 얼굴을 한 어린 여우다. 어릴 때 소꿉장난을 할 때 소꿉살이를 담거나 물이나 흙을 담아 나르던 양동이 생각도 났다.

처음 이 책을 읽고 나는 이야기에 홀딱 반해 버렸다. 책을 덮고 나서도 양동이를 끝내 갖지 못한 여우 생각이 머릿속에서 떠나지 않았다. 이 책은 사람 마음속에서 착하게 살고 싶어 하는 마음을 끌어내는 힘이 있다. 그래서 나는 이 책을 저학년은 물론이고 6학년 아이들을 만났을 때도 읽어 주었다.

6학년 아이들은 아기 여우가 양동이를 하나 갖고 싶어서 마음 졸이는 이야기가 퍽 유치해 보였을 법한데도 차분하게 이야기에 귀를 기울였다.

월요일부터 다음 월요일까지 일주일 동안 일어나는 이야기가 색 그림과 단색 그림이 적당히 섞여 펼쳐진다. 읽다 보면 시처럼 짤막한 이야기와 사랑스런 여우에 푹 빠진다. 아기 여우가 길에서 우연히 본 양동이를 끌어안고 있는 뒷모습은 가만히 가서 껴안아 주고 싶을 만큼 사랑스럽다. 한바탕 이리저리 놀아 보고 나서 아기 여우는 혹시 주인 이름이 쓰여 있을까, 하고 양동이를 살핀다.

하지만 이름은 아무 데도 없었어요.
"아직 새 건데. 누구 걸까?"
아기 여우는 전부터 이런 양동이를 갖고 싶었어요.

이제 주인을 찾아 주어야겠다는 마음과 주인이 영영 나타나지 않기를 바라는 마음 사이에서 아기 여우는 갈등한다. 혼자 어찌 할 바를 모르던 아기 여우는 동무들을 찾아간다. 아기 여우와 여우 동무 아기 곰과 토끼는 노란 양동이를 가운데 두고 생각에 잠긴다.

"나 같으면 그냥 가질 텐데……."
답답한지 인엽이가 한마디 했다. 다른 아이들도 나 같으면 어떻게 할까, 하고 생각하는 것 같았다. 학교 운동장에서 돈을 주우면 나한테 가져오는 아이들도 있고 그냥 자기가 갖는 아이들도 있다. 이런 자기네 모습을 떠올릴지도 모른다.

"애들이 이 문제를 어떻게 풀어 갈까?"
"주인 찾으러 다녀요."
"그 자리에 둘 것 같아요."
아이들은 나름대로 점쳐 본다.

아기 곰과 토끼, 여우는 앞을 보고 서서 숲속 동물들이 어떤 양동이를 가지고 있는지 짚어 본다. 하나하나 짚을 때마다 아기 여우는 가슴을 졸이는 듯 얼굴을 수그린다. 그러다 세 동무는 계속 아무도 가지러 오지 않으면 여우가 가지면 되겠다고 결론 내린다. 여기에서 '계속'은 얼마나 긴 시간을 뜻할까?

"글피는 금방이야. 계속이라면 좀 더 길어야지."

"애들아, 너희 생각은 어떠니?"
"열흘쯤이 좋은 거 같아요."
"그러다 아무나 가져가겠다."
"선생님, 5일이 적당한 거 같아요."
"그래, 너희들처럼 여기에 나오는 동무들도 의논을 해."
세 동무는 결국 일주일을 기다려 보자는 결론에 이른다. 이제 여우가 노란 양동이를 사랑하는 마음이 펼쳐진다. 화요일, 수요일, 날마다 아기 여우는 노란 양동이한테 가 본다. 물끄러미 보기도 하고, 노란 양동이 곁에 누워 선잠을 자기도 하고, 깨끗이 씻어 물을 담아 외나무다리 위로 왔다 갔다 하기도 한다. 아기 여우가 간절하게 양동이를 갖고 싶어 하는 마음이 느껴진다.

"아기 여우가 노란 양동이 못 가질 거 같아요."

"으이, 재수 없는 소리 마!"

벌써 아이들은 아기 여우와 한편이 되었다. 간절한 아기 여우의 마음이 전해졌기 때문에 아이들은 아기 여우가 노란 양동이를 가졌으면 하고 바란다. 아이들도 장난감 가게를 지나면서 인형이나 장난감 자동차를 갖고 싶어서 애태운 적이 있을 것이다. 아이들은 그때 그 마음을 되살리면서 아기 여우의 마음이 되어 간다. 하지만 아이들 마

《노란 양동이》 모리야마 미야코 글, 쓰치다 요시하루 그림, 양선하 옮김, 현암사

음 한쪽에는 잘 안 될 것 같은 불길한 느낌도 스멀스멀 피어오른다.

　아기 여우는 우리한테 노란 양동이 하나를 가지고 얼마나 즐겁게 지낼 수 있는가를 보여 주려는 듯 재미있게 논다. 빈 양동이에 붕어를 잡아 넣는 흉내를 내기도 하고, 물을 담아 나무한테 뿌려 주기도 한다. 집에 있는 사과나무한테도 물을 뿌려 주는 상상을 하기도 한다. 사과나무에 주렁주렁 달린 사과를 노란 양동이에 담아 동무들한테 가져다주는 상상도 한다.

　"정말 착하다!"

　누군가 말한다. 이제 아이들은 아기 여우를 닮아 착한 아이가 되어 간다. 이 그림책을 읽는 동안만이라도 남을 기쁘게 하는 일을 꿈꾼다.

　금요일, 비가 오자 아기 여우는 우산을 쓰고 노란 양동이를 찾아간다. 비에 젖은 양동이를 보고 있으려니 울고 싶어진다. 양동이가 슬퍼 보이는 것일까? 양동이를 집에 가져가지 못하는 자기 처지가 슬픈 것일까? 묘한 여운이 남는다. 하지만 아기 여우는 곧 슬픔을 떨쳐 버리고 주문을 왼다. "월요일엔 내 거야, 노란 양동이는 내 것!" 하며 양동이 둘레를 빙빙 돌면서 노래를 부른다. 토요일에는 양동이 바닥에 막대기로 "여우, 이여돌." 하고 쓰는 시늉을 한다. 드디어 월요일.

　"양동이 있으면 좋겠다!"

　"없어졌지, 뭐."

　한참 아이들을 보다가 다시 그림책을 읽었다. 월요일 아침, 아기 여우는 일찍 달려가 보지만 양동이는 사라지고 없다.

"아, 불쌍하다!"
"진짜 주인이 가져갔을까?"
"모르지, 딴 사람이 가져갔는지······."
"내 그럴 줄 알았어."
아이들은 저마다 현실에서 일어날 법한 일을 이야기한다.
이제 아기 여우는 이 슬픔을 어떻게 할까? 여우 동무들은 걱정하면서 우리 반 아이들처럼 누가 양동이를 가져갔을지 점을 치고 있다. 하지만 여우는 아무래도 좋다고 한다. 그리고 지난 일주일 동안 오로지 자기만의 것이었던 양동이를 생각한다. 그러고는 힘주어 말하며 동무들을 보고 웃는다.

"괜찮아! 정말."

"얘들아, 이 그림책 어때?"
"그냥 어린아이들이 보는 그림책으로 보였는데, 보니까 재미있고요, 생각할 게 많아요."
"그래, 나도 그런 생각이 들었어."
"나 같으면 그렇게 오래 못 기다렸을 거 같아요. 남의 물건을 갖지 않고 주인을 기다리는 게 쉽지 않을 텐데, 아기 여우는 그렇게 했잖아요."
"나는 여우 동무들도 마음에 들던데······. 그래, 효진이 말해 보자."

"참 좋은 동무들이에요. 그냥 가지라고 안 하고 의논해서 기다려 주자고 했잖아요."
"그래, 영호는?"
"저는요, 아기 여우가 마지막에 괜찮다고 했잖아요. 참 속이 깊은 거 같아요. 정말은 쓸쓸했을 거 같은데 동무들이 속상해할까 봐 그런 거 같아요."
"그래, 남의 마음을 헤아리는 마음이 깊은 거 같아."
"저는요, 노란 양동이랑 일주일 동안 정말 행복했으니까 양동이를 못 가져도 계속 행복할 거 같아요. 좋은 추억이 생겼잖아요."
"그래, 나는 욕심을 버리면 슬픈 일을 당해도 행복할 수 있다는 느낌이 들어."
"선생님, 표지 다시 보여 주세요. 그림 그릴래요!"
"표지!"
"여우가 너무 귀여워요!"
아이들 마음도 내 마음처럼 따뜻해지나 보다.

같은 주제로 더 읽어 준 그림책

《곰 인형의 행복》 가브리엘 뱅상 글 그림, 이정기 옮김, 보림
《우리 마을 멋진 거인》 줄리아 도널드슨 글, 액설 셰플러 그림, 고정아 옮김, 웅진주니어
《키아바의 미소》 칼 노락 글, 루이 조스 그림, 곽노경 옮김, 미래아이

사랑이 필요해요
《큰 늑대 작은 늑대》, 《새앙 쥐와 태엽 쥐》

아침에 복도에 들어서면 달려오는 아이들. 인사는 제쳐 두고 속상한 일부터 풀어놓는다.

"진영이가요, 가만있는데 밀었어요."

"태호가 나한테 욕했어요."

알아 달라는 뜻으로 그러든, 억울해서 그러든 아이들 하소연은 끝이 없다. 그 이야기를 다 들어주다가는 아무것도 못 할 거 같아서 누런 서류 봉투로 편지함을 만들어 칠판 구석에 붙여 놓았다. 아이들이 집으로 돌아가고 나서 봉투에 손을 넣어 보면 편지가 수북하게 잡힌다. 꾸깃꾸깃 접은 편지를 펴서 읽다 보면 웃음이 난다. 제 잘못은 쏙 빼고 당한 이야기만 쓴 아이 글을 볼 때는 너 그렇다. 교실에 들어가려는데 동무가 문을 잠가서 속상한 일, 누구 좋아한다고 짝이 놀린

일, 놀림받아 속상한 일, 동무 때문에 다쳤는데 동무가 사과 안 해 화난 일……. 죄다 그런 이야기다.

 재미있는 것은 서로 이르는 아이들이 제법 친하다는 것이다. 같이 있을 때는 걸핏하면 다투고 이르고 하다가 눈에 안 보이면 안절부절못하며 "선생님, ○○ 어디 갔어요?" 하고 찾는 것을 보면 알다가도 모를 일이다. 재미있게 놀다가도 조금만 틀어지면 동무를 나쁜 괴물 쯤으로 생각하는 아이들에게 그림책 《큰 늑대 작은 늑대》(나딘 브룅코슴 글, 올리비에 탈레크 그림, 이주희 옮김, 시공주니어)와 《새앙 쥐와 태엽 쥐》 (레오 리오니 글 그림, 이명희 옮김, 마루벌)를 보여 주었다. 두 권 모두 동무가 얼마나 소중한지 이야기하고 있다.

《큰 늑대 작은 늑대》는 처음 동무를 사귈 때 아이들 마음이 어떤지 잘 보여 준다. 혼자 있던 큰 늑대는 어느 날 작은 늑대를 만난다. 큰 늑대는 멀리서 작은 늑대가 오는 것을 보고 저보다 클까 봐 겁을 낸다. 작은 늑대가 밤이 늦도록 떠나지 않자 뻔뻔하다는 생각을 하기도 하지만 제 나뭇잎 이불을 조금 내준다.

"착하다, 정말 착해요."

소영이다. 정말 착한 아이가 되고 싶은 소영이. 하지만 착한 일을 하기란 정말 어렵다. 어머니가 동무랑 다투지 않았다는 증거로 나한테 확인 도장을 받아 오라고 할 만큼, 소영이는 소리 지르거나 울거나 동무를 꼬집으면서 하루를 보낼 때가 많다. 소영이는 외로움을 많이 타서 동무가 꼭 있어야 한다. 하지만 동무가 되려고 아이들에게 다가갈 때마다 번번이 실패한다. 동무를 사귈 때 지켜야 할 규칙을 모르거나 지키지 않아서다. 소영이는 동무가 조금 마음에 들지 않아도 가지고 있는 것을 나눌 줄 알아야 한다는 것을 그림책을 보면서 깨닫지만 마음처럼 잘 안 된다. 동무들과 어울려 지내려고 애쓰는 소영이를 보면 안쓰럽다.

큰 늑대와 작은 늑대는 나무를 탄다. 큰 늑대는 작은 늑대가 저보다 나무를 잘 탈까 봐 두려워한다. 하지만 나무에 오르려고 애쓰는 작은 늑대를 보면서 저도 모르게 좋은 감정이 싹트고, 아침밥까지 나누어 준다.

"착하다!"

이번에는 준규다. 1학년 때 주먹으로 남자아이들 사이에 우뚝 선 준규. 2학년이 되면서 착해지려고 애쓰고 있다. 어머니가 자기 때문에 동무 어머니한테 머리 숙여 사과한 일을 걱정할 만큼 철이 든 준규. 눈빛에서 진심이 느껴진다. 나중에 준규한테 준규는 어떤 늑대를 닮은 거 같냐고 물었다. 준규는 잘생기고 운동도 잘하고 힘도 세서 인기 있는 아이지만 그래도 걱정은 있을 테다.

"난 큰 늑대 같아요. 큰 늑대도 작은 늑대가 뭐 잘할까 봐 겁내잖아요. 저두 현수랑 처음 친해질 때, 나보다 작은 현수가 공부를 더 잘할까 봐 걱정했어요."

말을 하면서 준규는 부끄러운 듯 얼굴이 발개져서 살며시 머리를 숙인다.

아이들은 큰 늑대와 작은 늑대가 앞으로 어떻게 될지 꽤나 궁금해했다. 잠깐이지만 같이 있던 작은 늑대가 말없이 떠나기 때문이다. 이야기는 그때부터 혼자 남은 큰 늑대의 마음을 잘 보여 준다. 먹지도 않고 잠도 안 자고 멀리 언덕만 바라보는 큰 늑대. 작은 늑대를 기다리는 큰 늑대 모습에서 동무가 없을 때 느끼는 감정이 잘 나타나 있다.

우리 반 아이들도 어리지만 동무 때문에 마음 졸이고 속상해할 때가 많다. 한 번은 소영이가 집에 가다 말고 울며불며 다시 왔다. 소영이는 동무들에게 심술을 부리고는 미안하다고 몇 번이나 사과했는데, 동무들이 받아 주지 않고 그냥 갔다면서 서럽게 울었다. 소영이는 그런 일을 겪어서 그런지 그림책을 보면서 내내 머리를 끄덕였다.

계절이 바뀌는 긴 시간 동안 큰 늑대는 작은 늑대가 돌아오면 무엇을 해 줄지 생각하고 또 생각한다. 그러다 결국 작은 늑대가 돌아오고 둘은 오래도록 같이 지낸다.

"동무가 꼭 있어야 한다는 생각을 했어요."

만화책 말고는 어떤 것에도 관심이 없을 것 같은 영민이가 말한다. 뜻밖이다.

"작다고 깔보지 말아야 해요."

남자아이들 가운데 몸집이 작은 인석이는 작은 늑대가 제 처지인 듯 말한다. 그래도 작은 늑대가 큰 늑대한테 소중한 존재였으니 인석

《큰 늑대 작은 늑대》 나딘 브룅코슴 글, 올리비에 탈레크 그림, 이주희 옮김, 시공주니어

이한테는 얼마쯤 위로가 되었을 것이다. 연수는 아무리 가난해도, 옷이 안 좋아도 놀리지 않고 잘 놀아야 한다고 말한다.

그림책을 읽어 주다 보면 아이들의 솔직한 모습을 보게 될 때가 많다. 그런 순간 감동을 받는다. 더구나 학년이 낮은 아이들일수록 고학년 아이들이 좀처럼 보여 주지 않는 속마음을 있는 그대로 드러낸다. 행동이 느리고 주변 정리가 안 되고 어수선한 연수는 가끔 동무들한테 싫은 말을 듣는다. 그런 연수가 이 이야기를 빌어 아이들한테 제 마음을 표현한 것이다.

《새앙 쥐와 태엽 쥐》, 나는 이렇게 마음이 따스해지는 그림책이 좋다. 사람들에게 사랑받는 태엽 쥐가 되고 싶은 생쥐는 소원을 들어주는 도마뱀에게 도움을 받아 드디어 소원을 이룰 수 있게 된다. 하지만 생쥐는 마지막 순간에 자신이 아닌 태엽 쥐를 위해 소원을 빈다. 헌 장난감이라고 푸대접받는 태엽 쥐를 새앙 쥐로 만들어 달라고 한다. 착한 일을 하는 인물을 보면 감동해서 어쩔 줄 모르는 아이들은 이야기가 끝나자 손뼉을 치고 야단이다.

이렇게 아이들한테 읽어 준 그림책을 며칠 뒤 혜빈이, 지수, 소영이한테 다시 읽어 주었다. 청소가 끝났는데도 남아 있기에 그림책을 읽어 주겠다고 했다. 소영이는 내 말이 끝나자마자 이야기 돗자리를 펴고는 그 위에 납작 엎드렸다. 텅 빈 교실에서 호젓하게 아이들 셋과 그림책을 보는 기분이 참 좋았다.

실은 그림책을 읽어 주면서 다른 아이보다 소영이 이야기를 많이 듣고 싶었다. 동무 때문에 힘들어할 때가 많은 소영이가 생쥐를 보며 무언가를 느끼기 바랐기 때문이다. 선생이란 늘 이런 식이다. 그런데 생각지 않게 속상한 마음을 풀어놓은 아이는 혜빈이와 지수다. 아무도 좋아해 주는 이가 없어서 슬퍼하던 새앙 쥐가 태엽 쥐를 사귀게 되어 기뻐하는 장면에서다. 동무를 사귀게 되어 기뻤던 적이 있냐고 물었더니 혜빈이와 지수 입에서 봇물 터지듯 이야기가 터져 나왔다. 그런데 이 아이들은 아무도 생쥐를 좋아해 주지 않았다는 대목에 더 마음이 갔나 보다. 둘 다 어머니, 아버지가 자기를 좋아하지 않아 속상하다고 했다. 지수는 동생이 생기면서 부모 사랑을 빼앗긴 이야기를 했고, 수빈이는 오빠한테 부모 사랑을 빼앗겼다가 오빠가 크면서 사랑을 되찾은 일을 이야기했다. 그 이야기를 한참 듣고 나서야 다음 장면으로 넘어갈 수 있었다.

그림책 두 권을 읽어 주면서 아이들이 동무나 부모에게 사랑받고 싶어서 얼마나 애를 쓰는지 더 잘 알게 되었다. 아이들은 사랑을 먹고 자란다는 말을 잊지 않아야겠다.

같은 주제로 더 읽어 준 그림책
《끼리 꾸루》 사카타 히로오 글, 조 신타 그림 유무주 옮김, 비룡소
《이웃에 온 아이》 이와사키 치히로 글 그림, 임은정 옮김, 프로메테우스
《친구는 좋아!》 크리스 라쉬카 글 그림, 이상희 옮김, 다산기획

손때 묻은 인형 속에 담긴 수많은 이야기
《가장 사랑받는 곰 인형》

교실 한가운데 이야기 돗자리를 깔고 아이들이 빼곡하게 자리를 잡고 앉았다. 칠판에 읽어 줄 책 제목을 써 놓고 나면, 어느새 이렇게 슬금슬금 나와 앉는다.

"이 그림책을 보면 가장 사랑받는 곰 인형을 뽑는 대회가 열려. 책은 조금 천천히 보고……. 음, 혹시 정말 아끼고 사랑하는 인형이 있는 사람!"

인형 이야기를 들려 달라고 하니 2학년 아이들은 할 말이 많은지 다투어 손을 든다. 먼저 해랑이한테 이야기할 기회를 주기로 했다. 눈빛이 어쩐지 간절해 보였다. 뽑혔다는 기쁨에 들뜬 해랑이는 씩씩하게 앞으로 걸어 나왔다. 하지만 당찬 기운은 그뿐이었다.

"저는요, 엄마가 사 준 곰 인형이 있는데요……. 근데, 근데요……."

해랑이는 눈시울이 빨개지더니 터지는 울음을 참지 못하고 흑흑 소리 내 울었다.

"어, 왜 울지?"

앞에 앉은 경배는 해랑이가 왜 우는지 답을 찾지 못해 답답해하며 앞뒤를 연신 두리번거렸다.

"좋아하는 인형이 망가진 거 아니야?"

원석이는 나름대로 추리를 하면서 해랑이를 이해하려고 애썼다. 조금 기다리면 나아질 줄 알았는데 해랑이 울음은 좀처럼 그치지 않았다. 아이들은 걱정 반, 궁금증 반으로 해랑이를 안고 등을 다독이는 나를 쳐다보았다.

"해랑이가 인형 이야기를 하려다 보니 갑자기 슬픈 일이 생각난 거 같아. 해랑이 이야기는 좀 있다 듣자."

해랑이는 제자리로 들어갔고 곧 울음을 그쳤다.

"그럼, 아까 가장 먼저 손을 들었던 원석이가 이야기해 보자."

원석이는 이 년 된 곰 인형 이야기를 했다. 원석이는 그 인형이 좋아서 끌어안고 잘 때도 있는데, 형이 함부로 던지면서 노는 바람에 목걸이가 망가졌다며 아쉬워했다. 목 뒷부분도 조금 뜯어졌다고 했다.

경배는 삼촌에게 선물 받은 흰 호랑이 인형 이야기를 했다. 흰 호랑이 인형에는 나도 은근히 호기심이 생겼다. 어떻게 생겼는지 보고 싶었다. 경배는 흰 호랑이 인형을 고양이가 부서워한다고 했다. 고양이가 인형을 할퀴어서 조금 뜯기기는 했지만 그래도 멋진 인형이라고 했다. 고양이가 흰 호랑이 인형을 무서워한다는 게 이상해서 정말 그러냐고 물었더니 옆에 있던 은섭이가 정말 그렇다고 거들어 주었다. 한마디씩 하는 걸 보니 경배 동무들은 다 그 인형을 본 것 같았다.

수진이 차례다. 수진이 인형 이야기는 어찌나 재미있는지 이야기를 듣는 아이들은 바닥에 엎드리거나 몸을 뒤로 젖히면서 수선스럽게 웃어 댔다.

"저는요, 오래된 곰 인형이 있어요. 너무 좋아해서 안고 자고 그랬는데 그게 이젠 너무 낡은 거예요. 그러니까 아버지가 곰 인형을 베고 눕는 거예요."

"곰 인형을 아버지가 베고 눕는데! 와하하!"

아이들은 배꼽을 잡고 자지러졌다. 곁에 있는 동무에게 이야기하듯 자연스럽게 말하는 수진이의 천연덕스러운 억양 때문인지 한 번 터진 웃음은 좀처럼 잦아들지 않았다. 나도 덩달아 한참 웃었다.

그림책 보는 재미 못지않게 즐거운 이야기판을 벌이고 나서 드디어 《가장 사랑받는 곰 인형》(다이애나 누넌 글, 엘리자베스 풀러 그림, 이연승 옮김, 중앙출판사)을 펼쳤다.

"아, 귀여워요!"

펼친 면지에는 백오십 개도 넘는 자그마한 곰 인형을 그려 놓았다. 아이들은 그 작고 귀여운 곰 인형에 홀딱 반해 버렸다. 그림책 첫 장을 보여 주기도 전에 아이들 마음은 기대감으로 들뜬 듯했다.

첫 장면은 교실. 친절해 보이는 남자 선생님이 아이들에게 '곰 인형 선발 대회'를 어떻게 하는지 이야기하고 있다. 교실 풍경이 참 따

스하고 정겹다. 내가 아이들에게 그림책을 읽어 줄 때처럼 선생님은 아이들 의자에 앉아 있다. 아이들은 바닥에 편하게 앉아 있다. 책상다리를 한 아이, 다리를 쭉 뻗은 아이, 무릎을 세우고 있는 아이들은 선생님 이야기에 눈을 반짝이는 듯하다. 교실 분위기와 은은한 색연필 그림이 잘 어울려 따스한 기운이 느껴진다.

다음 장면부터 이야기는 주인공 남자아이 팀에게 모아졌다. '곰 인형 선발 대회'에 나가야 하는데 팀의 곰 인형 토비는 너무나 형편없

《가장 사랑받는 곰 인형》 다이애나 누년 글, 엘리자베스 풀러 그림, 이연승 옮김, 중앙출판사

다. 팀이 늘 곰 인형 토비를 끌어안고 뽀뽀하고 귓속말을 하고 아이스크림을 나눠 먹다 보니 지저분하고 털이 빠져 버렸다. 팀은 얼마 남지 않은 털을 깨끗하게 빗어 주고 귀에는 붕대를 감고 코에는 반창코를 붙여 주었다.

"정말 사랑하는 거 같아요!"

해랑이는 언제 울었느냐는 듯 웃음 띤 얼굴로 말했다. 그런 해랑이를 보니 마음이 조금 편했다. 아무래도 해랑이는 곰 인형을 사랑하는 팀한테 반한 것 같아 보였다.

모든 준비를 마치고 학교에 가는 팀. 그런데 팀은 토비를 갈색 봉투에 담은 채 아이들과 떨어져서 걷고 있다.

"선생님, 그런데 왜 사랑하는 곰 인형을 숨겨 가지고 가요? 열심히 닦고 고치고 그랬잖아요."

늘 시원스럽게 하고 싶은 말을 잘 하는 수빈이는 팀을 이해할 수 없다는 투로 말했다.

"그래 맞아. 그래도 정작 다른 동무들은 멋진 인형을 가져올 테니까 당당하게 안고 갈 용기가 나지 않았나 봐. 그럴 수 있잖아."

내 말에 수긍이 갔는지 수빈이는 살며시 고개를 끄덕였다.

드디어 인형들을 모두 책상 위에 올려놓고 교장 선생님이 심사를 한다. 선생인 내게 이 풍경은 꿈결처럼 다가왔다. 비싸고 고급스런 곰 인형 선발 대회가 아니라 '가장 사랑받는 곰 인형 선발 대회'라니! 왜 나는 이런 대회를 생각조차 못해 보았는지. 교장 선생님은 1번 인형부터 꼼꼼히 살피면서 알맞게 칭찬한다.

드디어 20번을 단 팀의 곰 인형 차례가 되었다.

"팀 인형은 20번이야."

내가 읽어 주기도 전에 원석이는 그림을 훔쳐보고 곁에 있는 동무한테 귓속말을 했다. 원석이는 팀이 제 편이라도 되는지 결과가 궁금하여 긴장하는 것 같았다.

다른 아이들도 긴장이 되는지 조용히 결과를 기다렸다. 드디어 교장 선생님은 팀의 곰 인형 토비를 안아 올리더니 인형만 보고도 그 인형이 어떻게 사랑받고 있는지를 하나하나 이야기했다. 교장 선생님은 곰 인형이 어떻게 아이한테 사랑을 받아 왔는지 기막히게 알아맞혔다. 아이스크림을 나누어 먹은 것도 알고, 귓속말을 나눈 것도 알고 있었다.

"이 20번에게 '가장 사랑받는 곰 인형 선발 대회' 금메달을 주겠어요."

이 부분을 딱 읽는 순간이었다. 우리 반 아이들은 약속이라도 한 듯 힘차게 손뼉을 쳤다. 지은이도 경배도 나연이도 원석이도 정말 기뻐하면서 손뼉을 치고 있었다. 아이들은 진정으로 팀을 응원했고, 상을 받은 팀을 축하해 주었다. 이야기 속에 빠져들어 팀이 제 동무라도 되는 양 기뻐하는 아이들 모습을 보니 더없이 사랑스러웠다.

팀이 곰 인형 토비를 목말 태우고 집으로 돌아가는 마지막 장면에서도 아이들은 다시금 팀에게 손뼉으로 응원해 주었다.

"교장 선생님이 곰 인형을 사랑한 팀 마음을 알아줘서 정말 기뻐요."

아이들은 속이 깊었다. 그저 곰 인형을 사랑한 팀만 칭찬할 줄 알았는데, 팀이 토비를 얼마나 사랑하는지 알아맞힌 교장 선생님도 훌륭하다고 칭찬한다.

이야기가 끝나고 쉬는 시간이다. 해랑이가 슬며시 내게 다가왔.

"엄마 생각나서 울었구나!"

해랑이 어깨를 감싸고는 조그맣게 물었다.

"예. 저요, 토끼 인형이랑 곰 인형이랑 두 개 있는데요, 다 친엄마가 사 줬어요."

"그랬구나. 그래서 인형 이야기 하려다 보니까 엄마가 보고 싶어졌구나."

"예."

"해랑아, 이제 팀처럼 인형 많이 사랑해 줄 거지?"

"예."

해랑이는 다시 눈물을 글썽거렸다. 얼른 해랑이를 안아 주었다. 이제 해랑이의 토끼 인형과 곰 인형은 해랑이에게 가장 사랑받는 인형이 될 것이다.

이야기를 읽어 준 다음 날 아침, 해랑이가 나비처럼 팔랑거리며 나한테 달려왔다.

"선생님, 저 어제요, 인형한테 뽀뽀도 해 주고요, 이야기도 많이 해 줬어요!"

같은 주제로 더 읽어 준 그림책

《시메옹을 찾아 주세요》 가브리엘 뱅상 글 그림, 김미선 옮김, 시공주니어

《에밀리의 토끼 인형》 크레시다 코웰 글, 닐 레이튼 그림, 공경희 옮김, 웅진주니어

《조그만 광대 인형》 미하엘 엔데 글, 로스비차 크바드플리그 그림, 김서정 옮김, 시공주니어

꿈결 같은 일상, 일상 같은 꿈결
《꿈꾸는 아이》

에즈라 잭 키츠는 미국의 가난한 도시 브룩클린에서 태어났다. 그곳에서 얼마 동안 살았는지 모르겠지만, 작품을 보면 자신이 살던 마을이나 같이 어울린 동무들을 몹시 사랑한 사람이었을 거라는 생각이 든다. 그림책 역사에서 맨 처음 흑인 아이를 주인공으로 그린 에즈라 잭 키츠의 작품에는 아이들을 사랑하는 마음이 곳곳에 짙게 배어 있다. 이 작가는 외로운 아이와 약한 것들에 깊은 관심을 기울이고 있다. 그림책 속에서 이야기가 펼쳐지는 공간의 담벼락은 광고 포스터, 낙서 따위로 얼룩덜룩하다. 골목은 쓰레기가 나뒹굴고. 세부 묘사가 아닌 상징물로 표현하고 있지만, 이런 풍경들에서 내가 처음 발령받은 학교에서 가르친 아이들이 살던 판자촌이 떠올랐다.

이 작가의 작품을 읽다 보면 현덕의 유년 동화 《너하고 안 놀아》(현덕 글, 송진헌 그림, 창비)가 생각난다. 두 작가가 참 닮았다. 도시 변두리 아이들의 생활을 그렸다는 점에서, 여러 작품에 같은 인물이 되풀이해서 나온다는 점에서 그렇다. 두 사람 모두 아이들이 겪는 생활의 단면을 시처럼 보여 준다. 아이들 심리를 사실로, 때로는 공상으로 표현하는 탁월한 감각이 있는 점도 닮았다. 아이들은 가난한 곳에서 살지만 생활의 무게에 짓눌려 있지 않다. 어려운 대로 장난감을 찾아 내고, 약한 동물을 도울 줄 알며 동무와 나눌 줄 안다. 이런 까닭에 에즈라 잭 키츠 그림책의 주인공 피터, 수지, 로베르토를 보면《너하고 안 놀아》에 나오는 노마와 영이가 떠오른다.

에즈라 잭 키츠는 그림책 속에 아이들의 놀이 세계를 맘껏 펼쳐 보이면서도 자신이 하고 싶은 이야기를 시원하면서 단순한 선과 대담한 색채, 짧은 문장으로 표현하여 작품 밑바닥에 은근하게 주제를 깔아 놓는다. 좀처럼 주제가 도드라지는 법이 없다.

《꿈꾸는 아이》(에즈라 잭 키츠 글 그림, 공경희 옮김, 주니어랜덤)에서는 현실이 마치 초현실처럼 느껴진다. 마블링 기법으로 표현한 하늘은 네모반듯한 아파트와 대비되어 꿈 같은 분위기를 자아낸다. 하늘은 장면마다 빛깔이 다르다. 끊임없이 색깔을 바꾸며 꿈결같이 흐른다. 엉기고 번진다. 마치 눈을 감은 채 해를 볼 때 순간 나타났다 없어지는 빛깔처럼 하늘은 시시각각 달라진다. 첫 장면, 주황색과 노란색을 주조로 펼쳐지는 하늘은 3학년 아이들의 마음을 단숨에 꿈속으로 끌어당기는 것 같았다.

"와아, 멋있다!"

"해 같아요!"

창 하나를 사이에 두고 에이미와 로베르토가 이야기를 나눈다. 로베르토는 섬세하게 만든 종이 쥐를 내보이며 에이미한테 자랑하는데, 에이미는 그 종이 쥐가 무얼 할 줄 아냐고 묻는다. 로베르토는 아무 말도 못한다. 종이 쥐는 무얼 할 수 있을까?

곧 어두워지고 아파트의 네모난 창은 집집마다 다른 풍경을 드러낸다. 창문마다 앵무새, 개, 꽃에 물 주는 아주머니, 아기를 어르는 엄마의 모습이 보인다. 어둠이 짙어지자 창문마다 갖가지 빛깔을 한 불이 켜진다. 아이들이 잠든 시간, 모두 다른 꿈을 꾸는 시간이다.

"선생님, 창문마다 색깔이 다 달라요."

아이들은 벌써 눈치를 챘다. 색깔이 모두 다른 창문이 무엇을 뜻하는지를. 그런데 아직 잠들지 않은 아이가 있다. 로베르토다.

화면 앞으로 당겨 그린 로베르토의 창문은 어둡다. 창틀에는 바람이 조금만 불어도 떨어질 듯 종이 쥐가 아슬아슬하게 서 있다. 무슨 일이 일어날 것만 같다.

이어 잠을 이루지 못한 로베르토가 창 밑을 기웃거리는 장면이 펼쳐진다. 아이들은 커다랗게 그린 로베르토와 아이 머리 위로 펼쳐진 파란 하늘을 보고는 입을 다물지 못한다. 가슴 벅차게 다가오는 장면에 아이들이 놀랐듯 로베르토 또한 창 아래 풍경을 보고 깜짝 놀란다. 무슨 일이 일어난 것일까? 상자 속에 갇힌 조그마한 고양이와 달려드는 개가 보인다. 아슬아슬한 장면, 놀란 로베르토는 입만 벌리고 있다. 소리 지를 틈도 없다. 순간 로베르토는 창가에 서 있던 종이 쥐를 건들고 만다. 종이 쥐는 담벼락에 제 몸집의 몇 배가 되는, 갈수록 커져 가는 그림자를 만들면서 아래로 아래로 떨어진다.

　　그림자는 점점점 커지더니—

"얘들아, 이제 무슨 일이 일어날까?"
"종이가 개 머리에 떨어져서 개가 놀라 도망가요."
"고양이 머리에 떨어져서 고양이가 야옹 하고 소리를 지르니까 개가 놀라 도망가요."
다음 장을 펼치자 박쥐처럼 생긴 커다란 종이 쥐 그림자가 보인다.
"우와, 그림자가 저렇게 커지다니……."
그림자는 왼쪽 위에서 오른쪽 아래로 내려앉듯이 날고 있다. 개한테 와락 달려들 듯 속도감이 느껴진다. 큰 그림자를 보고 놀란 개가 내빼는 이 장면은 종이 인형이 드리우는 그림자 때문에 신비로운 분위기를 자아내면서도 익살스럽다.

밤거리를 걸으며 그림자놀이를 해 보았을 아이들, 제 몸집보다 몇 배나 더 큰 그림자를 보았을 아이들은 자그마한, 그것도 무생물인 종이 쥐 그림자가 이렇게 훌륭한 구원자 노릇을 한다는 사실에 몹시 들떠 있었다. 종이 인형이 쥐라는 사실도 재미있다. 늘 고양이한테 쫓겨 다니는 쥐가, 에이미가 보았듯 쓸모 없어 보이던 생쥐가 고양이를 구하다니. 긴장의 정점인 이 장면을 넘어서면 겨우 안심한 로베르토가 머리를 긁적이며 자러 가는 장면이 나온다.

《꿈꾸는 아이》 에즈라 잭 키츠 글 그림, 공경희 옮김, 주니어랜덤

아침, 다시 새로워진 일상이 창문에 드리운다. 머리 빗는 아이, 커튼을 열어젖히는 아이……. 그런데, 그런데 로베르토의 창은 홀로 꿈꾸는 색깔이다. 로베르토가 잠자는 방을 들여다보니 그지없이 평화롭다. 차분한 바탕색이 웃음을 머금고 자는 로베르토의 얼굴과 행복하게 어울린다. 아이들과 함께 상상의 세계로 빠져들기 좋은 그림책이다.

같은 주제로 더 읽어 준 그림책
《고래들의 노래》 다이안 셸든 글, 개리 블라이드 그림, 고진하 옮김, 비룡소
《고양이》 현덕 글, 이현진 그림, 길벗어린이
《보름달 따던 날》 줄리언 쉬어 글, 로널드 힘러 그림, 박향주 옮김, 소년한길

ㄱ을 가두다, ㄴ을 녹다
《움직이는 ㄱㄴㄷ》, 《생각하는 ㄱㄴㄷ》

한글날이 되면 아이들에게 꼭 보여 주고 싶은 책이 두 권 있다. 선생들이 모인 자리에서도 이 그림책을 여러 번 소개했는데, 다 큰 어른들도 그림책을 한 장 한 장 펼칠 때마다 웃음을 터트리거나 호기심을 내며 다음 장면을 점쳐 보기도 했다. 자기 아이한테 꼭 보여 주고 싶은 책이라며 군침을 흘리기도 했다. 보는 사람들마다 그림도 재미있고 즐거운 마음으로 한글에 흥미를 기울이게 하는, 정말 갖고 싶은 그림책이라고들 한다.

4학년 우리 반 아이들한테 이 그림책을 보여 주기 전에 생각을 많이 했다. 그림책을 보고 나서 재미만 느끼지 않고 한글이 아름답다는 것을 느끼면서도 한글과 친해지는 시간을 만들고 싶어서였다. 고민 끝에 두 가지 활동을 하기로 마음먹었다. 한 가지는 그림책을 보고 나서 마음에 드는 닿소리 글자 하나를 골라서 꾸미는 놀이다. 16절 도화지에 꾸며서 나중에 차례로 모아 책을 한 권 만든다. 아이들이 만든 한글 닿소리 책, 기대가 되었다. 이 활동이 끝나고 나면 한 번 더 시간을 내서 몸으로 닿소리를 표현해 볼 생각이다. 한 번에 두 가지를 하기는 어려우니 몸짓놀이는 미루었다가 재량 시간이나 체육 시간에 하기로 마음먹었다.

한글날, 진작부터 보여 주고 싶던 두 책을 미루고 미루다 아이들에게 보여 주는 날이다. 먼저 《움직이는 ㄱㄴㄷ》(이수지 글 그림, 천둥거인)을 보여 주었다. 이 그림책을 보면 작가 이수지가 어떤 사람인지 궁금해진다. 보통은 우리 겨레의 자랑스러운 한글로 그림책을 만든다면 긍정하거나 희망에 찬 밝은 모습을 드러내는 그림이나 낱말을 쓸 것이다. 그런데 이 작가는 그런 생각에 얽매이지 않는다. 첫 장을 열면 'ㄱ' 아래 "가두다."라고 쓰여 있다. 오른쪽 화면에는 새장에 빨간 ㄱ자가 갇혀 있다. 첫 장면부터 이렇게 시작해서 모든 닿소리가 그런 것은 아니지만 거의 이런 분위기로 "ㅁ 묶다.", "ㅂ 부러지다.", "ㅌ 타다." 이렇게 이어진다. 처음에는 조금 삐딱하게 사물을 보는 사람인가, 하는 생각이 들었는데 몇 번 보다 보니 글자가 마치 아이들 같다는 생각이 들었다. 아이들의 호기심, 장난기 어린 행동이 글자에 드러나 보였다. 그래서인지 몰라도 아이들은 한 장면씩 넘길 때마다 재미있어하며 호들갑을 떨었다. ㄷ에 붙은 대일밴드와 모서리에 감은 붕대를 보고 아이들이 와아 웃는다. 웃는 아이들 모습에서 날마다 넘어지고 다치는 아이들이 보이는 듯했다.

아이들은 어떻게든 다음 장면에 나올 모습을 알아맞히려고 기를 썼다. 알아맞히기도 하고 못 맞히기도 했다. 그래도 아이들은 여전히 다음 장면을 맞혀 보려고 발갛게 달아오른 얼굴로 손을 있는 대로 뻗어 올렸다. 화면에 아무것도 없는 "ㅅ 사라지다."를 누군가 알아맞히는 순간이었다. 순간 희주가 "나도 그 생각 했어요!" 하며 발표할 기회를 얻지 못한 서운함을 드러냈다. 희주가 그러니 다른 아이들도 덩달아 그런다. 권투 글러브를 낀 "치다."의 'ㅊ', "흔들리다."의 'ㅎ'에 이르기까지 아이들은 내내 수수께끼를 알아맞히는 듯 즐거워하며 그림책을 보았다. 벌써 나누어 준 종이에 연필로 밑그림을 그리는 아이들도 있었다. 조금만 참으라고 했다. 그리고 폴란드 작가로 우리 문화, 더구나 간결한 우리 글자에 반해서 글자 그림책을 만들게 되었다는 이보나 흐미엘레프스카의 그림책 《생각하는 ㄱㄴㄷ》(이지원 기획, 이보나 흐미엘레프스카 그림, 논장)을 보여 주었다.

《움직이는 ㄱㄴㄷ》 이수지 글 그림, 천둥거인

"얘들아, 이 그림책은 작은 그림이 많아서 가까이 와서 봐야 돼."

내 말이 끝나기 무섭게 아이들 열댓 명이 우르르 교실 가운데 빈 자리로 모였다. "개미를 들여다보는 김씨 아저씨, ㄱ은 어디에 있나요?" 하며 시작하는 첫 장면. 왼쪽에는 몸을 ㄱ자로 구부린 남자가 있고, 오른쪽에는 타일처럼 생긴 네모 칸 속에 갖가지 ㄱ자 모양이 들어 있다. 나뭇가지에 매달아 놓은 그네를 타는 여자아이, 손가방을 든 구부린 팔, 털실을 잡으려고 몸을 ㄱ자로 구부린 고양이…….

"선생님, 조금 더 볼게요."

권일이가 말하자 맞은편에 앉아 있는 용진이도 더 보겠다고 했다. ㄱ자를 이루고 있는 물건이나 움직임들은 나도, 아이들도 생각해 보지 못한 것들이다. 아이들은 신기해 죽겠다는 얼굴을 했다. ㅎ자를 볼 때까지 그림책은 아이들이 조금도 한눈팔 시간을 주지 않았다. 책장을 넘길 때마다 아이들은 "와! 와! 저것 봐!", "와, 신기하다!" 하며 소리쳤다. 나 또한 마치 내가 아이들을 즐겁게 만들어 주는 것처럼 책장을 천천히 넘기면서 아이들 호기심을 한껏 부추겼다.

기다란 토끼 귀랑 당근이 위아래 가로줄이 되고 토끼 몸을 가운데 세로줄로 해서 만든 ㄷ자, ㄹ처럼 생긴 레이스를 뜨는 할머니, 길게 늘어진 드레스를 입고 신랑이 주는 반지를 받는 모습으로 이루어진 ㅂ자도 무척 재미있다. 팔을 구부려 만든 ㅅ자가 나오자 아이들은 얼른 팔을 흔들흔들 구부려 모양을 만들었다. 뱅뱅 도는 오리를 쫓아가는 여우가 만들어 낸 ㅇ자는 아슬아슬해 보이고, 처마 밑 제비 한 쌍으로 만든 ㅈ은 정겹다. 이 층으로 떠 있는 구름 아래서 대각선으로

《생각하는 ㄱㄴㄷ》, 이지원 기획, 이보나 흐미엘레프스카 그림, 논장

번개를 쏘는 듯한 모양으로 만든 ㅊ 또한 도무지 내 머리에서는 나올 수 없는 상상력이다.

《생각하는 ㄱㄴㄷ》을 중간까지 볼 즈음 공부 시간 끝나는 종이 쳐서 다음 시간으로 미루어야 했다. 학년 회의에 가야 했기 때문이다. 회의에 다녀와서 교실로 들어서는데 아이들은 언제 놀았냐는 듯 얌전하게 앉아 나를 기다리고 있었다. 끝나는 종이 쳐서 다 보여 주지 못한 그림책을 다음 시간에 보여 주는 때도 더러 있다. 하지만 수업을 시작하는 종이 치기 무섭게 아이들이 자리를 잡고 앉아서 나를 기다리는 때는 드물다. 다음 이야기가 그만큼 궁금했으리라.

다 보고 나서 아이들은 잔뜩 흥분해서 종이에 무엇을 그릴지 생각하느라 바빠 보였다. 내게 와서 의견을 묻는 아이들도 있고, 그림책을 더 보고 들어가는 아이들도 있었다. 글자가 고루 다 있었으면 하는 욕심에 닿소리를 칠판에 모두 써 놓고 누가 무엇을 할지 신청을 받았다. 하지만 이상하게도 ㅋ을 하겠다고 나서는 아이가 없어서 이빨 하나 빠진 닿소리 책이 되고 말았다. 어쩔 수 없다. 아이들은 저마다 제가 하고 싶은 것을 하려 드니, 내가 양보해야 한다. 글자를 꾸밀 재료를 고루 내놓았다. 한지, 색종이, 골판지, 신문지……. 아이들은 재료를 가져가서 자르고 오리고 구기거나 그리면서 글자를 꾸며 나갔다. 시간이 조금 지나자 글자가 한 개, 두 개 완성되었다. 다 만든 글자는 차례대로 칠판에 붙였다. 틈틈이 나도 표지를 만들었다. 글자를 거의 다 만들자 제법 그럴 듯했다. 아이들은 동무들이 만든 것에도 관심을 보이며 자세히 들여다보았다. 아이들 생각이 꽤 재미있다.

　작품이 다 모이자 가지런히 모아서 가장자리에 구멍을 뚫어 예쁜 색 고리를 끼웠다. 드디어 책 한 권이 만들어졌다. 학년 선생님들에게 한바탕 자랑을 하고 나서 내 책상에 다시 놓았는데 아이들은 틈틈이 와서 우리가 만든 닿소리 책을 들추어 본다. 문득 세종 대왕이 무척 좋아할 거라는 생각이 들었다.

　얼른 시간을 내서 몸으로 글자를 표현하는 것도 해 봐야겠다.

같은 주제로 더 읽어 준 그림책

《구름 공항》 데이비드 위스너 그림, 이상희 옮김, 중앙출판사
《구름빵》 백희나 글 그림, 김향수 사진, 한솔수북
《크릭터》 토미 웅게러 글 그림, 장미란 옮김, 시공주니어

3

자유롭고
당찬 삶을 사랑하는
아이들

마침내 자신만의 고양이가 된 길 고양이

《100만 번 산 고양이》

　나를 그림책 세계로 이끌어 준 그림책, 좋아하는 그림책이 뭐냐고 하면 얼른 말하기 어려울 만큼 좋아하는 그림책이 많다. 그만큼 나름대로 까닭이 있는 멋진 그림책이 많기 때문이다. 그래도 꼽아 보라면 나는 《100만 번 산 고양이》(사노 요코 글 그림, 김난주 옮김, 비룡소)를 들고 싶다.

　고양이를 무척 좋아하는 나는 지금도 길을 걷다가 고양이를 보면 그냥 지나치지 못한다. 지붕 위를 살살 걷는 고양이를 보면 "나비야!" 하고 한 번 불러 보아야 직성이 풀리고, 가겟집에 묶인 채 얌전히 앉아 있는 고양이를 보면 머리라도 쓰다듬어 주어야 한다. 차 밑에 고양이가 들어가 앉아 있는 게 보이면 그 옆에 쭈그리고 앉아 "나비야." 부르며 살살 꼬드겨 보기도 한다. 이렇게 고양이를 좋아하는 내가 《어린이 그림책의 세계》(마쓰이 다다시 글, 이상금 엮음, 한림출판사)를 보면서 고양이가 주인공으로 등장하는 《100만 번 산 고양이》에 쏙 빠진 것은 당연한 일인지도 모른다.

그림책 표지는 단번에 나를 사로잡았다. 당당하게 어린아이처럼 서 있는 고양이가 아주 매력 있게 다가왔다. 당차게 서 있는 고양이, 흰 바탕에 검은 줄무늬와 대비되는 파란 눈과, 두 손으로 주먹을 꼭 쥐고 있는 모습을 한참 보았다. 옹크리고 있는 두 손과 꼭 다물고 있는 고양이 입을 보니 보통 고양이가 아니라는 것을 단번에 알아차릴 수 있었다. 단순한 장난꾸러기 고양이가 아니라는 이야기다.

고양이가 나오는 그림책은 아주 많다. 그 고양이들도 나름대로 개성이 있지만, 이 그림책에 나오는 고양이만큼 독특한 개성을 내뿜는 주인공은 드물다. 고집스러워 보이기도 하고, 자신감이 넘쳐 보이기도 하고, 남과 잘 어울릴 것 같지도 않아서 고독해 보이기도 하는 고양이. 작가가 궁금해서 표지 안쪽에 쓰여 있는 저자 소개를 읽어 보았다. 사노 요코, 1938년에 태어났다. 흑백 사진 속 여자는 오토바이를 타고 있었다.(처음 이 책은 종이나라에서 나왔는데 그때 펴낸 책 표지 안쪽에 이 사진이 있었다.) 지금도 그렇지만 그 시절에 오토바이를 타는 여자는 결코 흔하지 않았다. 사진을 보면서 이런 그림책을 만든 사람이라면 이 정도는 돼야겠지 하는 생각이 절로 들었다.

집에 가서 다시금 찬찬히 그림책을 보았다. 그리고 책 뒤표지에 붙어 있는 색종이를 접어서 고양이를 만들어 책상 위에 올려놓았다. 아이들한테 그림책을 읽어 주고 싶다는 마음이 차올랐다. 내가 감동하며 읽은 이 책을 아이들은 어떻게 받아들일지 궁금했다.

"오늘 내가 그림책 보여 줄게, 자!"

표지를 보여 주자 여기저기에서 한마디씩 터져 나온다.

"와, 고양이다!"

"사나우면서도 귀여워요."

"심술궂은 것 같애!"

"무슨 범죄자 같애요. 꼭 죄수복 입은 것 같애."

물어보지 않아도 아이들이 말을 많이 한다는 것은 끌림이 있다는 증거다. 표지가 그래서 중요한 것 같다. 그림책을 읽어 주는 내내 아이들은 조금도 마음이 흐트러지지 않아 보였다. 그림도 재미있지만 무엇보다 줄거리가 흥미롭다. 삐딱한 느낌을 주는 화자의 말투가 묘하게 뒷이야기를 궁금하게 만든다.

"백만 년이나 죽지 않은 고양이가 있었습니다." 하고 시작하는 이 이야기의 주인공은 책장을 넘길 때마다 임금님의 고양이, 뱃사람의 고양이, 서커스단 마술사의 고양이, 도둑의 고양이, 혼자 사는 할머니의 고양이, 여자아이의 고양이가 되어 나온다. 그리고 누구의 고양이가 되었다가 꼭 죽는다. 아이들은 다음에는 누구의 고양이로 태어날지 점치며 이야기를 보았다.

이렇게 죽고 태어나기를 되풀이하다가 갑자기 이야기는 반전된다. 백만 번이나 산 고양이는 누구의 고양이도 아닌 오로지 자신만의 고

《100만 번 산 고양이》 사노 요코 글 그림, 김난주 옮김, 비룡소

양이로 태어난다. 자신만의 고양이로 태어난 고양이는 바로 길 고양이였다. 사실 누구의 고양이도 아니려면 길 고양이가 되어야 한다. 그래야 비로소 자유로워질 수 있다. 길 고양이가 된 장면에서 고양이는 벌러덩 양철 쓰레기통 뚜껑 위에 누워 있다. 바로 옆에 생선 뼈가 있는데도 아랑곳하지 않는다. 자유만큼 신나는 일은 없다는 모습이다. 나는 이 장면을 아주 좋아한다. 능청스럽게 유유자적한 모양이 아주 마음에 든다. 아이들도 이 장면에 마음이 머무는 것 같다. 자신만의 고양이가 된다는 것은 어른한테 참견받지 않으면서 자신만의 무엇이 되고 싶고, 자신만의 무엇을 하고 싶은 아이들의 바람하고도 통할 테니 당연히 마음에 들 수밖에 없을 게다.

이제 고양이는 자그마치 백만 번이나 죽었다가 살아났기 때문에 세상 모든 일이 아무렇지도 않다. 비웃음으로 가득 찬 고양이가 된 것이다. 게다가 이제는 자신에게 만족하니 다른 것들은 다 우습다. 그런데 참 이상하다. 모든 일을 시들하게 여기자 암고양이들이 호기심에 가득 차 다가온다.

난 백만 번이나 죽어 봤다고. 새삼스럽게 이런 게 다 뭐야!

그러나 이렇게 말하던 주인공 고양이는 눈부시게 아름다운 흰 고양이 앞에서 꼼짝 못한다. 긴 두 발을 가지런히 모으고 머리를 옆으로 돌린 채 화면 가득 도도히 앉아 있는 흰 고양이는 참 아름답다. 아이들도 푹 빠져들 만큼 멋지다. 책장을 넘기려고 하니 아이들이 조금 더 보자고 한다. 흰 고양이는 세상을 달관한 듯 생각이 깊어 보인다. 그래서인지 백만 번이나 산 고양이의 속내를 다 아는 듯 편안하게 모두 받아 준다. 고양이는 그렇게 사랑을 나누고, 새끼를 낳아 기르고 떠나보내면서 행복하게 산다. 아이들은 계속 행복한 얼굴을 하고 있다. 아름답고 행복한 장면이 계속 이어지니 아이들도 좋은 모양이다.

그러나 늘 시작이 있으면 끝이 있는 법. 결말은 예기치 못한 큰 슬픔으로 다가온다. 어느 날, 흰 고양이가 주인공 고양이 곁에서 가만히 눈을 감는다. 다시는 돌아올 수 없는 곳으로 떠난 것이다. 백만 번이나 산 고양이는 흰 고양이를 끌어안고 울부짖는다. 한 번도 울지 않았던 이 고양이는 백만 번이나 울었다. 그리고 울음을 그치는 날 흰 고양이 옆에서 고요히 잠든다. 영원히. 격렬함과 고요함으로 꽉 찬 마지막 장면은 아이들의 마음을 출렁거리게 했다. 아이들은 몹시

《100만 번 산 고양이》 사노 요코 글 그림, 김난주 옮김, 비룡소

슬펐는지 잠깐 동안 말을 하지 않았다.

"왜 다시는 태어나지 않았을까?"

"흰 고양이를 좋아해서 다시는 태어나지 않으려고 한 것 같아요."

"전에는 사랑을 안 했는데 사랑하니까 다시는 안 태어나게 된 것 같아요."

고양이는 전생에 못 다한 것을 이루어 보고 싶어서 백만 번씩 태어났을 것이다. 하지만 이제 백만 번이나 산 고양이는 자신이 주인공이 되어 사랑을 했고 식구를 만들었으며 실컷 울면서 속을 다 풀어냈으니 세상에 맺힌 게 없지 않을까. 이 그림책은 자기 정체성의 문제, 삶과 죽음의 문제, 자기 소외와 사랑의 문제 같은 풍부한 주제를 담고 있어서 좋다. 좀처럼 책을 즐겨 읽지 않던 한 남자아이가 독후감 마지막 줄에 이렇게 썼다.

> 너무나 감동적이다. 그림책이 이렇게 좋은 건 줄 몰랐다.

이 그림책을 처음 읽어 준 아이들은 2001년에 만난 4학년 아이들이다. 그동안 만나는 아이들한테 이 그림책을 읽어 주고는 했는데, 2007년에 만난 4학년 아이들하고 그림책을 보고 나서 입체 고양이를 만든 일이 기억에 남는다. 책을 보여 주고는 종이에 고양이 본을 그려 복사해 주었다. 아이들은 귀여운 고양이 본을 보고는 몹시 좋아했다. 아이들은 고양이를 만들고 꾸밀 단추, 반짝이 스티커, 리본, 플라스틱 보석 같은 갖가지 재료를 집에서 가져왔다. 나는 플라스틱 고양

이 눈을 나누어 주었다. 입체로 접는 것이 조금 까다로워 헤매기도 했지만 서로 도와 가며 고양이를 완성해 갔다. 입체 고양이를 완성하는 대로 칠판에 붙였다. 어느덧 서른세 마리 고양이가 모였는데 얼마나 재미있고 예쁜지, 아이들도 나와서 마냥 구경했다. 고양이 뒷면에는 그림책을 보고 난 느낌을 썼다. 다른 때와 달리 아이들은 제가 만든 고양이를 가져가고 싶어 했다. 며칠 동안 교실에 전시를 하고 다 나누어 주었다. 아이들은 그림책을 보고 작품을 만들어서 그런지, 만들 때도 보통 미술 시간보다 더 즐거워했다.

같은 주제로 더 읽어 준 그림책
《똑똑하게 사는 법》 고미 타로 글 그림, 김박화 옮김, 한림출판사
《엄마, 뽀뽀는 딱 한 번만》 토미 웅게러 글 그림, 조은수 옮김, 비룡소
《행복한 청소부》 모니카 페트 글, 안토니 보라틴스키 그림, 김경연 옮김, 풀빛

백성들 마음속에 영원히 살아 있는 공주 이야기
〈칠기 공주〉

    어릴 때 마음속 깊이 박힌 꿈은 어른이 되어서도 좀처럼 사라지지 않는다. 많은 여자아이들이 그렇듯 나 또한 어린 시절에 공주 이야기를 꽤나 좋아하고, 공주가 되는 꿈을 자주 꾸고는 했다. 그 마음을 알았는지 한 번은 어머니가 남대문 시장에서 자투리 천을 사다가 드레스 분위기가 나는 원피스를 만들어 주었다. 그 옷을 입고 학교에서 복도를 걸어갈 때 우쭐하던 기분은 지금도 생생하다. 하지만 그 옷은 하루밖에 입지 못했다. 빨랫줄에 널어놓은 옷을 넝마 아저씨가 가져가 버렸기 때문이다. 외딴집에 살아서 그런 일은 자주 일어났다.

    사라진 옷처럼 어린 시절에 내가 공주 노릇을 한 기간은 너무나 짧았다. 6학년이 되면서 집안이 완전히 기울었다. 중학교 때는 세숫대야에 연탄 두세 장을 담아 머리에 이고 좋아하는 남자 동무 집을 지나

가야 했다. 등록금은 늘 1, 2분기씩 밀려 조용한 공부 시간에 내 이름 부르는 소리가 교실에 울리고 나는 교장실에 불려 가고는 했다. 그래도 내 자존심은 꼿꼿했다. 나는 신데렐라처럼 살 거라는 믿음을 한순간도 버리지 않았다.

물론 성공한 신데렐라가 되겠다는 꿈은 대학에 들어가 야학 선생을 하면서 깨졌다. 어려운 동무들과 배움을 나눈 야학 생활에서 나는 세상과 사회 문제에 눈을 떴다. 나는 더는 백마 탄 왕자를 기다리는 공주를 꿈꾸지 않았다. 대신 이상과 신념대로 살아가는 내 인생 무대의 진정한 공주가 되고자 했다.

공주에 대한 아련한 추억 때문인지 아이들에게 읽어 줄 동화나 그림책을 고를 때 공주가 나오는 이야기나 그림책이 보이면 먼저 집어 들게 된다. 인생을 당당하게 살아가는 공주들을 만나면 너무 반가워서 아이들한테 그 이야기를 들려주고 싶다. 왕족의 권위를 버리고 사랑을 찾아간 《긴 머리 공주》(안나마리 반 해링언 글 그림, 마루벌), 겉모습만 중요하게 여기는 왕자를 과감하게 외면하는 《종이 봉지 공주》(로버트 문치 글, 마이클 마첸코 그림, 김태희 옮김, 비룡소), 사랑하는 사람을 만나기 위해 험한 여정을 마다 않고 가다 돌이 되어 버린 《사랑에 빠진 거인》(구드룬 헬가도티어 글, 브라이언 필킹튼 그림, 김승희 옮김, 비룡소)에 나오는 여성들은 자기 인생의 주인공들이다. 그래서 아름답다.

그 가운데 《칠기 공주》(파트리스 파발로 글, 프랑수와 말라발 그림, 윤정임 옮김, 웅진주니어)는 버마(ㅋ대다로 집권한 군사 정권이 국민들을 학살한 이미지를 지우려고 나라 이름을 '버마'에서 '미얀마'로 바꿨다. 군사 정권을 인정하지 않는 나라들과 이 나라의 민주화 운동가들은 아직도 '버마'라는 옛 이름을 쓰고 있다.) 민주화 운동에 앞장서다 오랫동안 가택 연금 상태로 살고 있는 아웅산 수치를 그린 책이다. 이 그림책을 살 때까지만 해도 그림책 속 이야기가 그저 옛날이야기려니 생각했다. 하지만 책 마지막 장에 작가가 쓴 글을 보고 사연을 알 수 있었다. 굳이 이런 사실을 모른다 해도 주인공 칠기 공주를 보면 역사의 거친 풍랑을 헤치며 살아간 여성들을 쉽게 떠올릴 수 있다. 환상 같은 분위기 속에서 슬프면서도 아름답게 그 모습들을 그려 볼 수 있다.

이 그림책은 6학년 아이들에게 사회 시간에 민주주의를 가르치면서 보여 주었다. 그림책을 보여 주기 전날이다. 내 책상 위에 놓아둔 새 그림책이 궁금했는지 여자아이 하나가 《칠기 공주》를 보고 싶다고 했다. 조금만 참으라고, 내일 보여 줄 거라고 하니 비밀을 꼭 지키겠다며 냉큼 가져다 읽었다. 다행히 아이들이 집으로 돌아가고 난 오후라 그냥 읽도록 두었다. 조용한 교실에서 나는 음악을 틀어 놓고 일을 하고 있었다. 아이도 음악을 들으며 그림책을 보았다. 조금 뒤에 아이는 그림책을 다 보고 나서 책을 덮으며 말했다.

"선생님, 정말 슬퍼요. 지금 이 음악이랑 잘 어울리는 이야기예요. 음악까지 받쳐 주니까 너무 슬퍼요."

아이는 이야기가 몹시 슬펐는지 쓸쓸한 얼굴을 하고 있었다.

다음 날, 이 그림책을 아이들한테 읽어 주었다. 음악이 없어도 아이들은 이야기에 진지하게 반응했다.

이야기는 버마의 어느 마을을 배경으로 한다. 칠기장이 우탱의 딸은 칠기를 장식하는 솜씨가 뛰어나 칠기 공주라는 이름을 얻는다. 칠기 공주의 손이 가면 그림이 살아나는 듯했다. 칠기 공주가 아라비아나 인도 아가씨 같은 옷차림을 하고 있는 낯선 모습과 도자기 무늬에서 나온 듯한 신비로운 그림에 아이들은 매력을 느낀 듯했다.

《칠기 공주》에는 스스로 '태양보다 더 빛나는 왕'이라고 하는 이가 나온다. 마침 사회 시간에 민주 정치에 대해 배우고 있는 때여서 아이들은 왕을 보면서 "군주다!" 하고 말했다. 절대 권력을 가진 왕은 칠기 공주의 솜씨를 탐내 칠기 공주에게 자신만을 위한 칠기를 빚으라고 명령한다. 소박한 어부나 농부를 위한 그릇만 만들어 온 칠기 공주는 굽히지 않고 제 뜻을 말해 보지만 끝내 왕의 명령을 어기지 못하고 그릇을 빚는다. 아버지 우탱은 잘 자란 옻나무에서 좋은 진을 뽑아 세상에서 가장 아름답고 진하게 우러난 검은색을 만들어 딸에게 준다. 칠기 공주는 아무도 들어오지 못하게 하고 아버지가 정성들여 만든 재료로 칠기에 그림을 그린다. 궁금했다. 왜 하고 싶지 않은 일을 하는데 그토록 정성을 들이는지.

그 까닭은 칠기 공주가 보내온 칠기를 보자마자 분노하는 왕을 보면서 알 수 있었다. 칠기를 어떻게 만들었기에 왕이 화가 났는지 아이들도 나도 짐작하지 못했다. 놀랍게도 칠기 공주는 칠기에 고통받는 백성들의 모습을 새겨 넣었다. 펼친 화면을 가득 채운 칠기. 옻나무에서 얻은 검은빛 바탕에 붉은빛, 푸른빛, 노란빛을 써서 그린 그 그림들에는 매를 맞거나 악날낭하는 백성들 모습이 있었다. 칠기 공주는 자신이 말하고 싶은 진실을 칠기에 그렸기에, 백성들 편에 서서

《칠기 공주》 파트리스 파발로 글, 프랑수와 말라발 그림, 윤정임 옮김, 웅진주니어

칠기를 만들었기에 그토록 정성을 기울일 수밖에 없었다.

왕은 빛이 들지 않아 눈을 떠도 아무것도 볼 수 없는 감옥에 칠기 공주를 가두었다. 감옥에 갇힌 칠기 공주, 처음 이 그림책을 보았을 때 나는 이 장면에서 마법이 일어날지도 모른다고 생각했다. 아이들도 그랬을 것이다. 정말 마법은 일어났다. 하지만 내가 짐작한 마법은 아니었다. 칠기 공주는 조그만 구멍으로 새 들어오는 백성들의 소리에 힘을 얻어 그 구멍에 대고 자기가 하고 싶은 이야기, 진실을 말한다. 그러면서 공주는 어떤 벽도 자기를 가두지 못하리라는 것을 깨닫고 몸이 점점 가벼워져 어느 순간 완전한 자유에 이른다.

"칠기 공주가 죽었다!"

"무슨! 아직 아니야! 선생님 죽은 거예요?"

아이들 사이에서 나지막하게 말이 터져 나왔다. 운동회 연습 때문에 책을 보는 것은 여기서 잠깐 멈추어야 했다. 아이들은 자리를 뜨지 않았다. 영재가 더 읽어 달라고 했다. 모두들 더 듣고 싶어 하는 눈치였다. 하지만 이미 복도는 시끄러웠고, 어수선한 분위기에서 이야기의 마지막 부분을 읽을 수는 없었다.

다음 날이다. 첫 시간 공부를 하려는데 아이들이 《칠기 공주》부터 읽어 달라고 했다. 느긋하게 그림책을 펼쳐 들고 뜸을 들이면서 이야기를 읽어 나갔다. 아이들은 이제 어찌 될지 몹시 궁금해하는 눈빛으로 귀를 기울이고 있었다. 정말 칠기 공주는 사라졌다. 대신 칠기 공주가 만들었던 칠기와 똑같은 그릇이 곳곳에 퍼지고 있었다. 칠기장이들이 모두 공주가 만들었던 칠기를 만들고 있었기 때문이다. 마법은 백성들 힘 속에서 이렇게 일어나고 있었다. 결국 왕은 눈앞에 어른거리는 칠기 공주의 환영 때문에 강물에 몸을 던져 죽고 만다. 그리고 드디어 그곳에 평화가 찾아든다.

칠기 공주가 사라진 것을 아쉬워하는 아이들에게 버마 이야기를 해 주었다. 먼저 세계 지도에서 버마를 찾아 보여 주었다. 그리고 아웅산 수치가 노벨 평화상을 받았다는 사실도, 아직도 버마 국민들이 나라의 민주화를 위해 싸우고 있다는 사실도 말해 주었다. 그래도 아이들은 사라진 칠기 공주에 대한 아쉬움을 떨치지 못하는 듯했다.

누군가 주인공을 왜 칠기 공주리고 했는지 궁금하다고 했다. 아이 생각에 공주란 궁전에서 호화롭게 살아야 하는데, 칠기 공주는 보잘

여기는
2층입니다.

것없는 집안에서 일을 하다 금수레 한번 타 보지 못하고 세상을 떠났으니 그런 질문을 할 만도 하다. 내가 대답하지 않고 아이들한테 물었다.

"칠기 공주라고 한 사람들이 누구였지?"

"백성들이요."

백성들한테는 칠기 공주가 진짜 공주였다. 칠기 공주는 연기처럼 사라졌지만 버마 국민들 사이에 아웅산 수치가 살아 있고, 민주화에 대한 꿈이 식지 않는 것처럼 우리 아이들 마음속에서도 진실한 공주가 되려는 의지가 피어오르기를 바란다.

같은 주제로 더 읽어 준 그림책

《엄마가 수놓은 길》 재클린 우드슨 글, 허드슨 탤봇 그림, 치순희 옮김, 웅진주니어
《일어나요, 로자》 니키 지오바니 글, 브라이언 콜리어 그림, 최순희 옮김, 웅진주니어
《종이 봉지 공주》 로버트 문치 글, 마이클 마첸코 그림, 김태희 옮김, 비룡소

보기 싫은 자신의 모습을 사랑하게 해 준 그림책
《까마귀 소년》

"얘들아, 까마귀 본 적 있니?"
아무도 없다.
"까마귀는 온통 까매. 햇빛을 받으면 번쩍번쩍 빛이 나는 까만색이야. 까마귀는 높은 데 살아. 마을에서 멀리 떨어져 있는……. 근데 그 까마귀하고 친하게 지내는 외로운 아이가 있어."
이렇게 말하며 그림책 《까마귀 소년》(야시마 타로 글 그림, 윤구병 옮김, 비룡소)을 들어 보였다.
"봤어!"
"나도!"
몇 아이가 봤는지 소곤거린다. 갑자기 궁금해져서 이 책 본 사람, 하고 물으니 열 명 가까이 손을 들었다. 이 아이들을 포함해서 6학년 우리 반 아이들 모두한테 그림책《까마귀 소년》을 감동 속에서 만나게 해 주고 싶은 마음이 가득 일었다. 아쉽게도 내 마음과 달리 그동안 만난 아이들은 이 그림책에 푹 빠져들지 않았다. 그림이 그다지 친근하게 다가오지도 않고, 이야기가 너무 진지한 탓인지도 모른다. 아이들은 주인공 아이가 6학년이 되어 학예 발표회 때 까마귀 소리를 내는 장면에서만 호기심을 보였다. 생각해 보니 이 책은 늘 내가 아이들보다 더 좋아했다는 생각이 든다.

열 번도 넘게 보았지만 볼 때마다 가슴이 저릿해 오는《까마귀 소년》. 좋아하는 그림책을 보여 줄 때면 아무래도 읽어 줄 준비를 더 잘하게 되나 보다. 늦은 밤 이불에 엎드려 그림책을 다시 보았다. 동무들과 선생님을 무서워하던 주인공 땅꼬마 아이를 보니 어릴 적 동무들과 내가 가르친 아이들이 생각났다. 지저분하고 공부 못한다고 놀림받던 명자는 늘 혼자였다. 명자는 늘 얼굴을 찡그리고 동무들이 노는 모습을 한쪽에 서서 물끄러미 바라보고는 했다. 어른이 되어 아이들을 가르칠 때도 해마다 명자처럼 동무 없이 지내는 쓸쓸한 아이들이 한둘씩 꼭 있었다. 어떻게 해서든 그런 아이들에게 동무를 만들어 주려고 애써 보았지만 쉽지 않았다. 이 같은 내 태도를《까마귀 소년》에 나오는 이소베 선생님을 보면서 다시 생각해 본다. 내가 너무 억지를 부리지는 않았나? 이소베 선생님은 아이들하고 땅꼬마를 이어 주기 위해 억지를 부리지 않는다. 그냥 그 아이를 사랑한다.

다음 날, 그림책을 읽어 주려는데 비가 온다. 어느새 유리창 밖은 안개로 뿌옇다. 마치 까마귀 소년이 사는 깊은 산속 마을에 안개가

낀 듯한 착각이 들었다. 그림책을 읽어 나갔다. 감정을 풍부하게 넣어 숨을 조절하며 천천히 읽었다. 두 번째 장을 넘기고 땅꼬마가 따로 떨어져 나와 책상 곁에 서 있는 것을 보더니 누군가 짧게 "불쌍하다!" 한다.

 이 낯선 애는 선생님을 아주 무서워했어. 그래서 아무것도 제대로 배우지 못했지.

 이 대목을 읽는데 문득 아이들은 그동안 공부를 가르친 선생들을 어떻게 느끼고 있을까? 또 나는 어떻게 생각할까? 하는 생각이 들었다. 선생이 무서우면 아이들은 아무것도 배울 수 없다. 몸과 마음이 굳으면 배우는 즐거움을 느끼기 어렵다. 그런데도 여전히 어른들은 아이들을 만나 학교 이야기를 물을 때 "너희 선생님 무서워, 안 무서워?" 하고 묻는다. 여전히 무서운 선생님이 많다는 이야기다. 나도 때때로 무서운 선생님이 되고는 한다.

그런데 땅꼬마는 선생님뿐만 아니라 아이들도 무서워했다. 외로움과 따돌림에 지쳐서 사팔뜨기 흉내를 내기도 하고, 시간을 보내려고 뭐든지 들여다보고 들어 보고 만져 본다. 그럴수록 아이들은 땅꼬마가 이상한 행동을 한다고 생각하여 더 멀리한다. 이 장면을 읽어 줄 때는 내가 마치 땅꼬마인 듯 천장도 올려다보고, 책상의 나뭇결도 찬찬히 살펴보고, 창밖 흐릿한 풍경도 바라보았다. 아이들도 나를 따라 나뭇결을 찬찬히 살펴보기도 하고, 천장을 올려다보기도 했다.

잠깐 책을 덮었다.

"이 아이는 아주 먼 곳에서 학교를 다녔어. 타박타박 걸어서……. 아무도 놀아 주지 않고 말도 시키지 않는데도 말이야."

이 말을 하는 순간 지난해에 6학년 모두가 따돌리던 '전따' 진희 생각이 났다. 이 아이들도 진희를 알까? 5학년들도 알고 따돌린다는 말을 했으니까 아는 아이들도 있을 것 같다. 이 아이들도 나처럼, 진희나 땅꼬마같이 따돌림당하는 동무들을 생각하고 있을지 궁금했다.

다시 책을 펴 들었다. 땅꼬마가 6학년이 되었을 때 이소베 선생님이란 분이 새로 왔다. 선생님은 교실이나 교과서를 넘어선 교육을 했다. 아이들을 데리고 산과 들을 다니며 열매가 있는 곳을 찾아보기도 하고, 들꽃으로 꽃밭을 만들기도 했다. 그럴 때마다 땅꼬마는 아이들이 놀랄 만큼 산과 들을 잘 알고 있었다. 이런 일을 하지 않았다면 아이들은 결코 땅꼬마를 알아보지 못했을 것이다. 이소베 선생님은 땅꼬마와 이야기를 나누거나, 땅꼬마가 그린 그림과 글씨를 보며 마냥 좋아했다. 높은 자리에서 아이에게 동정을 베푼 것이 아니었다. 그저 땅꼬마의 독특한 향기를 사랑했다. 그런 마음이 있었기에 학예회에 연주도 춤도 노래도 아닌 까마귀 흉내내기 같은 차례를 넣을 수 있었던 것이다.

 펼친 장면 위쪽에 무대가 있고 땅꼬마가 그 위에 서 있다. 처음으로 많은 이들의 눈길을 한 몸에 받는 땅꼬마. 이야기를 듣는 아이들도 뜻밖이라는 얼굴을 한다. 학예회를 여러 번 겪었지만 새소리 흉내를 내는 아이는 보지 못한 것이다. 땅꼬마는 관객들의 무심한 눈빛에도 아랑곳하지 않고 당당히 까마귀 소리를 흉내 냈고, 사람들은 까마귀 소리를 들으며 점점 땅꼬마가 사는 곳을 머리에 그린다. 여기까지 읽고 숨을 멈추었다.

 조금 뒤에 "아이가 사는 곳을 볼래?" 하면서 고목나무에 까마귀가 앉아 까마귀 소년의 집을 내려다보는 장면을 보여 주었다. 몇 아이는 엉덩이를 들썩거리며 집을 보았다. 나는 까마귀 소리를 최대한 제대로 내려고 아주 애를 썼다. 내가 낸 까마귀 소리가 제법 실감이 났나 보다. 아이들이 조금씩 그 소리를 따라 했다.

 땅꼬마의 발표가 끝나자 이소베 선생님이 땅꼬마가 어떻게 까마귀 소리를 배우게 됐는지 들려준다. 선생님 말을 들으면서 학예회에 온 마을 어른과 아이들은 모두 눈물을 흘린다. 이런 감동 깊은 무대 뒤에 어떤 결말이 있을까? 마지막 이야기를 보면서 이 그림책 작가를 깊이 존경하는 마음이 생겼다. 사람들은 땅꼬마, 까마귀 소년이 마을에서 사람들과 잘 섞여 살 거라고 믿었거나 바랐을 것이다. 그러나 땅꼬마는 여전히 그 아득한 산골에 살면서 집안일을 돕다가 가끔 홀로 읍에 나와 숯을 팔 뿐이다. 당당한 걸음으로 말없이 일하며 사는 아이 뒷모습을 마을 사람들이 바라보는 것을 마지막으로 이야기는 끝난다.

아이들은 땅꼬마나 이소베 선생님에게 느낀 감정을 솔직하게 말했다. 한 아이는 땅꼬마를 따돌리는 아이들이 미웠지만 자신도 그런 아

《까마귀 소년》 야시마 타로 글 그림, 윤구병 옮김, 비룡소

자유롭고 당찬 삶을 사랑하는 아이들 ● 127

이가 있다면 솔직히 별 관심을 기울이지 않았을 거라고 했다. 그러면서도 이소베 선생님처럼 누군가에게 희망을 주는 사람이 되고 싶다고 했다. 글도 썼다. 땅꼬마의 외로움을 가슴 아파하는 아이들이 많았다. 무엇보다 이소베 선생님에게 깊은 인상을 받은 것 같았다. 마음을 다해 읽은 만큼 아이들도 감동을 받은 듯했다.

같은 주제로 더 읽어 준 그림책
《만년샤쓰》 방정환 글, 김세현 그림, 길벗어린이
《머리에 뿔이 났어요》 데이비드 스몰 글 그림, 김종렬 옮김, 소년한길
《반쪽이》 이미애 글, 이억배 그림, 보림

인디언 아이와 함께 모험을 떠나다

《태양으로 날아간 화살》

처음 《태양으로 날아간 화살》(푸에블로 인디언 설화, 제럴드 맥더멋 그림, 김명숙 옮김, 시공주니어)을 보았을 때는 검은빛 살갗에 화려한 깃털 모자를 쓴 인디언 추장이 떠올랐다. 인디언들이 쓰는 색은 좀처럼 내 일상에서 쓰기 어려운 것들이다. 빨강, 노랑 같은 원색은 한 번쯤 써 보고 싶다는 생각을 하면서도 옷이나 물건을 사야 하는 현실로 돌아오면 이상하게도 머뭇거린다. 그래서인지 그림책에 나오는 주황이나 노랑, 빨강 같은 강렬한 색은 낯설면서도 신비한 느낌이 들었다.

그림책을 보여 주기 전에 아이들한테 인디언이 어디에 살던 사람들인지 짤막하게 들려주고, 푸에블로라는 곳이 어디쯤에 있는지 세계 지도를 보여 주니 사뭇 진지해졌다. 그림책 표지 안쪽을 펼쳐 보였다. 노랑에서 갈색에 이르는 색으로 그린 크고 작은 기하학 무늬들이 햇빛 조각처럼 어리어리하게 보인다. 아이들도 되풀이되는 독특한 무늬를 보고 "어!", "와!" 하며 짧은 감탄사를 쏟아 냈다.

옛날 옛날에 태양의 신이 대지로 생명의 불꽃을 보냈대.

문장을 보니 2학년 아이들한테는 어렵겠다는 생각이 들었다. '대지'를 얼른 '땅'으로 바꾸어 읽었다. 그래도 이 문장을 들은 아이들은 어리둥절한 얼굴을 한다. '생명의 불꽃'이라니, 무슨 말인지 얼른 다가오지 않는 모양이다. 설명하려다 화면을 넘겼다. 생명의 불꽃이 푸에블로 인디언 마을에 사는 한 아가씨 집으로 들어간 대목에 가서야 아이들은 무엇인지 알겠다는 듯 궁금증이 풀린 얼굴을 했다.
"아이스크림 같다."
인디언 아가씨가 아이를 안고 있는 장면을 보자 준구가 우스워 죽겠다는 듯 말했다. 다른 아이들도 덩달아 "맞아, 맞아." 하면서 교실은 순식간에 웃음바다가 되어 버렸다.
"아이가요, 꼭 로봇 같아요."
아이들은 또 웃어 댔다. 내가 보아도 직선과 곡선, 네모 세모꼴로 이루어진 검은빛 인디언은 로봇 태권브이 같아 보였다. 하지만 아이들을 따라 나마저 웃으면 이야기에 빠져드는 데 방해가 될 것만 같았다. 가끔 그림책을 보여 주다 보면 뭐든지 꼬투리를 잡아 우스운 분위기로 끌어가려는 개구쟁이들이 있다. 그럴 때는 알맞은 자리에서 분위기를 잡아 주어야 한다.

"이제 그만. 다음으로 가자."

이제 아버지 없이 자라면서 동무들에게 놀림당하던 아이는 아버지를 찾아 길을 나선다. 화면을 구성하는 기하학 무늬는 노랑에서 갈색에 이르는 색깔과 어울려 원시 시대 같은 분위기를 물씬 풍긴다.

"모험을 떠난다."

주석이가 혼자서 대단한 발견이라도 한 듯 소리쳤다. 남자아이들은 주석이 말을 듣고 한껏 긴장하는 얼굴이다. '모험', 이 낱말은 아이들에게 매력 넘치는 말이다. 더구나 남자아이들한테는 더 그렇다. 무슨 모험이 나올지 기대하는 아이들을 보면서 일부러 속도를 늦추어 느긋하게 이야기를 읽어 나갔다.

아이는 옥수수 밭 임자와 옹기장이를 만나 아버지에게 가는 길을 묻는다. 나는 누군가를 만나 일을 해 주면 무언가 가르쳐 주는 우리 옛날이야기를 떠올렸는데, 여기에서는 조금 달랐다. 두 사람은 아무 대꾸도 하지 않고 자기 일만 한다. 아이는 궁시장을 만나서야 답을 얻는다.

"궁시장이 뭐에요?"

조금 전에는 옹기장이가 뭐냐고 묻던 영민이가 또 물었다. 모르는 것은 알아내야 직성이 풀리는 영민이답다. 궁시장은 아이가 태양에서 왔다는 것을 알아보고는 특별한 화살을 만들어 아이를 활에 메겨 하늘로 쏘아 보낸다.

아이가 화살에 매달려 날아갈 때 내 몸이 떨렸어요.

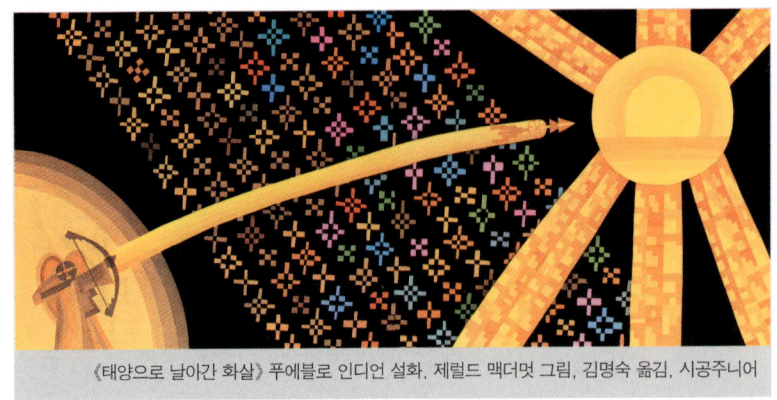
《태양으로 날아간 화살》 푸에블로 인디언 설화, 제럴드 맥더멋 그림, 김명숙 옮김, 시공주니어

   화살과 한 몸이 되어 태양으로 날아가는 아이 마음을 상상의 힘으로 실감나게 느낀 것일까? 나중에 현정이 종합장을 보니 이렇게 쓰여 있다. 아이들은 이 대목을 흥미진진하게 여기는 듯했다. 아마 아이들 몇몇은 현정이처럼 마치 제 몸을 화살에 실어 태양으로 날아가는 상상을 해 보았을지도 모른다. 아이가 태양에서 온 아이라는 것을 궁시장이 척 알아본 것도, 궁시장이 특별한 화살을 만든 것도, 궁시장이 아이를 활에 메겨 태양으로 쏘아 보낸 것도 모두 꿈 같은 이야기다. 이야기에 어울리게 아이가 화살과 한 몸이 되어 태양으로 날아가는 장면도 퍽이나 화려하고 아름답다.

   이렇게 해서 아이는 아버지인 신을 만난다. 하지만 신은 아이에게 사자, 뱀, 벌, 번개의 키바를 통과해서 자기 아들이라는 것을 증명하라고 한다.

   "이제 진짜 모험이야."

   주석이는 아이가 모험을 하는 게 마치 자기 일이라도 되는 듯 진지하게 말했다.

"아이가 키바를 통과할 수 있을까?"

내가 물었다. 다른 아이들이 대답할 틈도 주지 않고 또 주석이가 말했다.

"당연히 통과하지요. 엄마한테 아버지를 찾겠다고 약속했잖아요. 그래서 해낼 거예요."

주석이는 앞에서 아이가 어머니한테 한 말을 잘 기억하고 있었다. 주석이가 너무나 자신감 넘치게 말해서 그런지 다른 아이들은 가만히 주석이만 보고 있었다.

그림책을 다 읽어 주고 나서 한참이 지나서야 주석이가 한 말과 행동이 생각났다. 주석이가 이야기에 그토록 빠져든 것도, 더구나 아이가 아버지를 찾아 떠나기 전에 어머니에게 한 말을 되새기며 '약속'이라는 말을 쓴 것도. 인디언 아이가 어머니한테 말할 때 약속이라는 말은 없었다. 그런데 주석이는 약속이라는 말을 만들어 발표했다. 왜 그랬을까? 주석이는 아마도 그림책 속 아이처럼 좀처럼 소식 없는 어머니를 찾아 떠나는 모험을 생각하고 있었던 것 같다. 이야기를 읽어 주는 내내 진지한 모습으로 귀를 기울이던 모습을 떠올리니 더 그런 생각이 들었다. 그림책을 보는 내내 주석이는 허튼 웃음조차 짓지 않았다.

아이는 두렵지 않았어.

"아버님, 저는 그런 시련을 꼭 이겨 내겠습니다."

현욱이는 이 장면을 보면서 자신이 키바 속에서 싸우는 상상을 했다고 말했다. 몸이 자그마한 탓에 덩치 큰 동무들한테 자주 얻어맞거나 싸움에서 져 속상해하던 현욱이는 그림책을 보면서 인디언 아이처럼 두려움 없는 아이가 되어 어려움을 씩씩하게 헤쳐 나가는 상상을 했을 테다.

아이는 사자의 키바를 지나 뱀 키바에 들어갔다. 푸른 뱀이 아가리를 벌리고 있는 뱀 키바. 펼친 면 왼쪽에는 앞으로 통과할 키바 네 곳이 보이고, 오른쪽에는 지금 들어가고 있는 키바가 커다란 그림으로 나온다. 단순하면서도 율동감이 느껴진다. 아이는 뱀 키바도 통과하고 벌 키바도 통과한다.

"말벌 같은 것에 쏘이면 죽는데……."
"문을 얼른 열면 되잖아."
"키바에 문이 어디 있어?"

아이들은 서로 알지 못하는 키바에 대해 나름대로 상상한 해법으로 열띤 의견을 주고받았다. 그러는 사이 화면은 번개 키바로 넘어갔다. 전기가 지르르 오는 듯 하얀 번개가 치는 번개 키바, 이 장면을 좋아하는 아이들이 많았다. 아이가 가장 무서운 번개를 이겨 낸 공간이어서 그런 탓도 있지만, 온갖 빛깔이 가득한 화면을 지나 흰빛 번개를 보며 받은 느낌이 시원했던 것 같다. 이제 번개의 키바에서 나온 아이는 무지갯빛 태양의 힘으로 온몸이 충만해 있다. 아이는 아버지 뜻대로 화살과 한 몸이 되어 마을로 돌아와, 세상에 태양 신의 영혼을 가져다준다.

"선생님, 아이가 컸어요."
"무얼 보니까 그래?"
"처음에 아이는 까만색이고 작았는데, 이제는 아버지처럼 여러 색깔이 생겼어요."
한 장면에서 오래 머물지 않고 다음 장면으로 넘어가는데도 아이들은 화면 속에서 중요한 것들을 놓치지 않고 섬세하게 싶어 냈다.
아이들은 그림책을 보면서 조금 들뜬 듯했다. 은기는 용감하게 살아야겠다고 했고, 아영이는 인디언 아이의 아버지가 아이를 용감하게 만들려고 키바에 보냈다고 했다. 경배는 아이처럼 모험을 떠나고 싶다고 했다.

"어머니, 아버지가 없으면 찾는 게 너무 어려운 일 같다고 생각했어요. 그래서 이제 정말 말 잘 들을 거예요."

지은이가 한 말이다. 주석이는 아이가 빨리 자라는 게 신기하다며 자기도 그렇게 빨리 자라고 싶다고 했다. 그러자 대뜸 영민이가 빨리 자라면 빨리 죽는다며 목소리를 높였다. 아이들 반응을 보고 있노라니 웃음이 절로 나왔다.

그림책 한 권을 보면서 새삼 아이들마다 느끼는 게 참 다르다고 생각했다. 주석이는 자기를 낳은 어머니가 떠나고 새어머니가 들어왔는데, 어머니가 자기를 떠난 것을 잊지 않고 있는 듯했다. 아버지가 없어지면 꼭 모험을 해서 찾을 거라고 했다. 그렇게 다짐하면서 주석이는 지금 어머니를 찾으러 가지 못하는 약한 자신을 다독거리고 있는지도 모른다. 어머니, 아버지는 일 다니느라 늦게 오고, 대학생 언니는 집을 떠나 멀리 가 있는 아영이는 화살에 붙어 언니한테 가고 싶다고 했다.

아이들의 모험과 성장을 주제로 다루는 옛날이야기를 아이들에게 읽어 주다 보면 뜻하지 않게 아이들 마음속에 들어 있는 고민과 걱정, 바람을 읽게 된다. 떠나가 버린 어머니나 아버지를 찾아가는 모험을 꿈꾸는 아이도 보고, 몸집이 작아 늘 힘이 세지기를 바라는 아이도 본다. 또한 모험을 해결하고 멋지게 자라고 싶은 아이들의 욕망과, 지금 식구들과 함께 있는 것을 소중하고 고맙게 여기는 순진한 아이들 마음을 만난다.

그림책을 보고 나자 점심 먹으러 갈 시간이 다 되었다. 시간이 늦어져서 얼른 가자고 재촉했다. 그런데 아이들이 그림을 그리며 늑장을 부린다. 다른 때처럼 그림을 그려도 되고 안 그려도 된다고 했는데 유난히 열심히 그린다. 점심을 먹고 나서 책상 위에 펼쳐 놓은 그림들을 보니 참 재미나다. 태양, 화살, 인디언 아이, 키바 네 곳이 아이들 손에서 멋진 그림으로 빚어져 나왔다.

같은 주제로 더 읽어 준 그림책
《모치모치 나무》 사이토 류스케 글, 다키다이라 지로 그림, 김영애 옮김, 주니어랜덤
《부엉이와 보름달》 제인 욜린 글, 존 쇤헤르 그림, 박향주 옮김, 시공주니어
《아기 곰의 가을 나들이》 데지마 게이자부로 글 그림, 정근 옮김, 보림

백두 거인이 일어날 때를 기다리며

《백두산 이야기》

《백두산 이야기》(류재수 글 그림, 보림)는 칠팔 년 전에 처음 보았다. 묵직한 그림책 첫 장을 넘기는 순간 빨려들 듯 강한 기운이 느껴졌다. 해와 달이 어떻게 온전한 모습을 갖추게 되었는지 일러 주는 창세 신화의 요소와 함께 우리 겨레가 어떤 고통을 받고 인내하며 살아왔는지를 거대한 흐름으로 보여 주는 책이었다. 할머니가 조단조단 들려주는 옛날이야기와 달리 산신령이 거대한 목소리로 들려주는 이야기 같았다. 그러면서 건조하고 위엄마저 느껴지는 이 문체에 아이들 마음이 움직여 끝까지 볼 수 있을까, 하는 궁금증이 일었다. 아이들한테 보여 주면서 식은땀을 흘린 작품들이 적잖이 있어서 조심조심 그 점을 생각할 수밖에 없었다. 하지만 땅에 담긴 뜻과 백성의 삶과 풍속을 압축하여 화폭에 담아낸 이 그림책을 아이들한테 꼭 보여 주고 싶었다.

이 책을 아이들한테 읽어 주기까지는 그 뒤로 몇 년이 더 지났다. 값이 만만치 않아 책방에 갈 때마다 책을 사는 데 망설이기도 했지만, 정작 사 놓고도 좀처럼 읽어 주지 못했다. 그러다가 2002년에 만난 3학년 아이들한테 처음으로 보여 주었다. 뒤에 6학년을 가르칠 때에도 읽어 주었는데, 아무래도 6학년은 역사 현실과 이야기를 견주어 보는 힘이 있고, 3학년 아이들은 장면에 대한 감정 표현이 풍부하거나 궁금증이 많았다.

"와! 용암 같아요."

"뭔가 꿈틀거리는 거 같아."

3학년 아이들한테 보여 주었을 때다. 아이들은 첫 장면부터 흥미로워했다. 하지만 몇 문장 읽어 나가자 이내 마음이 흐트러졌다. 이야기를 읽지 않고 자연스럽게 입말로 풀어 내자 겨우 분위기가 추슬러졌다.

혼돈스런 세상이 정리되어 하늘과 땅의 꼴을 갖추고 동식물이 생겨나는 과정이 그림책 속에서 속도감 있게 펼쳐진다. 그러다 조선인 마을이 드러난다. 정감 어린 소박한 황톳빛이 화면을 가득 채웠다. 아득한 지평선과 마을이 보이고 배가 떠 있는 누런 강줄기가 보인다.

3학년 아이들 같으면 그냥 넘기고 말았을 장면에서 6학년 아이들은 섬세한 반응을 보인다.

"아, 고구려다!"

아이들 사이에서 불쑥 튀어나온 말. 만주 벌판이라는 것을 눈치 챈

걸까? 고조선, 삼국 시대, 통일 신라와 발해를 배우고 난 뒤라 그런 생각이 들 만도 하다. 사실 이 장면을 들여다보면 지금 우리가 밟고 있는 우리 땅과 사뭇 모습이 다르다는 생각이 든다. 능선으로 굽이굽이 이어진 지금의 우리 산과 달리 벌판 위에 우뚝우뚝 솟아 있는 독특한 산들이 보인다. 1996년 중국에 갔을 때 이런 산을 처음 보았다. 버스를 타고 끝없는 벌판을 달리다 보면 갑자기 거대한 성처럼 우뚝 솟은 산이 눈에 들어왔다. 늘 보던, 굽이굽이 이어진 우리 산들과 너무도 달라 낯설었다. 그곳이 한때 우리 겨레가 터전으로 삼았던 고구려 땅이라 생각하니 쓸쓸한 마음이 들었다.

해와 달이 두 개씩이라 낮은 너무 뜨겁고 밤은 추워서 힘들어하는 백성들이 보인다. 이어 흑룡 거인과 백두 거인이 해와 달을 하나씩 없애려고 나타나는데, 흑룡 거인은 뜨거운 해와 차가운 달을 그러쥐다 그만 놓치고 백두 거인이 천 근 화살로 해와 달을 떨어뜨린다. 이 장면들은 아주 인상 깊다. 특히 타오르는 붉은 해와 거인의 짙푸른

《백두산 이야기》 류재수 글 그림, 보림

손은 신의 모습을 유감없이 보여 주는, 좀처럼 잊히지 않는 장면 가운데 하나다.

3학년 아이들은 이 장면에서 꽤나 들뜨고 흥분한 듯했다.

"선생님, 꼭 《까막나라에서 온 삽사리》(정승각 글 그림, 초방책방)랑 비슷해요."

"거기에서도 삽사리가 해와 달을 물었다가 놓치잖아요."

"이글이글거리는 해가 굉장하지?"

"예, 흑룡 거인이 해를 쥐려고 하는 걸 너무 잘 표현했어요."

이어 조선 백성의 풍속사가 화면 가득 펼쳐진다. 이야깃거리가 많은 장면 같아 시간을 두고 천천히 보여 주면서 이야기를 나누었다.

"뭐가 보이니?"

"나무 밑에서 장기 두는 것 같아요."

"일하다 쉬는 거 같지?"

"냇가에서 빨래도 하고 물도 이고 가요."

"그래, 요즘 사회 시간에 배웠잖아. 옛날 사람들의 생활……."

"소가 밭을 갈아요."

"그렇지, '쟁기질 / 소가 / 욱— 욱— 가네.'('논갈이', 김오월) 그 시 구절이 딱 어울리는 장면이다."

나도 아이들과 함께 보면서 떠오르는 생각을 말했다.

"그네도 타고요, 연도 날려요. 옛날 아이들이 하는 놀이가 나와요."

이 장면은 아이들 몇 명하고 둘러앉아 이야기를 나누며 보기에 딱 좋을 장면이다. 조선 시대 풍속화를 보는 것 같아 이야기를 주고받는 재미가 있다. 이렇듯 평화로운 일상이 이어진다면 얼마나 행복할까. 안타깝게도 이런 평화는 잠깐, 흑룡 거인이 이웃 나라를 부추겨 조선 땅에 쳐들어오는 장면이 나온다.

"말을 타고 달리는 게 거센 바람을 맞으면서 가는 거 같아요."

"그래, 빨리 달리는 모습을 이렇게 나타낼 수도 있겠지."

흑룡 거인이 거대한 발과 발톱으로 백성들을 무참히 짓밟는다. 작가 류재수는 이 장면을 5·18 광주 민주화 운동 당시 군홧발 아래 쓰러져 가던 민중을 생각하며 그렸다고 한다. 그 사연을 모르고 보더라도 이 장면을 보면 가슴이 저릿해질 것 같다. 사람들은 어둠에 묻혀 윤곽만 드러날 뿐인데도 고통으로 앓는 소리가 들리는 듯하다.

3학년 아이들한테도 그 소리가 전해졌는지 아이들은 속상하고 안타까운 심정을 한숨 토하듯이 표현했다.

"거인의 발이 너무 크다!"

"말 탄 병사도 사람도 다 깔린 거 같아요."

"집도 산도, 그러니까 땅도 사람도 모두 망가진 거지."

"어휴!"

하지만 6학년 아이들은 조금 더 뚜렷하게 반응했다. 일본과 우리가 독도 문제로 민감한 때라 그런지 임진왜란이나 일제 강점기를 떠올리는 아이들이 많았다. 외침에 아주 심하게 시달렸던 우리 겨레의 아픔을 그림책을 보는 순간 강하게 느끼는 것 같았다. 사진도 기사도 아닌데 이야기의 흐름 속에서 이 장면이 아주 현실감 있게 다가간 듯

했다.

　결국 백두 거인과 흑룡 거인이 한판 싸움을 벌이는데, 이 장면은 마치 그림자극 같다. 《백두산 이야기》를 보여 줄 때면 아이들은 늘 이 장면에서 소리친다. 호랑이 눈에서 불이 나고 용의 입에서 불길이 뿜어 나오며 천둥이 치고 땅이 흔들린다. 끝내 흑룡 거인은 백두 거인의 공격을 받고 아스라이 땅으로 떨어져 모래사막이 된다. 아이들은 이 장면도 좋아한다. 멋진 장면이다. 그런데 이상하게도 가뭇없이 사라져 간 흑룡 거인한테 연민이 느껴진다. 그렇게 느끼고 있는데 남자아이 하나가 조그맣게 불쌍하다는 말을 했다. 화면이 담고 있는 깊은 서정성도 한몫했겠지만 6학년쯤 되면 죽음이나 사라지는 존재에 대한 이해심이 깊어지니 그 마음도 한몫했을 듯싶다.

　할 일을 다한 백두 거인은 백성이 자신을 필요로 할 때 일어날 것을 약속하며 잠이 든다. 백두 거인은 마치 자연도 인간과 마찬가지라는 것을 암시하는 존재로 보인다. 이 장면을 보니 어쩐지 우리가 발 딛

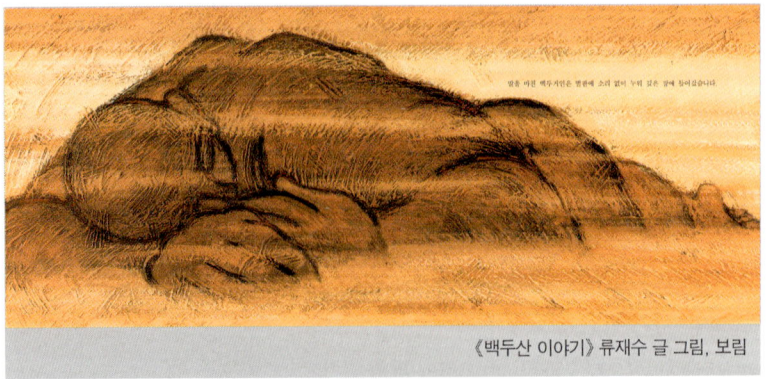

《백두산 이야기》 류재수 글 그림, 보림

고 살아온 강산이 사람처럼 여겨지고 백두 거인의 피로감이 가슴 아프게 다가온다. 소리 없이 누워 있는 백두 거인의 모습은 신의 모습이라기보다는 인간의 모습이다. 피로에 젖은 우리 역사, 일하는 백성들이 걸어온 험난한 역사로 보인다. 그래서 더 아름답다. 누런 벌판에 엎드린 백두 거인을 둘러싼 마른 풀들이 웅웅거리는 것 같다.

"백두 거인이 이제 산으로 변하는 거지요?"

"백두 거인 어깨 있는 쪽이 벌써 산으로 변한 것 같아요."

세월이 흐르고 백두산이 된 백두 거인 전설은 노래가 되어 사람들 사이에 전해 온다. 그러다 가뭄이라는 재앙이 일어나고 백성들은 이를 이겨 보려고 풍물놀이를 한다. 정성이 하늘에 닿았는지 백두산이 불을 뿜으며 뜨거운 기운이 솟아오르고 하늘은 불길과 연기로 가득하다. 영화의 한 장면 같다. 비가 퍼붓고 사람들은 기쁨에 떨려 소리치고. 그러다 어느 순간 천지가 제 모습을 드러낸다. 숨이 멎을 듯, 그 모든 것을 아우르는 고요한 기운이 감돈다.

"선생님, 정말로 물이 흐르는 것 같아요!"

나 혼자 이 장면을 볼 때는 그렇게 생각하지 못했다. 도리어 물 빛깔이 탁해 보여서 왜 이렇게 그렸을까 하며 아쉬워했다. 그런데 아이가 하는 말을 들으며 가만히 들여다보니 정말 물이 흐르는 것처럼 보인다. 격렬함 끝에 오는 고요함이 아이들의 마음을 움직였나 보다.

그러나 백두산이 다시 깨어날 그때가 언제인지는 아무도 모릅니다.

6학년 아이들한테 보여 줄 때 이 장면에서 물었다.

"얘들아, 백두산이 언제 다시 깨어날까?"

"전쟁이 날 때요."

"우리나라가 아주 어려운 일을 당했을 때요."

"음, 백두산이 정말 마음이 있다면 어떨 때 깨어나고 싶을까?"

"저기요, 우리나라가요, 통일이 될 때요."

"그래, 나는 그런 생각이 들어. 정말 통일이 되어서 모두 기뻐하는 모습을 백두산이 깨어나서 보면 좋겠다."

6학년 아이들은 역사나 문화에 대한 관심이 많아 그런지 전반부를 보여 주었을 때는 3학년 아이들과 다를 바 없이 거인들이 천 근 화살을 쏘거나 해를 쥐는 장면을 가장 마음에 남는 장면으로 꼽았다. 하지만 다 보고 나서는 훨씬 다양한 부분에 관심을 기울였다. 흑룡 거인이 백성들을 짓밟는 장면이나 기우제를 드리면서 백성들이 탈춤을 추거나 풍물놀이를 하는 장면을 좋아하는 아이들이 많았다. 역사의 사실을 떠올리면서 감정을 느낄 만큼 마음이 쑥 자란 게 느껴졌다. 아이들이 내내 책에 적극 관심을 기울이고 본 것은 아니다. 하지만 묵직한 화면과 웅장한 이야기의 흐름 속에서 순간순간 깊은 인상을 받은 듯한 표정을 짓고는 했다.

《백두산 이야기》를 보여 주고 나서 6학년 아이들과 3월 말에 경주로 수학여행을 갔을 때다. 버스를 타고 구불구불 토함산으로 올라가는 길에 은빈이가 산을 내려다보면서 백두 거인이 생각난다고 했다. 나도 이 그림책을 본 뒤로 산을 보면 은빈이처럼 백두 거인이 생각나고는 한다. 더구나 남도 지역을 여행할 때 만나는 흙산은 더 그런 느낌이 든다. 능선과 산자락이 마치 거인의 근육처럼 느껴진다. 아이도 나랑 같은 생각을 하고 있어 반가웠다. 그림책 하나로 마음이 이어진 것 같았다.

학기 말에 독서 설문을 할 때도 《백두산 이야기》를 기억에 남는 책으로 꼽은 아이들이 여럿 있었다. 두 거인이 등장하여 힘차게 이끌어 내는 신화 같은 이야기가 아이들 마음에 강한 흔적을 남긴 것 같다. 게다가 아직 가 보지 못한 땅 백두산과 통일에 대한 바람을 잇대어 보면 그런 기억은 더 뚜렷해질 수밖에. 통일은 될 것이고 아이들도 언젠가는 백두산에 오를 것이다. 아이들이 백두산에 오르는 그날, 이 이야기를 기억하며 백두 거인의 숨결을 느끼기 바란다.

같은 주제로 더 읽어 준 그림책
《까막나라에서 온 삽사리》 정승각 글 그림, 초방책방
《마고할미》 정근 글, 조선경 그림, 보림
《사물놀이 이야기》 김동원 글, 곽영권 그림, 사계절

4

따뜻하고 평화로운 세상을 만드는 아이들

세상을 살리는 힘, 시작도 끝도 없는 어머니 사랑

《엄마 까투리》

까투리 이야기 써 보았습니다. 어머니의 사랑이 어떻다는 것을 일깨워 주기 충분하다고 봅니다. 좋은 그림책이 되었으면 좋겠습니다.

《엄마 까투리》(권정생 글, 김세현 그림, 낮은산)를 처음 보았을 때, 하얀 면지에 새겨 넣은 권정생 선생님 손 글씨를 한참이나 보았다. 짧은 글 속에서 소박하면서도 진실한 마음이 느껴졌다. 선생님이 그림책을 마음에 두고 쓴 글이라고 하니 궁금한 마음으로 첫 장을 열었다.

산불이 났다. 산짐승이 울부짖으며 쫓겨 가고 나무가 죄 타는 무서운 산불이다. 화가 김세현은 주황빛과 검정빛으로 북북 거친 선을 그어 미친 듯 일어나 번지는 불길을 사실감 넘치게 표현했다. 여러 해 전 고성 지역에 난 산불을 보는 듯 긴장되었다.

김세현의 이번 그림은 《만년샤쓰》(방정환 글, 김세현 그림, 길벗어린이)를 보았을 때와는 느낌이 다르다. 아련한 분위기를 자아내던 그 그림과 달리 이번 그림은 선을 주로 쓰고 있어 월리엄 스타이그가 떠오른다. 나는 한때 월리엄 스타이그가 구불구불한 선으로 표현한 그림책 《당나귀 실베스터와 요술 조약돌》의 주인공에게서 사람한테서 느끼는 것보다 더한 절실한 감정을 느꼈다. 그 마음을 김세현이 그린 어미 까투리, 아홉 마리 꿩병아리한테서 다시금 느낀다. 그림 속 어미 까투리와 꿩병아리는 어찌 보면 비슷비슷해 보인다. 그런데 가만히 들여다보면 묘하게도 저마다 독특한 표정과 목소리가 있는 듯하다.

이야기에 끌려 한 장씩 넘어간다. 까투리 식구에게 닥친 상황은 갈수록 위급하다.

깍깍 깍깍
살려 주세요!
살려 주세요!

꿩병아리들은
삐삐 삐삐
삐삐 삐삐
엄마, 엄마! 부르면서
성냥개비 같은 작은 발로
종종종종 쫓아다녔습니다.

《엄마 까투리》 권정생 글, 김세현 그림, 낮은산

무서워 벌벌 떨며 도망치는 꿩병아리 작은 발을 '성냥개비 같은 작은 발'이라고 했다. 이 말 한마디에 여리디 여린, 불쌍한 꿩병아리 모습이 뚜렷히 떠오른다. 읽을 때마다 느끼지만 권정생 선생님이 쓴 글은 꾸밈없는 시골 아저씨 이야기처럼 담담하다. 기교를 부리지도, 형식을 실험해 보지도 않는다. 그런데도 많은 이들이 작품에 공감한다. 이야기 속에 들어 있는 진실의 힘, 또는 삶에서 우러나온 이야기의 힘 때문이라고 나는 믿는다. 이야기를 만들려고 애쓰는 데서 동화가 나오는 게 아니라 선생님을 둘러싼 삶의 아주 작은 구석부터 거대한 사회 흐름까지 놓치지 않고 살피는 마음에서 나오는 것이라 생각한다.

뜨거워진 불길은 순간 어미 까투리를 덮치고 어미는 본능으로 날아오르고 내려앉기를 몇 번이나 되풀이한다.

> 엄마가 살려고 날았다가 새끼 생각나서 내려앉았다 하면서 많이 힘들었을 거 같아요.

따뜻하고 평화로운 세상을 만드는 아이들 • 153

그림책을 보고 나서 윤희는 독후감 공책에 이렇게 썼다. 자그마한 2학년 아이가 어쩌면 이런 생각을 다 했을까 싶다. 대부분 아이들은 어머니가 너무 불쌍하다고 했다. 그런데 윤희는 삶과 죽음의 갈림길에서 힘겨워하는 어미 까투리의 마음을 헤아리고 있다. 어머니가 불길을 피해 날아가는 대목에서 진석이는 남다른 반응을 보였다.

"왜애, 그냥 날아가지 말고 데리고 가면 되잖아요!"

"어떻게 아홉 마리씩이나 태우고 데려가?"

"거기 꼬리 있는 데 세 개로 갈라졌잖아요. 한 군데에 세 마리씩 태우면 되잖아요."

진석이는 손가락으로 그림을 짚어 가면서 이야기했다. 나도 지지 않고 되물었다.

"그렇게 하고 날아가다 떨어지면 어쩌려고."

"꿩병아리들이 엄마 꼬리를 꽉 물고 있으면 돼요."

진석이는 흔들림 없이 제 목소리를 냈다. 진석이 얼굴은 어떻게 해서든 어미 까투리가 꿩병아리를 데리고 가야 한다는 의지로 가득 차 보였다. 그림책을 보여 줄 때마다 느끼지만 진석이는 식구들이 나오는 이야기에서는 적극 나서서 반응하며 제 마음을 털어놓는다. 어머니와 떨어져 살고 있는 처지 때문에 그런 마음이 드는지도 모른다.

이야기를 보는 내내 마음이 답답했다. 어미 까투리를 도와주는 손길은 아무 데도 있을 것 같지 않았다. 권정생 선생님이 어미 까투리를 죽이려는구나, 하는 생각이 들었다. 짐작대로 어미는 뜨거운 불길을 피하지 않고 새끼들을 품에 꼬옥 안고 죽음을 맞이한다. 《강아지

똥》에서 강아지똥이 제 몸을 녹여 민들레 꽃을 피운 것처럼,《몽실 언니》(권정생 글, 이철수 그림, 창비)에서 몽실이가 저만 살 길을 찾지 않고 아버지를 살리려 애쓰고 난남이를 기른 것처럼 어미 까투리는 제 몸을 던져 새끼를 살리고 있었다.

> 사나운 불길이 엄마 까투리를 휩쌌습니다.
> 엄마 까투리는 그래도 꼼짝 않았습니다.
> 뜨거워서 뜨거워서 달아나고 싶어도
> 꼼짝 않았습니다.

나도 모르게 눈물이 나왔다. 권정생 선생님이 어머니를 그리워하면서 글을 쓴 것처럼, 작가 김세현이 어머니를 생각하며 그림을 그린 것처럼 나 또한 어머니를 생각하면서 이 글을 읽고 있었다.

"나도 다시 태어나면 너처럼 결혼하지 않고 엠티도 가고 밤새 모임도 하고 글도 쓰고 그러고 살고 싶다."

삼십대 후반을 훌쩍 넘어선 어느 날, 글쓰기 모임에 가려고 배낭을 지고 집을 나서는데 어머니가 툭 던진 말이다. 철없는 나는 그제야 겨우 어머니가 여자라는 것을, 인생을 마음껏 살아보고 싶은 바람을 품은 사람이라는 것을 깨달았다. 아마 그날부터였을 것이다. 나는 어머니랑 이야기를 자주 나누었고, 어머니는 묵혔던 지난날 이야기를 끄집어내 들려주고는 했다.

놀라운 이야기도 있었다. 내가 중, 고등학교를 다니던 시절 이야기다. 어머니는 그 시절 사흘, 일주일, 열흘씩 금식을 하고는 했는데, 그게 먹을 게 모자라서 그랬다는 것이다. 그때까지 나는 어머니가 신앙심이 깊어서 금식을 한다고만 생각했다. 건강 생각해서 금식 좀 그만하라고 성화를 부렸던 기억도 어렴풋이 난다. 그때 어머니 나이는 지금 내 나이와 비슷했다. 이야기를 들으면서 마음이 아팠다. 먹을 게 없어서 나물죽도 먹고 조죽도 먹고 보리밥도 먹고 그랬던 시절, 어머니는 가난 속에서 할 수 있는 게 금식밖에 없었다. 그러면서도 쓰러지지 않고 버티며 있는 힘을 다해 자식들을 보듬었다.

가까운 동무한테도 이 그림책을 보여 주었다. 밥집에서 저녁을 먹으면서 동무에게 이 그림책을 살짝 보여 주었는데, 동무는 그림책을 죽 훑어보고는 썩 마음에 들었는지 소리 내 그림책을 읽어 나갔다. 소리가 옆자리까지 들리는 것 같아 민망스럽기도 했지만, 동무는 이야기에 빠져든 듯 아랑곳하지 않고 글자 하나 그림 한 조각도 놓치지 않으며 천천히 읽어 나갔다. "음, 음." 하기도 하고 머리를 끄덕이기도 하면서……. 장면 장면이 아주 느리게 넘어갔다. 그러다 어느 순간, 목소리가 들리지 않아 슬며시 동무 얼굴을 살피니 두 손으로 눈을 꼬옥 누르고 있었다. 동무는 눈물이 나오지 않게 하려고 애를 쓰고 있었지만 눈물은 이미 손가락 사이로 흐르고 있었다. 어깨에 손을 얹어 가만가만 도닥여 주었다. 동무는 새끼를 품은 어미 까투리가 온통 불길에 휩싸여 있는 장면을 펼치고 있었다. 쉰 살을 바라보는 다 큰 어른은 네 살 때 갑자기 돌아가신 아버지, 홀몸으로 자식을 돌보다 고등학교 때 돌아가신 어머니를 생각하며 마음 아파했다. 한참이 지나 서야 동무는 마음을 추슬러 그림책을 끝까지 다 읽었다.

《엄마 까투리》를 본 어른들은 저마다 제 어머니를 생각하며 눈시울을 붉힌다. 우리 학교 동화 읽는 교사 모임에서도, 강의를 갔던 지방의 교사 모임에서도 이 그림책을 읽어 주었는데, 글을 읽는 내내 분위기가 숙연했다. 몇 사람은 눈물을 닦기도 했다. 그만큼 이 그림책에는 읽는 이의 마음을 움직이는 무엇이 있다.

불길은 온 산을 태우고 나서야 겨우 잦아들었다. 화면을 넘기자 거뭇한 산속에 나무하러 온, 동네 박 서방이 희미하게 보인다. 살아 있는 것은 아무것도 없을 거라고 생각한 박 서방은 꿩병아리 아홉 마리를 보고 자빠질 듯 놀란다. 그림자극 속 인물처럼 온통 검게 그려진 박 서방은 현실감 없는 사람처럼 멍하니 서서 꿩병아리들을 보고 있다. 무언가 해야겠다는 생각을 했을지도 모른다. 하지만 스스로 먹이를 찾아 먹고 죽은 엄마 품으로 들어가는 꿩병아리들을 보며 박 서방은 조용히 자리를 비킨다. 박 서방은 자신이 할 일이 없다는 것을 알아차렸다. 구원의 손길이 없던 불길 속에서 어미의 힘으로 살아남은 꿩병아리들은 이제 스스로 살아갈 것이다. 그것이 자연이 내는 힘이라는 것을 박 서방은 깨달았는지도 모른다.

"와, 따뜻하겠다."

죽은 어미의 날개 밑으로 들어가는 꿩병아리를 보며 말하는 진석이 얼굴은 꿈꾸듯 행복해 보였다. 아이들을 집에 보낼 때면 뒷문에서 한 아이씩 머리를 쓰다듬거나 어깨를 다독거리며 보내는데, 가끔 진석이는 내 가슴에 안긴다. 어떤 날은 힘주어 나를 꼬옥 안기도 한다.

《엄마 까투리》 권정생 글, 김세현 그림, 낮은산

그만큼 진석이는 따뜻한 품을 그리워하고 있다.

엄마 까투리 몸은 마치 그림책 《강아지똥》에서 똥이 보석 같은 빛을 내며 땅속으로 스며들 때처럼 가지가지 색깔의 조각으로 되어 있다. 내 눈에는 그 조각들이 새로운 생명으로 보인다. 이제 나무, 풀꽃은 생명이 시작될 때처럼 순한 푸른빛을 찾아간다. 그러다 한순간 푸른빛 풀꽃 세 송이와 점점이 떨어지는 물방울이 펼친 화면에 시원스레 나타난다. 이 장면을 보면 우리가 꿈꾸는 평화는 이런 빛깔과 풍경이 아닐까, 하는 생각이 든다.

시간의 힘을 어쩌지 못하고 어미 몸은 바스라진다. 그러나 꿩병아리들은 어미 곁을 떠나지 않는다. 다음 화면에서는 고운 빛깔을 띤 어미 까투리와 많이 자란 꿩병아리가 색색 가지 꽃 속에서 나타난다. 어미는 새끼를 떠나지 않고 꿩병아리는 어미를 떠나지 않고…….

그림책을 보고 흥분한 마음을 어쩌지 못하고 있을 때 어머니가 예배를 보고 돌아오셨다. 밤 12시. 어머니는 내 방문을 가만히 열더니

"춥지 않냐?" 하고 묻는다. 그런 어머니를 들어오라 해서 《엄마 까투리》를 읽어 나갔다. 어머니는 옷도 갈아입지 않아 엉거주춤하다 조금 지나니 아예 푹 주저앉아 책에 빠져들었다. 혼자 보면서도 뭉클한 무언가가 가슴 밑바닥에서 올라와 애써 누르며 읽었는데, 어머니와 읽으니 마음이 더 울렁거렸다. 어머니는 내가 그림책을 한 장 한 장 넘길 때마다 "그래 그래, 쯧쯧, 참, 아휴." 하며 안타까운 마음을 연신 내비쳤다. 그러니 글을 읽는 내 목소리가 더 흔들렸다.

읽는 내내 어머니한테 잘못한 생각만 났다. 당뇨병을 앓으면서 먹는 것도 조심 안 한다고 뭐라 한 일, 식구도 없는데 자꾸 반찬해서 남게 한다고 야단한 일, 물건 제자리에 안 둔다고 신경질 낸 일, 남한테 이야기 듣고 물건 사 온다고 야단한 일들이 두루 떠올랐다. 곱게 이야기 못 하고 아이들 야단하듯 어머니한테 야단했다.

그럴 때면 어머니는 슬픈 얼굴을 하고서는 말없이 빨래만 개거나 조용히 문을 열고 아파트 뒤뜰로 나가 눈물을 훔쳤다. 그 생각을 하니 목이 멘다. 이제 와서 어머니 생활 방식을 바꿀 수도 없는데 왜 그렇게 잔소리를 했는지 모르겠다. 돌이켜 보면 내가 힘든 순간들을 헤쳐 나갈 때마다 늘 어머니가 곁에 있었고 늘 나를 위해 기도를 해 주셨다. 그 어머니가 늙었다고 해서 함부로 대하는 게 얼마나 고약한 일인지 그림책을 보면서 깊이 후회했다.

이 그림책은 평생 어머니를 마음속에 담고 살았던 권정생 선생님이 쓴 글을 담은 마지막 그림책이다. 그런데 이 그림책을 처음 볼 때는 왜 어미를 죽게 했을까, 하는 생각이 들었다. 선생님이 쓴 소년 소설 〈무명 저고리와 엄마〉(《똘배가 보고 온 달나라》 권정생 외 글, 강요배 그림, 창비)에서 가슴에 퍼런 멍이 들게 그린 어머니를 마지막 작품에서까지 자식을 위해 죽음을 감당하는 모습으로 그렸는가 하는 의문이 든 것이다. 그러면서 어렴풋이 '엄마 까투리' 이야기를 그림책으로 만들고 싶어 한 선생님 마음을 가늠해 보았다.

그림책은 아이부터 어른까지 두루 볼 수 있는 책이다. 선생님은 그림책의 힘을 〈강아지똥〉을 그림책으로 내면서 느꼈을지도 모른다. 그래서 마지막으로 많은 이들에게 하고 싶은 말을 그림책으로 담았을지도 모른다.《엄마 까투리》에 나오는 어미는 죽음으로 자식들을 살려 낸다. 그러나 그 죽음은 삶과 경계를 짓는 죽음이 아니다. 어미의 몸은 바스라졌지만 새끼들은 그 곁을 떠나지 않는다. 어미의 넉넉한 품을 기억하고 배운다는 뜻으로 읽힌다. 어미 까투리의 지극한 모성은 우리가 되살려야 할 사랑의 모습이라는 생각이 든다. 이 그림책을 보면서 아이들을 살리는 길도, 사람과 자연을 살리는 길도 모든 것을 넉넉히 아우르는 모성에서 시작해야 한다고 다시금 생각해 본다.

같은 주제로 더 읽어 준 그림책
《나비를 잡는 아버지》 현덕 글, 김환영 그림, 길벗어린이
《여우의 전화박스》 도다 가즈요 글, 다카스 가즈미 그림, 이선아 옮김, 크레용하우스
《천사들의 행진》 강무홍 글, 최혜영 그림, 양철북

관계를 바꿀 수 있는 아름다운 기억

《터널》

3학년 아이들에게 《터널》(앤서니 브라운 글 그림, 장미란 옮김, 논장)을 보여 주기 며칠 전 일이다.

"선생님, 원재가 선생님 책상 밑에 숨었어요."

그 말을 듣고 머리를 숙여 들여다보니 원재가 헤헤거리며 나온다. 그냥 웃음이 난다. 그랬다. 나도 어린 시절에 늘 숨을 구석을 찾아다녔다. 옷장 속에 들어가 부풀어 오른 이불깃을 안으로 잡아끌며 겨우 옷장 문을 닫으면 빛 한 줄기 없는 캄캄한 그 안이 으스스하면서도 그렇게 편할 수가 없었다.

로즈의 오빠가 들어가고 싶어 했고, 결국은 들어갔던 곳. 터널은 수없이 드나들던 내 어릴 적 놀이터 가운데 하나였다. 그 시절 우물을 만들거나, 몇 개 이어 붙여 다리처럼 쓰고는 하던 시멘트 관은 빈터마다 왜 그렇게 많았는지 모르겠다. 나와 동무들은 몇 개씩 이어 놓은 그 시멘트 관에 곧잘 기어 들어가 놀았다. 가장 기억에 남는 관이 학교 담장 밑에 있던 긴 관이다. 지금 생각해 보니 그 관은 하수구는 아니었던 것 같다. 물이 없었던 걸 보면 아마 비 올 때를 대비해서 만들어 놓은 듯하다. 그 관은 로즈 오빠나 로즈가 들어간 터널만 했다. 몇 번씩 들어간 곳이지만 들어갈 때마다 우리는 긴장했고, 빛이 희미해져 가는 어느 순간 무서워 소리를 지르며 밖으로 나왔다. 그렇게 다시 들어가고 나오기를 되풀이했다. 이상하게도 참 길었다는 기억은 있는데 반대편 밖으로 나갔는지 되돌아왔는지는 기억에 없다. 그냥 중간쯤 어디에 우리가 기어가고 있는 장면만 그려진다. 어릴 적 놀이터이던 터널을 그림책 속에서 이렇게 만나게 되니 반가웠다.

《터널》은 앤서니 브라운의 그림책 가운데 가장 마음에 드는 그림책이다. 앤서니 브라운의 그림책은 어쩐지 정이 덜 간다. 화면과 나 사이에 투명 막 같은 게 놓인 듯 이상하게 거리감이 느껴진다. 친해지기 어려운 세련된 도시처럼. 어쩌면 작가가 그런 거리두기를 하고 있는지도 모르겠다. 하지만 그 거리두기 때문에 보는 사람은 긴 여운을 느끼기도 하고 곱씹어 생각하기도 한다.

아이들은 수수께끼놀이를 하는 즐거움으로 일상을 되돌아보거나, 마음속에 숨어 있는 욕망을 한껏 꺼내 보는 즐거움으로 이 그림책을 맞이했다.

"형제 있는 사람?"

"몇 명 빼고 다네."

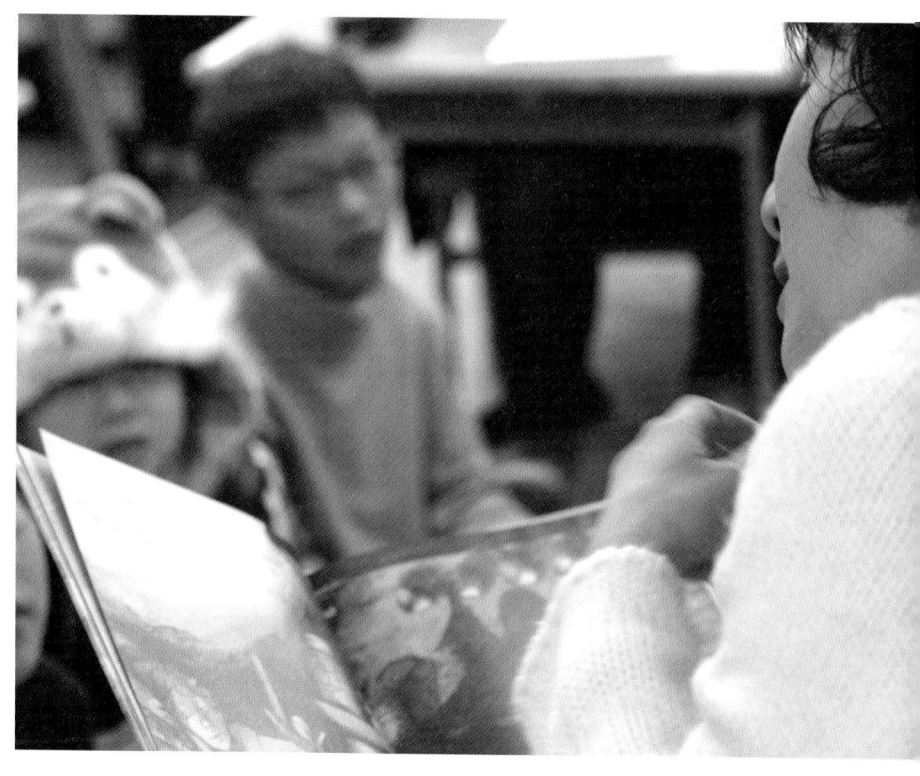

"그럼 사이가 어떠니? 날마다 싸우는 사람?"
거의 손을 든다.
"와! 다들 그렇게 싸우는구나. 나도 어릴 때 오빠들이랑 많이 다퉜는데……. 그럼 싸우는 까닭이 자기한테 있다고 생각하는 사람?"
겨우 둘만 손을 든다. 모두 상대방 때문에 싸우거나 힘든 일이 생긴다고 느끼는 모양이다.
"싸울 때는 어떤 생각이 들어?"

"정말 없어졌으면 좋겠어요."

"귀찮고 짜증 나요!"

"음, 그렇구나. 이 그림책에 나오는 오누이도 너네처럼 힘들고 짜증 나고 그래. 한번 보자."

"와! 굴이다!"

표지를 보여 주니 아이들 눈빛이 확 달라진다.

"굴이 저렇게 작은데 어떻게 들어가요?"

"꼭 뒷모습이 인형 같다!"

"굴속에 들어가서 놀 거 같아요."

정다운 오누이도 있지만 로즈와 로즈 오빠는 그렇지 않았다. 증명사진 같은 사진 두 장부터 보여 주는 화면은 둘이 서로 잘하는 놀이부터 잠자는 버릇까지 다르다는 것을 알려 준다. 무엇보다 로즈가 잠자는 방이 재미있다.

"선생님, 액자 속 그림이요, 《빨간 모자와 늑대》(그림 형제 글, 수잔네 얀젠 그림, 장순란 옮김, 마루벌) 그림 같아요."

"그래, 예나가 앞에 있으니까 잘 보는구나."

"오빠가 얼굴에 쓴 것도 늑대겠네요?"

"그렇겠지."

"선생님, 이 그림에는 늑대가 많이 나오나 봐요. 지난번에는 고릴라, 돼지가 나왔는데……."

오빠와 로즈는 마음이 맞지 않아 늘 티격태격하다가 어느 날 아침 어머니한테 집에서 쫓겨나고 만다. 어머니 모습은 보이지 않고 밖에

《터널》 앤서니 브라운 글 그림, 장미란 옮김, 논장

나가라고 야단치는 손만 보이는데 그 손이 아주 단호해 보인다. 적당히 넘어갈 것 같지 않다. 둘은 쓰레기장으로 간다. 두 아이 마음은 쓰레기장처럼 복잡하겠지. 오빠는 발로 공을 굴리며 무얼 할지 생각하고, 동생은 그 상황에서도 동화책을 읽으면서 꼿꼿하게 자신을 다잡는다.

"어유, 더러워요. 뭐 하러 쓰레기장에 왔어요?"

이렇게 말하면서도 아이들 얼굴에서는 오누이가 어떻게 할지 몹시 궁금해하는 빛이 묻어난다. 로즈 오빠는 로즈에게 터널에 들어가자 하고, 로즈는 따라는 가지만 터널 앞에서 망설인다. 결국 무슨 일이든 분명하고 자신감 넘쳐 보이는 로즈 오빠만 혼자 터널로 들어간다.

"가다가 길을 잃을 것 같애요!"

"글쎄, 그런 느낌이 드니?"

"끝까지 가면 다른 데가 나올 것 같아요."

"갑자기 멋진 데가 나올 수도 있어요."

"둘이 만나서 사이좋게 나올 것 같아요."

아이들은 저마다 즐거운 상상을 펼쳤다.

긴장감이 돈다. 로즈는 기다려도 오빠가 나오지 않자 터널 속으로 들어간다. 오빠가 들어갔을 때와 달리 이번에는 터널 안에서 로즈가 겪고 느끼는 것을 훨씬 생생하게 보여 준다. 어둑하고 축축하고……. 다행히 로즈가 터널 반대편 밖으로 나가자 밝은 숲이 있다. 하지만 찾는 오빠는 없고 이어지는 화면들이 심상치 않다. 로즈는 크게 두려움을 느낀다.

"선생님, 나무들이 이상해요."

터널에서 막 나왔을 때 밝은 빛이던 숲과 달리 다음 장면에서 숲은 훨씬 어둡게 나온다. 숲에는 밑동만 남은 나무와 도끼가 있고 나뭇가지에는 밧줄이 늘어진 채 걸려 있다. 멀리 뒤로는 모닥불이 보인다. 나무둥치도 가만히 보니 예사롭지 않다. 기괴하다.

"으스스해요."

"선생님, 나무가 이상해요. 뭐가 많아요."

"동물 같은 게 있어요. 이상하다……."

다음 장은 앞 장면보다 더 무시무시하다.

"메두사 같다!"

"나무에 뱀도 있고 악어도 있어."

"사람 얼굴 같은 게 있는데 이상해."

"징그럽고 무서워요."

"와, 멧돼지다!"

무섭다고 하면서도 아이들은 나무와 함께 뒤엉켜 있는 동물 모습을 찾느라 바쁘다.

"그런데 아이가 왜 저래요?"

로즈의 얼굴은 사색이 되어 있고, 얼마나 달렸는지 옷자락은 형태가 흐릿하다.

"로즈가 무서워서 막 뛰어요."

"얼마나 무서웠겠어. 그래서 미친 듯이 뛰었겠지. 그러니까 옷자락마저 날리고 이렇게 보이는 거지."

"아!"

그렇게 뛰어가던 로즈가 만난 오빠는 어찌 되었을까? 까만 바탕 위에 작고 네모난 화면, 그 안에 오빠가 달리던 모습 그대로 굳어 돌이 되어 서 있다. 무서워 쫓겨 가다 순간 돌이 된 것이 틀림없다.

"왜 저렇게 됐어요?"

"그건 나도 모르지. 무슨 일이 있었을까? 이제 어떻게 될까?"

"오빠가 마법에 걸린 거 아녜요?"

"동생한테 막 해서 벌받은 거 같아요."

"동생이요, 오빠를 구해 낼 것 같아요."

"그러면 좋지. 그래 어디 보자."

로즈는 자기가 늦게 온 것을 후회하며 오빠의 등을 껴안고 눈물을 흘린다. 네모나게 자른 네 화면은 동생이 눈물을 흘린 덕에 사람으로 돌아오는 오빠의 모습을 느린 영화 장면처럼 보여 준다. 신비롭다. 깨어난 오빠는 앞의 세 장면에서 보이던 자세와 달리 돌아서서 로즈

《터널》 앤서니 브라운 글 그림, 장미란 옮김, 논장

를 꼭 끌어안는다. 그러고는 네가 올 줄 알았다고 말한다. 동생은 늦게 온 것을 후회하고, 오빠는 동생이 와 준 것을 기뻐하고. 둘은 이렇게 화해한다. 두 아이는 집으로 돌아와서도 어머니한테 아무 말도 하지 않는다. 그저 마주 보며 웃기만 한다. 둘 사이에는 이제 비밀스런 기억이 생겼다.

"선생님, 이 책을 보니까요, 동생한테 좀 잘해야겠다는 생각이 들어요."

"저도요, 오빠가 사라지면 좋겠다고 생각했는데 아무리 생각이어도 그런 생각은 하지 말아야겠어요."

터널을 지나 무슨 대단한 사건이 일어날 것이라고 기대한 아이들은 시시하다고도 했지만, 감동을 받은 아이들도 꽤 있었다. 아이들이 쓴 글을 보니, 형제를 미워했는데 이 책을 보고 생각이 달라졌다고 쓴 글이 많다.

로즈와 로즈 오빠가 앞으로 싸우지 않고 잘 지내기는 참 어려울 것이다. 일상은 일상이니까 다시 티격태격할 것이다. 이 그림책을 보고 감동해서 형제한테 잘해야겠다고 한 아이도 집에 돌아가면 마음처럼 되지 않을 테다. 하지만 그림책을 보면서 그런 마음을 절실하게 느꼈다는 사실이 중요하다. 그런 마음은 관계를 바꾸어 나갈 수 있는 힘이 된다. 로즈와 로즈 오빠가 함께 맛본 뜨거운 형제애는 둘의 관계를 바꾸어 나갈 수 있는 아름다운 기억이 될 것이다. 비록 일상이 아닌 일상 너머의 환상 공간에서 화해했지만 두 아이의 절실한 바람이 화해를 이루어 냈고, 화해에 대한 그런 기억은 살아가는 데 힘이 될 수 있다.

같은 주제로 더 읽어 준 그림책

《내 동생》 주동민 글, 조은수 그림, 창비
《우리 언니》 샬로트 졸로토 글, 마사 알렉산더 그림, 김은주 옮김, 사파리
《장난감 형》 윌리엄 스타이그 글 그림, 이경임 옮김, 시공주니어

나와 다른 것 끌어안기
《내게는 소리를 듣지 못하는 여동생이 있습니다》

《내게는 소리를 듣지 못하는 여동생이 있습니다》(J. W. 피터슨 글, D.K. 래이 그림, 김서정 옮김, 중앙출판사)는 특별히 몇 아이를 생각하면서 골랐다. 2001년, 3학년을 가르칠 때다. 여름 방학이 끝나고 한동안 혜리와 진수 때문에 마음이 아팠다. 몸에 장애는 없지만 두 아이는 학습 능력도 모자라고 행동 또한 또래 아이들보다 뒤처진다.

개나리반(특수반)에서 하루에 두 시간씩 공부하는 이 아이들은 동무가 없다. 혼자 다니고 따로 논다. 점심시간에도 아이들이 밥을 먹고 모두 나간 뒤까지 혼자 남아 느릿느릿 밥을 먹을 때가 많다. 혜리는 공부를 마치고 늘 혼자서 자전거를 타고 운동장을 빙빙 돌며 논다. 그러다가 교실까지 와서는 문을 열고 얼굴을 들이밀기도 한다.

이 아이들을 가끔 챙겨 주는 아이들도 있지만 거의 무시하거나 함부로 대한다. 혹시 곁에라도 가면 얼굴을 찡그리고 드러내 놓고 싫은 말을 한다. 시간이 갈수록 더한 것 같았다.

책 한 권으로 아이들 마음이나 행동이 크게 바뀔 수는 없다. 하지만 적어도 어떤 문제를 깊이 생각할 기회는 생길 것 같다. 아이들이 도움이 필요한 동무나 장애우를 깊이 생각해 보기를 바라면서 이 책을 보여 주었다.

책을 실물 화상기에 올려놓았다.

"다 같이 제목을 읽어 보자."

"내게는 소리를 듣지 못하는 여동생이 있습니다!"

"표지에 나오는 아이는 언니일까, 동생일까?"

"동생 같아요."

"아파 보여요."

"착한 아이일 것 같은데 동무가 없을 것 같아요."

"불쌍해 보여요."

"좀 멍해 보여요."

"정말 소리가 안 들리는 아이 같아요."

이 그림책을 미리 본 아이는 희정이 하나밖에 없다. 그러니 다른 아이들은 지금 느끼는 대로, 짐작으로 이야기를 하고 있다.

"흑백으로 그리니까 꼭 시간이 멈춘 것 같아요."

"색을 넣으면 발랄한 느낌이 드는데 흑백으로 하니까 슬퍼 보여요."

"그런데 왜 흑백으로 그렸을까?"

"주인공이 슬프게 보이라구요."

《내게는 소리를 듣지 못하는 여동생이 있습니다》
J. W. 피터슨 글, D.K. 래이 그림, 김서정 옮김, 중앙출판사

표지를 보며 한참이나 이야기를 나누다가 한 쪽씩 읽어 나갔다. 첫 장을 읽자 아이들이 이내 조용해진다. 지금까지 보던 그림책하고는 색깔이나 줄거리가 다르기 때문인지도 모른다. 보통 아이들이 겪지 못하는, 소리를 듣지 못하는 아이와 식구들의 이야기에 마음이 끌렸는지도 모른다.

내게는 소리를 듣지 못하는
동생이 있습니다.
내 동생은 특별하지요.
그런 동생은 그리 흔하지 않답니다.

넉 줄이다. 그런데 여동생을 생각하는 언니의 마음결이 그대로 묻어난다. 동생은 손가락으로 피아노 소리를 느낀다. 소리는 듣지 못하지만 흔들리는 풀잎은 볼 수 있다. 동생은 감각으로, 눈으로 자연과 교감하며 세상과 말하는 방식을 깨치고 있다.

언니는 귀가 들리지 않는 동생이 할 수 있는 것들을, 귀가 들리지 않아 생기는 문제를 있는 그대로 이야기한다. 아주 담담하게 말한다. 그런데 그 목소리가 절절하게 와 닿는다. 언니는 동생이 하는 행동 하나하나를 살피면서 동생이 느끼고 표현하는 방법을 알려고 한다. 동생이 말할 때 입만 보지 않고 눈까지 보려고 한다는 것, 그래서 동생이 언니가 쓴 색안경을 벗기려고 한다는 것까지. 언니는 제 동무들이 동생에 대해 물을 때도 동생의 마음이 되어 이야기한다. 귀가 안 들리면 귀가 아픈 것이 아니라 마음이 아픈 거라고.

언니가 하는 말을 따라가다 보면 동생이 얼마나 소중한 존재인지 느낄 수 있다. 뿐만 아니라 장애가 있는 동생은 언니뿐 아니라 모든 사람한테 귀한 존재여야 한다는 것을 느끼게 된다. 언니 말을 듣다 보면 실제 그 또래들과 다른 이해심과 깊이를 느끼게 된다. 어쩌면 언니는 동생의 마음을 대신한 것일 수도 있고, 장애가 있는 이들과 벗이 되기를 바라는 작가의 마음일 수도 있다.

"얘들아, 이 책 보면서 어떤 생각을 했니?"

"언니가요, 동생을 창피해하지 않고 동무들한테 자세히 말해요."

"솔직히 저 같으면요, 동생을 구박하고 막 그랬을 것 같아요."

"그래. 어머니는 어떤 분 같아? 또 얘네 동무들은?"

"어머니도 힘들 텐데 아이한테 열심히 가르쳐요."

"동무들도 동생을 놀리지 않아요."

"나도 그 점이 참 좋아 보였어. 동생을 함부로 대하거나 놀리지 않잖아."

"저도요, 이제 동생한테 잘해 주고 싶어요."

"같이 지내는 형제한테 잘하는 것도 참 중요하지. 그리고 가까이 사는 동네 동무들, 우리 반 동무들한테도 말이야."

굳이 두 동무 이야기를 하지 않아도 아이들은 내가 무슨 말을 하려는지 알아차린 것 같았다. 아니 이미 그 동무들을 떠올리면서 이야기를 들었는지도 모르겠다.

이 그림책은 단순하고 소박한 그림, 부드러운 선 때문에 이야기가 자연스럽게 마음속 깊이 녹아든다. 또 깊은 호소력이 있다. 장애가 있는 사람도 방식은 다르지만 비장애인들처럼 사물을 느낄 수 있다는 것을 언니 목소리로 조근조근 들려준다. 소리를 듣지 못하는 아이의 세계로 한 발 다가서게 이끄는 그림책, 나와 다른 것을 끌어안게 해 주는 따뜻한 그림책이다.

같은 주제로 더 읽어 준 그림책
《꽃이 피는 아이》 옌 보이토비치 글, 스티브 애덤스 그림, 왕인애 옮김, 느림보
《우리 할머니는 달라요》 수 로우슨 글, 캐롤라인 마젤 그림, 권수현 옮김, 봄봄
《특별한 손님》 안나레나 맥아피 글, 앤서니 브라운 그림, 허은미 옮김, 베틀북

세상에서 잊힌 이들이 함께 가는 길
《오, 키퍼!》

그림책 《오, 키퍼!》(재닛 맥클린 글, 앤드류 맥클린 그림, 이상희 옮김, 풀빛) 표지를 보면 괜히 기분이 좋다. 사람 얼굴을 핥는 개와 그 개를 끌어안은 여자가 너무나 행복해 보인다. 부드러운 색연필 선과 색감을 잘 살려 그린 여자 얼굴은 아이 같기도 하고, 나이 든 아주머니처럼 보이기도 한다.

"아주 행복해 보여요."

"잃어버렸던 개를 찾은 것 같아요."

아이들은 표지만 보고도 어떤 줄거리인지 가늠해 냈다. 이 그림책의 주인공은 사람들한테 따돌림받는 나이 든 여자 소냐와 버려진 떠돌이 개다. 소냐는 이웃들이 이상히 여겨 피해 가는 사람이다. 소냐는 일 년 내내 같은 옷만 입고 중얼중얼거리며 종이 조각만 있으면 그림을 그린다. 아이들은 소냐를 보기만 하면 "보따리 아줌마, 보따리 아줌마." 하고 놀려 댄다. 하지만 소냐는 이런 일에 익숙해진 듯 말없이 걷고, 공원에서 그림을 그리다가 집에 돌아오고는 한다.

이렇게 사는 소냐와 떠돌이 개 키퍼가 아무도 없는 바닷가 전망대에서 만난다. 소냐는 키퍼에게 먹을 것을 주고 집으로 데려간다. 소냐는 키퍼한테 처음으로 친절을 베푼 사람이었을지도 모른다. 소냐가 사는 집은 단칸방이지만 정갈하다. 활활 타오르는 벽난로 앞에서 마주 앉아 음식을 먹는 소냐와 키퍼의 모습이 정다워 보인다. 하지만 사람들과 마주하며 살아가지 못하는 소냐의 삶이 쓸쓸하게 비치기도 한다. 이 행복한 저녁 시간을 뒤로 이어지는 다음 장면에는 길을 걷는 소냐와 키퍼를 따가운 눈초리로 보는 사람들이 나온다. 사람들은 소냐를 피하거나 놀려 댄다.

하지만 소냐는 사람들이 생각하는 것처럼 바보가 아니다. 소냐는 친절하고 점잖으며, 고향과 별에 대해 말할 줄 알고, 바다 물빛이 바뀌는 것을 좋아할 줄 아는 사람이다. 이렇게 쉽게 드러나지 않는 아름다움을 지닌 소냐의 참모습을 알아본 것은 그 어떤 사람도 아닌 떠돌이 개 키퍼였다.

둘은 한동안 사이가 좋았다. 하지만 모든 일이 처음 같을 수는 없다. 앞서 걷다 멈추어서 늦게 걷는 소냐를 돌아보는 키퍼의 마뜩지 않은 얼굴에서 갈등의 낌새가 보인다. 잇따른 두 장면은 소냐와 키퍼의 차이를 보여 준다. 쓰레기통을 뒤지는 키퍼에게 잔소리하는 소냐, 그림 그리는 데 정신이 팔려 밖에 나가는 것도 잊은 소냐 때문에 속상해서 창밖만 바라보는 키퍼.

"키퍼가 나가고 싶어서 내다보고 있어요."

"그래. 그런데도 소냐는 그림만 그리고 있는 거 같지."

어느 날 이들은 공원으로 나들이를 나간다. 공원에는 주인에게 이끌려 나온 개들도 있지만, 쓰레기통을 뒤지거나 영역 싸움을 하는 떠돌이 개들이 많았다. 오랜만에 나들이를 나왔는데 소냐는 여전히 그림 그릴 생각만 하고 있다. 다시 소냐는 땅바닥에 주저앉아 그림만 그리고, 기다리다 지친 키퍼는 개들한테 달려간다. 하지만 이어지는 장면은 긴장감을 자아낸다. 이빨을 드러내며 다가오는 개들과 쫓기는 키퍼 때문이다. 큰 개에 쫓겨 혼쭐이 난 키퍼는 소냐한테 달려오지만 소냐는 여전히 그림만 그린다.

사실 나는 소냐가 어떤 사람인지 궁금했다. 아이들한테 그림책을 보여 주기 전에 혼자 읽으면서도 이 여자가 어떻게 살아왔을지, 이런저런 상상을 해 보았다. 아쉽게도 아이들은 소냐가 어떤 사람인지 깊이 생각하지 않는 것 같다. 내 생각으로 소냐의 성격은 자폐에 가깝다. 소냐는 그림밖에 모른다. 아마 정부 보조금으로 살아갈 것이다. 하지만 남들이 생각하는 것보다는 꿋꿋하게 살아간다.

다음 장면에는 우연히 만난 아이들과 즐겁게 공놀이를 하는 키퍼가 나온다. 그리고 다음 장면으로 가니 해가 기우는데, 멀리 그림 그리는 소냐를 뒤로 하고 키퍼는 아이들을 따라가고 있다.

"키퍼가 떠난다."

"멀리 소냐가 보여요."

"그러다 키퍼 떠나면 어떡해요?"

"키퍼가 떠났다가 돌아올 거 같아요."

아이들은 키퍼가 떠나는 것을 우리는 보고 있는데 소냐가 보지 못하는 게 몹시 안타까운 모양이다. 이어서 공원이 펼친 화면 속에 쓸쓸하게 담겨 있다. 아무도 없다. 두 손을 모으고 키퍼를 외쳐 부르는 소냐가 보인다. 한가운데 버티고 선 동상마저 등을 돌리고 있어 소냐가 더 외롭게 보인다. 텅 빈 공원과 다시 혼자 된 소냐…….

소냐는 혼자서 쓸쓸히 집으로 갔지요.

이어 펼쳐진 장면 아래 쓰여 있는 한 줄 글. 그러나 그림은 다른 상황, 소냐가 방금 지나간 건물 이 층의 환한 방을 보여 준다. 그곳에서 키퍼는 아이들과 텔레비전을 보고 있다.

"야, 키퍼가 저기 있다."

"소냐는 못 봤어요."

이제 화면은 맛있게 진짜 개 먹이를 먹는 키퍼와 쓸쓸하게 앉아 있는 소냐를 대비하여 보여 준다. 이제 소냐의 집 선반 위에서 웃고 있던 석고상마저 시무룩한 얼굴을 하고 있다. 소냐의 모든 것이 엉망이 된 듯하다. 관계를 맺는 것은 이런 것이다. 혼자 사는 일에 익숙해져 있을 때는 모르지만, 사람이든 동물이든 정을 붙이고 살다가 떨어지게 되면 슬퍼지고 쓸쓸해지고 생활이 흐트러진다. 그래도 여전히 소냐는 내일 해가 뜨면 키퍼를 찾겠다고 다짐한다.

키퍼도 좋을 수만은 없다. 무슨 생각이 났는지 키퍼는 밥그릇 수북하게 쌓여 있는 과자를 축 늘어져 엎드린 채 보고만 있다. 펼친 화면으로 커다랗게 그려 놓은 키퍼. 그 키퍼의 눈빛이 아주 슬퍼 보인다.

"소냐가 보고 싶은가 봐요."

다음 장면은 많은 것을 생각하게 한다. 키퍼가 소냐를 찾은 까닭도 이 한두 장면에서 또렷하게 알아낼 수 있다. 왼쪽 화면에는 개 줄에 묶여 힘없이 앉아 있는 키퍼가 있고, 오른쪽 화면으로 가면 담을 뛰어넘는 키퍼가 보인다. 그렇다. 새로 만난 주인은 키퍼를 길들일 생각을 하고 있었다. 여기에서 키퍼는 무슨 생각을 했을까. 키퍼는 자신을 가끔씩 잊더라도 구속하지 않고 자유롭게 놔두고 사랑해 주는 동무 소냐를 생각한다.

이제 키퍼는 목에 매달린 줄을 날리며 미친 듯이 달린다. 하지만 키퍼가 찾아간 전망대 안에는 아무도 없다.

"어, 불쌍하다."

"그래도 좀 있으면 만날 것 같아요."

맞다. 다음 장면으로 가니 모퉁이 집을 사이에 두고 서로 다른 편에서 시무룩하게 걸어오는 키퍼와 소냐가 보인다. 화면은 둘이 만날 시간이 5초도 남지 않았음을 알려 주지만, 글에서는 서로 영영 만나지 못할 것이라는 불행한 생각을 하고 있는 소냐와 키퍼의 속마음을 드러내고 있다. 그러다 책장 한 장을 넘기니 바로 표지의 그 장면이 나타난다.

"와, 만났다!"

《오, 키퍼!》 재닛 맥클린 글, 앤드류 맥클린 그림, 이상희 옮김, 풀빛

"표지에 나왔던 그 장면이에요."

표지보다 두 배 커진 화면을 보니 소냐와 개의 마음도 두 배로 행복해 보인다.

이제 다시 전망대가 있는 바다다. 멀리 황금빛 석양을 뒤로 하고 점같이 작게 그려진 소냐와 키퍼가 한껏 뛰노는 장면이 보인다. 어린아이들처럼 기뻐하면서. 둘은 처음 만났을 때처럼 감자튀김을 먹고 오래도록 놀다가 집으로 간다. 다시 소냐와 개의 사랑이 시작된 것이다.

"어떤 장면이 마음에 들어?"

"저는요, 마지막 장면이요. 둘이 좋아서 뛰어노는 거요."

"서로 슬퍼하면서 오다가요, 만나게 되는 장면이요."

"표지요! 둘이 껴안고 있는 게 좋아요."

나는 아이들이 소냐에게 더 관심을 갖기 바랐다. 하지만 4학년 아이들은 개한테 신경을 쓰느라 소냐를 더 생각하지 않았다. 5, 6학년 아이들이라면 소냐에 대해 더 이야기를 나눌 수 있을 것 같다. 이 그림책은 사람이 사람에게 갖는 온갖 편견과, 함께 어울려 살 때 서로 다름을 인정해야 한다는 문제를 생각하게 만든다. 주제나 문제의식을 강하게 드러내지는 않지만 자연스럽게 많은 생각거리를 던진다.

같은 주제로 더 읽어 준 그림책
《일 도》 존 버닝햄 글 그림, 이수명 옮김, 시공주니어
《자유의 길》 줄리어스 레스터 글, 로드 브라운 그림, 김중철 옮김, 낮은산
《폭죽 소리》 리혜선 글, 김근희, 이담 그림, 길벗어린이

전쟁 속에 꽃핀 우정
《곰 인형 오토》

 《곰 인형 오토》(토미 웅게러 글 그림, 이현정 옮김, 비룡소)는 여름방학 때 사 놓고 개학하면 6학년 우리 반 아이들에게 보여 주려고 기다렸다. 개학하고 이틀쯤 지나서 책을 보여 주었다. 개학 날부터 교탁 위에 새로 사 놓은 그림책 몇 권을 얹어 놓은지라 아이들은 기웃거렸고, 살짝 꺼내 보고 갖다 두기도 했다.
 "표지를 보니까 무슨 이야기가 나올 것 같니?"
 "쓰레기통에서 나온 곰 인형 이야기 같아요."
 "그렇지."
 "곰 인형이요, 고생을 많이 하다가 주인을 만나게 되는 이야기 같아요."
 "그래. 그런 느낌도 들지."

그림책을 보는 나를 바라보는 듯 애절한 눈빛을 하고 있는 곰 인형 오토의 추레한 모습과 인형 뒤에 드리워진 그림자를 보면 오토가 어떻게 살아왔는지 쉬 짐작할 수 있다. 손바느질로 꿰맨 자국들이 어쩐지 친근해 보이는 곰 인형은 우리한테 할 말이 많은 듯하다.

골동품 가게의 주인아저씨가 나를 진열창에 내놓았을 때 나는 깨달았어요.
'오토, 이젠 너도 늙은 거야······.'

곰 인형이 자신한테 한마디 툭 던진다. 어쩐지 쓸쓸하다. 나는 아이들이 독백 부분을 누가 한 말인지 못 알아들을까 봐 물었다. 아이들은 알아듣지 못하고도 가만히 있는 때가 가끔 있다.
"애들아, 이건 누가 누구한테 하는 말일까?"
"곰 인형이 자기한테요."
"왜 이런 말을 했을까?"
"자기가 너무 늙고 못쓰게 되니까 슬퍼진 거 같아요."
일인칭 자기 고백체로 풀어 가는 이야기는 처음부터 주인공 곰 인형과 우리를 단단하게 묶어 놓았다. 독일의 인형 공장에서 만들어진 곰 인형은 다비드의 생일 선물이 되면서 오토라는 이름을 얻는다. 토미 웅게러의 그림은 늘 그렇듯 이상하다. 사람들 얼굴은 기이한 마네킹처럼 보인다. 색깔도 칙칙하다. 하지만 아이들은 인형 공장에 줄줄이 앉아 있는 인형들과 오토를 만드는 과정을 보며 한껏 즐거움에 빠

질 준비가 되어 있는 듯했다.

　이어지는 세 장면은 다비드와 다비드의 단짝 오스카 그리고 오토가 즐겁게 노는 장면이다. 아이들은 오토를 사람처럼 여기며 타자와 글씨를 가르친다. 오토의 한쪽 귀 아래 있는 보라색 얼룩은 오토가 글씨를 배우다가 잉크를 엎질러서 생겼다. 그런데 다비드가 가슴에 노란 별표를 달면서부터 모든 게 달라진다. 오토는 모든 사람이 똑같아 보이는데, 차가운 현실은 유태인을 사람으로 여기지 않는다. 오토의 생각은 바로 작가 의식이다. 하지만 작가의 목소리는 인격화된 곰 인형에 알맞게 녹아 있어서 도드라지는 법이 없다.

　이제 장면 장면에는 유태인 문제를 다룬 영화에서 익히 보았음직한 그림들이 나온다. '쉰들러 리스트'라든가 '소피의 선택', '안네의 일기' 같은, 기억하고 싶지 않은 역사를 다룬 영화. 어느 날 다비드네 식구들은 모두 잡혀 가고, 곰 인형은 다비드의 동무 오스카가 맡는다. 이 장면은 참 어설프다. 제복을 입은 사내의 눈과 입이 그리다 망친 듯하고, 곰 인형을 받으려고 손을 내미는 오스카의 얼굴은 늙은이의 얼굴 같다. 이 작가는 세부 데생에 도무지 관심이 없는 듯하다. 내가 이런 말을 중얼거리고 있으면 토미 웅게러는 그 옷을 입었으니 오스카지 뭐, 얼굴이 다르면 좀 어때, 이야기와 분위기가 중요한 거야, 하고 별일 없다는 듯 되받아칠 것 같다.

　이제 오스카와 오토는 커다란 아파트 창문으로 언제 다시 만날지 알 수 없는 다비드네 식구를 슬프게 내려다보고 있다. 다비드네 식구는 트럭에 실려 어디론가 끌려 간다. 이 장면을 보면 영화 '고양이를 부탁해'가 생각난다. 고양이가 옮겨 가는 과정은 여고 동창생 셋이 겪는 여정이며, 더는 발붙일 곳이 없어서 밀려만 가는 우리 이웃의 불안한 현실이 아니었던가.

앞길을 모르는 캄캄한 죽음 같은 다비드의 인생길은 오토한테도 똑같이 다가온다. 오스카와 정겨운 시간도 잠깐, 오스카의 아버지는 전쟁터로 나간다. 기차역에서 전쟁터로 나가는 이들을 붙잡고 우는 사람들의 모습이 너무나 처절해 보인다.

폭격이 시작되자 사람들은 지하 대피소로 모여든다. 지하 대피소에 앉아 있는 이들은 모두 송장 같거나 유령 같다. 검은 안경을 쓴 할아버지는 더 을씨년스러운 기운을 자아낸다. 앞에 있는 촛불 때문에 사람들 얼굴이 조금씩 노랗게 보이는데, 그것은 이들이 붙잡고 싶은 실낱같은 희망인지도 모른다. 하지만 그 뒤에 드리워진 그림자가 너무나 시커멓다. 아니나 다를까, 거센 폭격에 대피소까지 무너지고 오토는 밖으로 튕겨 나온다. 차 밑에 깔린 시체, 망가진 전차, 폐허가 된 집들……. 전쟁터의 모습은 다음 장면에서 더욱 확대된다. 탱크 뚜껑을 열고 나오려다 상반신을 늘어뜨린 채 죽어 간 군인, 피가 흐르는 가슴을 부여잡고 죽은 군인, 무너진 건물 더미에서 삐져나온 사람의 손……. 모든 게 타 버렸다. 그런데 한 흑인 군인이 오토를 발견한다.

"앗, 껌둥이다!"

이야기를 읽어 주다 잠깐 멈추었다.

"누리야, 왜 그렇게 말했어? 얼굴이 하얀 백인이었으면 누리가 흰둥이다, 그랬을까?"

"……."

"다른 사람도 말해 보자. 누리만은 아닐 거야. 흑인이라고 말하지 않고 껌둥이라고 말할 때는 그 사람을 어떻게 보는 데서 나온 말일까."

"무시하는 마음이요. 선생님, 저도 사실은 그런 마음이었어요."

반장 진혁이가 말한다. 그렇게 생각했던 사람들은 손을 들어 보라고 하니 많이 든다.

"그래, 너희들 잘못만은 아니지. 그런 것을 어른들한테서 배웠으니까."

이 문제에 대한 이야기를 하고 나서 다음 장으로 넘어갔다. 군인이

《곰 인형 오토》 토미 웅게러 글 그림, 이현정 옮김, 비룡소 © by Diogenes Verlag AG Zurich

오토를 집어들어 안는 순간 오토는 등에 총알을 맞는다. 군인 가슴에도 총알이 스쳐 가 둘은 들것에 실려 간다. 아이들은 이 장면에서 순간 조용해졌다.

"군인이 오토 때문에 살았다!"

그렇다. 오토는 군인의 목숨을 살렸고, 군인은 정성껏 오토를 꿰매 준다. 전쟁이 끝나자 군인 찰리는 미국으로 돌아가 딸아이한테 오토를 선물로 주고, 오토는 다시 멋진 집에서 살게 된다. 이렇게만 끝났다면 아쉬운 구석이 많았을 것이다. 아직 오토는 겪어야 할 일들이 더 많다.

"아, 또 쓰레기통으로 들어간다."

"남자아이들이 인형을 여자한테서 뺏었다."

그랬다. 군인의 딸 자스민은 나들이를 나갔다가 남자아이들한테 인형을 빼앗긴다. 이제 오토는 쓰레기통에 처박혀 있다가 고물을 줍는 아주머니를 만난다. 고물을 줍는 아주머니 인생이나 오토 인생이나 비슷한 처지로 보이는데, 뒤 건물 벽에 장식체 글자로 쓰어 있는 문구가 눈에 거슬리게 대조된다. "콜라와 함께 행복한 인생을 즐기세요." 전쟁으로 행복을 누리는 이들도 적지 않은 것을 생각하니 이 문구가 꽤 씁쓸하게 다가온다.

골동품 주인의 안목이었을까? 망가질 대로 망가진 오토는 멋진 녀석이라는 말까지 들어 가며 골동품 가게의 장식품이 된다. 하지만 아무도 진열창에 앉아 있는 오토를 사 가지 않는다. 그렇게 세월이 흐르고, 어느 날 관광 온 오스카가 진열창 앞에서 오토를 발견한다. 오

《곰 인형 오토》 토미 웅게러 글 그림, 이현정 옮김, 비룡소 © by Diogenes Verlag AG Zurich

스카는 곧 이 이야기를 신문에 썼고, 다비드하고도 연락이 닿는다. 이 장면들은 영화 같은 분위기와 속도감이 있다. 오스카와 다비드네 식구는 전쟁터에 나가 폭격으로 강제 수용소에서 모두 죽었다. 그런데 오스카와 다비드 그리고 오토 이렇게 셋이 오붓하게 앉아 있는 의자 위에 걸린 그림 두 점은 무엇일까? 옷을 걸치지 않은 여자가 춤을 추는 것 같기도 한데……. 사람들은 지나간 일을 쉬 잊고 일상에 빠진다는 것을 말하는 것일까? 무언가 가슴을 쿵 치는 듯한 느낌이 든다.

이제 이들이 할 일은 무엇일까? 마지막 장면에서 오토는 타자기 앞에 홀로 앉아 있다. 자기네들 이야기를 책으로 쓰기 위해서다. 오토가 쓸 이야기는 당연히 그 전쟁과 폭력에 관한 이야기다. 이야기는 끝났어도 끝났다는 생각이 들지 않는다.

"저는요, 오토가 총에 맞을 때가 가장 인상에 남아요."

"저는요, 전철에서 장애인을 보면 솔직히 수군거리고 손가락질하고 그랬거든요. 근데 이걸 보면서 그러지 말아야겠다는 생각이 들었어요."

"오토가 사람이었으면 아주 훌륭한 사람이었을 거 같아요."

아이들은 오토를 사람으로 여기면서 이 그림책을 본 듯했다. 아이들은 오토를 좋아했다. 어쩌면 그림책을 보는 내내 오토와 함께 그 여정을 겪었는지도 모른다. 이 그림책은 내가 본 이 작가의 다른 그림책과 달리 아주 진지하다. 《꼬마 구름 파랑이》(토미 웅게러 글 그림, 이현정 옮김, 비룡소)같이 환상에 가득 찬 요소도, 《크릭터》(토미 웅게러 글 그림, 장미란 옮김, 시공주니어)에서 보이는 유머도 없다. 오토를 둘러싼 두 아이의 우정, 그리고 전쟁의 참혹함이 진지하게 드러난다. 그런데 아이들 마음을 끌어들인다. 단순한 교훈이 아닌 깊은 울림을 준다.

같은 주제로 더 읽어 준 그림책

《가부와 메이 이야기 1~6》 기무라 유이치 글, 아베 히로시 그림, 김정화 옮김, 아이세움
《쇠를 먹는 불가사리》 정하섭 글, 임연기 그림, 길벗어린이
《수호의 하얀 말》 오츠카 유우조 글, 아카바 수에키치 그림, 이영준 옮김, 한림출판사

전쟁 없는 세상을 바라며
《나는 평화를 꿈꿔요》

21세기는 전쟁 없는 시대이기를 간절하게 바랐다. 하지만 아프가니스탄에서 이라크에서 전쟁이 터져 수없이 많은 사람들이 다치고 죽었다. 전쟁이 터질 때마다 나는 아이들한테 어른들이 저지르는 이 부끄럽고 추한 전쟁에 대해 설명한다. 그러고는 《나는 평화를 꿈꿔요》(옛 유고슬라비아 아이들 글 그림, 유니세프 엮음, 김영무 옮김, 비룡소)를 보여 준다.

유니세프에서 옛 유고슬라비아 아이들의 글과 그림으로 만든 이 책을 아이들에게 보여 줄 때마다 마음이 아프다. 옛 유고슬라비아 아이들이 겪은 아픔은 지나간 시절이 아닌, 이 시간 이라크 아이들이 겪는 아픔이기 때문이다.

《나는 평화를 꿈꿔요》를 처음 보았을 때 놀라웠다. 전쟁의 아픔을 이렇게 절실하게 표현한 그림이나 글을 본 적이 없어서다. 어릴 때부터 우리가 그려 온 수많은 전쟁 반대 포스터하고는 너무나 달랐다. 아이들은 누구를 원망하고 미워하는 게 아니라 자신이 얼마나 아픈지 말하고 있다. 그래서 어떤 웅변보다 더 큰 울림으로 다가온다. 글과 그림을 보면 아이들이 겪은 두려움과 떨림이 그대로 전해 온다.

이 그림책이 지난 역사를 말하는 자료였으면 좋으련만, 옛 유고슬라비아 아이들의 상처가 아물기도 전에 어른들은 새로운 전쟁을 시작했다. 2000년, 인천 주안 남 초등학교에서 4학년 아이들을 가르칠 때였다. 아프가니스탄의 한 민가가 폭격으로 쑥대밭이 되고 사람들이 죽고 다쳤다는 소식이 뉴스에 나왔다. 팔을 다쳐 붕대를 감고 있는 아이는 병원 침대에 앉아 웃고 있었다. 아무것도 모르는 어린아이. 어떻게 어른들이 일으키는 이 부끄러운 전쟁을 끝낼 수 있을까. 화만 나고 아무것도 할 수 없다는 생각에 주저앉고만 싶었다. 그래도 나는 선생이기 때문에 현실을 교과서 삼아 아이들과 할 수 있는 일을 찾아서 해야만 했다. 그 일은 우리 아이들 마음에 평화를 바라는 착한 씨앗을 심는 일이다. 막연한 일 같지만 가장 분명한 일 가운데 하나가 이 일이라고 생각한다.

실물 화상기에 《나는 평화를 꿈꿔요》를 올려놓았다.

"전쟁이 났지? 뉴스에서 봤을 거야. 무슨 생각을 했니?"

"좀 무서운 생각이 났어요. 여기에서 일어난 일이라면 정말 무서울 것 같아요."

"그래, 우리 이 책을 보면서 전쟁이 어떤 것인지 더 생각해 보자."

"이 그림책에는 전쟁을 겪은 옛 유고슬라비아 아이들의 그림과 글이 들어 있는데, 어린이를 위해 일하는 유니세프라는 단체가 만든 거야. 여기 봐, 텔레비전에서 커피 선전할 때 나오는 배우 안성기잖아. 이 사람이 우리 나라 대표로 이 일을 하고 있어."

"어디 자세히 보여 줘요."

"다른 나라 아이들하고 같이 찍은 사진이다!"

열네 살 로베르트가 그린 '전쟁'이라는 그림을 보여 주었다. 사인펜으로 그린 것으로 보이는 그림은 전쟁의 불길을, 폭탄이 떨어지는 길을 자세히 보여 주고 있다.

"와, 너무 잘 그렸어요!"

"그래. 참 잘 그렸어. 뭐가 보여?"

"하늘에 헬리콥터, 전투기요."

"낙하산하고 폭탄이요."

"산이 불타구요, 집이 무너지고 불타고 그래요."

《나는 평화를 꿈꿔요》 옛 유고슬라비아 아이들 글 그림, 유니세프 엮음, 김영무 옮김, 비룡소

열 살 마리오가 그린 '폭격'이라는 그림에는 폭탄을 맞는 집 두 채가 보인다. 기관총에서 내뿜는 총알이 빗발치고 있고, 전투기에서 떨어뜨리는 폭탄들이 긴 포물선을 그으며 집에 내리꽂히고 있다. 열 세 살 카지미르가 쓴 글을 읽어 주었다.

우리 대피소에 수류탄이 터졌다.
밖으로 빠져나오느라고 시체들을 타고 넘어야만 했다.
저격병들이 계속해서 우리에게 총을 쏘았다.

아버지도 다른 사람과 함께 부상을 당해
병원으로 실려 갔다. 우리는 아버지 소식을 모른다.
아직 살아 계셨으면 좋겠다.
어느 수용소에라도 살아만 계셨으면 좋겠다.

이런 이야기는 안 하려 해도, 자꾸 마음이 아프다.
밤마다 나쁜 꿈만 꾼다.

글을 읽어 주자 앞 장면에서 신나게 전투기, 헬리콥터요, 하고 외치던 아이들 얼굴빛이 달라졌다.
"선생님, 무서워서 시체들을 어떻게 넘어가요."
"총과 폭탄에 맞는 것이 더 무서우니까."
"예."

여덟 살짜리 라나가 쓴 글을 읽어 주었다.

…… 먹을 것이 별로 없었다. 쌀과 스파게티와 어떤 때는 콩밖에 없었다. …… 토마토 한 개밖에 없었는데, 세 쪽으로 잘라 마크와 데니와 내가 먹었다.……

"여덟 살인데 참 잘 썼어요."
"먹을 거 우리가 나누어 주면 좋겠어요."
'파괴된 도시', '공포와 비명', '수용소로 끌려가는 여자들과 아이들', '어머니와 아기', '다쳐서 병원에 입원한 아이들', '폐허 속을 걷다'……. 제목만 보아도 전쟁의 여러 모습이 보인다. 아이들의 상처가 너무나 커서 쏟아 내고 싶은 말과 감정이 많은 탓일까? 그림 하나하나가 마음에 남는다. 한 가지 색으로 그린 그림도 있고, 여러 색 물감으로 짙게 그린 그림도 있는데 그림이 틀에 박히지 않고 자유롭다.
이 책은 아이들의 그림과 글을 네 부로 나눠 '잔인한 전쟁', '그들이 우리 집을 죽이던 날', '나의 악몽', '눈을 감으면 나는 평화를 꿈꿔요'로 이름을 붙였다. 그 가운데 '나의 악몽'에서는 전쟁을 겪은 아이들의 마음을 보여 주는 그림이 나온다. 그래서인지 '나의 악몽'에 실린 그림들은 아이들한테 앞의 그림보다 더 충격으로 다가가는 듯했다. '공포'(마리오, 열한 살)에서는 폭탄 때문에 치솟은 불길을 커다란 괴물로 그렸다. '내 옷장 속의 유령과 해골들'(아드리아나, 열두 살)은 섬뜩하다. 얼마나 무서웠으면 집 안에 있는 물건들을 해골로 느꼈을까 싶다. 이 장면을 본 정윤이는 옷장에서 귀신이 나온다고 상상해서 그린 게 너무나 끔찍하다고 했다. '제일 무서운 일'(마리야, 열두 살)이라는 그림 옆에 열세 살 알리크가 쓴 글도 아이들을 놀라게 했다.

> 군인들이 우리들을 집에서 몰아내고 불을 질렀다.
> 그 후 그들은 우리를 열차로 데려갔다.
> 그러고는 남자는 모두 땅에 누우라고 했다.
>
> 남자들 가운데서 그들은 죽여 버릴 사람들을 골랐다.
> 우리 삼촌과 이웃 아저씨가 불려 나갔다!
> 그들은 기관총으로 쏴 버렸다.
> …… 나는 이런 짓을 모두 다 보았다!
>
> 이제 나는 잠을 잘 수가 없다.
> …… 이제는 뭔가 느낄래야 느낌이 없다.

이 글을 읽어 주자 얼굴을 가리는 아이들도 있었다. 아이들이 보는 앞에서 식구들을 죽이는 군인들……. 우리 역사에도 이런 일들이 있었다. 우리나라는 물론이고 전쟁을 겪은 모든 나라 사람들, 아이들은 이런 일을 보았다. 그 상처를 어떻게 지울 수 있을까?

그래도 '눈을 감으면 나는 평화를 꿈꿔요'라는 제목을 단 마지막 부는 아름답다. 평화를 바라는 아이들 마음이 절실하다. 탱크가 푸른색

《나는 평화를 꿈꿔요》 옛 유고슬라비아 아이들 글 그림, 유니세프 엮음, 김영무 옮김, 비룡소

으로 바뀌고, 폐허가 된 집은 고쳐져서 굴뚝에서는 다시 연기가 난다. 병상에 누워 있는 니콜라와 알렉산다르라는 아이는 잔디밭에서 아버지랑 축구하는 꿈을 그림으로 나타내기도 했다. 평화를 기리는 파란색과 비둘기가 그림에 나타난다. 열 살 로베르토가 쓴 글을 보자.

> 내가 만약 대통령이라면,
> 탱크들은 어린이들의 놀이집이 될 거예요.
> 캔디 상자들이 하늘에서 떨어질 거예요.
> 박격포에선 풍선이 발사될 거예요
> 총 구멍에서는 꽃들이 피어날 거예요.
> ……

그림을 다 보여 주고 나서 책 뒤에 나오는 흑백 사진들도 보여 주었다. 대피소에 쭈그리고 앉아 있는 아이들, 군인의 총을 잡고 있는 꼬

따뜻하고 평화로운 세상을 만드는 아이들

마, 그리고 그림을 그리는 아이들……. 책을 덮자 지은이는 아이가 아빠 다리를 붙잡고 있는 장면을 다시 보여 달라고 했다. 보여 주었다. 대피소에 숨어 있는 아이들 사진도 보고 싶다고 했다. 그것도 보여 주었다. 아이들 이야기를 좀 들어 보았다.

희준 : 전요, 총칼을 모두 없애고 싶어요.
희정 : 전쟁이 되게 나쁜 거란 걸 알았어요. 또 희준이처럼 총칼을 없애고 싶어요.
하나 : 대통령이나 높은 사람들은 전쟁이 나도 죽지 않을 것 같아요. 시민은 자기 아이들이 죽을까 봐 떨고 있을 거 같구요.

다비 : 유고슬라비아 아이들이 불쌍해요.

원일 : 음식을 조금이라도 나눠 주고 싶어요. 아이들이 무서울 것 같아요.

화룡 : 하루아침에 모든 게 다 타면 비참하고 참 불쌍해요. 전쟁을 하지 않으면 좋겠어요.

하은 : 미국은 너무해요. 왜냐하면 부모를 잃어서 아이들을 슬프게 만들어서요. 폭력에 사용된 무기를 없애 버리면 좋겠어요. 그러면 평화가 찾아오잖아요.

아이들이 자신들이 겪은 모든 일에 대한 기억과 감각으로 전쟁의 참상을 쓰고 그린 이 책은 전쟁에 맞서는 아이들의 몸짓이요, 평화를 요구하는 간절한 소리다. 책을 본 아이들은 그 아이들의 목소리를 듣고 느끼면서 전쟁과 평화에 대한 뚜렷한 생각을 하게 된다. 그런 까닭에 이 책은 전쟁과 평화에 대한 뛰어난 교육서라 이름 붙일 수 있다.

같은 주제로 더 읽어 준 그림책
《내가 라면을 먹을 때》 하세가와 요시후미 글 그림, 장지현 옮김, 고래이야기
《바람이 불 때에》 레이먼드 브릭스 글 그림, 김경미 옮김, 시공주니어
《세상에서 가장 아름다운 나의 마을》 고바야시 유타카 글 그림, 길지연 옮김, 미래아이

5

자연과 생명을
소중하게 여기는
아이들

아이와 호랑이의 만남 속에 담긴 오래된 미래
《당주의 숲》

　모험 공간을 잃어버린 아이들은 《남극에서 살아남기》(코믹컴 글, 문정후 그림, 아이세움) 같은 만화를 보거나 컴퓨터 공간에서만 모험을 즐긴다. 가끔 운동 삼아 산에 오를 때면 부모와 어울려 산을 오르는 아이들을 보는데, 한편으로는 좋아 보이면서도 아쉬운 마음도 들고는 한다. 컴퓨터에 매달리지 않고 산을 찾는 것은 반갑지만, 산을 동무 삼아 놀지 못하는 아이 처지가 마음에 걸린다. 어쩌다 막대기를 들고 뛰어 내려오는 남자아이들을 한 무리 볼 때도 있는데, 그럴 때면 기분이 좋아 절로 말을 건다.

　《당주의 숲》(서준호 글, 이선주 그림, 소년한길)은 첫 장면을 여는 순간 정밀하게 그린 할아버지의 작업실 풍경에 붙들려 다음 장면으로 넘어가지 못했다. 벽에는 호랑이의 움직임을 담은 사진과 그림이 즐비하게 붙어 있고, 책상 위에는 카메라와 사진 장비가 놓여 있다. 카메라에 눈길이 간다. 수동 카메라에서 오랜 세월 할아버지와 함께한 시간이 느껴진다. 작가는 이렇게 낡고 오래된 카메라로 이제는 이 땅에 살고 있지 않은 오래된 호랑이 이야기를 담고 싶었는지도 모른다.

아이들한테 표지를 들어 보였다. 표지에는 눈 쌓인 산길을 오르는 할아버지와 손자가 보이는데, 눈길이 노을을 받아 붉고 노랗다. 표지 안쪽을 펼쳤다. 거뭇한 나무와 흰 눈 덮인 산자락이 보인다. 흑백 사진 같다.

"왜 눈이 있는데 스키장은 없어요?"

"스키장? 어 그런 생각이 들었구나. 깊은 산이잖아. 그리고 스키장 없는 산도 있고. 또 호랑이가 스키장 있으면 살겠어?"

스키장과 호랑이라……. 아이들 말을 들으니 씁쓸했다. 첫 장면을 보여 주었다. 아이들은 카메라와 벽에 붙어 있는 호랑이 사진과 그림들이 몹시 마음에 들었나 보다.

"호랑이가 무섭지 않아요?"

"호랑이 찍는 거 어렵지 않아요?"

말문이 터졌다. 나무를 타고 오르는 듯한 호랑이, 갈대 잎 사이로 무섭게 다가오는 호랑이, 혀로 물을 핥는 호랑이 사진과 그림에 아이들은 온통 마음이 팔려 있다.

"사진 찍을 때 호랑이가 안 잡아먹어요?"

"할아버지는 호랑이를 잘 아는 사람이겠지. 사진 찍을 때 얼마 만큼 거리를 두어야 하는지도 알고, 또 호랑이가 어디로 다니는지도 알 거야."

아이는 김 서린 유리창에 호랑이를 그리고 있고, 할아버지는 아이의 어깨를 잡고는 지긋한 눈빛으로 그 모습을 보고 있다. 할아버지를 따라가 호랑이를 보고 싶어 하는 간절한 아이 마음이 느껴진다. 하지만 모든 일은 때가 되어야 하는 법, 아무리 졸라도 들어주지 않던 할아버지가 어느 날 호랑이 촬영 길에 당주를 데려가기로 한다.

이제 화면은 깊은 산 눈 덮인 물가를 따라가는 자동차를 멀리 보여 준다.

"어느 나라 이야기예요?"

갑자기 윤희가 물었다. 뜻밖이다. 이 그림책이 왜 다른 나라 것으로 보이는지 궁금했다.

"윤희야, 우리나라 이야기 같지 않아?"

"우리나라에는 호랑이 없잖아요."

이제야 알겠다. 책 읽는 것을 잠깐 멈추고 호랑이가 왜 우리나라에 살 수 없게 되었는지 아는 대로 설명했다.

할아버지는 어느새 촬영 준비를 하고 있고, 당주는 전등을 비추고 있다. 아래에서 앵글을 잡은 화면은 상승감이 느껴지면서도 힘이 넘친다. 파란 렌즈, 노란 전등 빛을 배경으로 하얗게 빛나는 밤이 어떤 기대감을 불러일으킨다.

"밤에 불 켜면 호랑이가 알잖아요."

당주가 켠 전등 빛을 보고 호랑이가 다가올까 봐 아이들은 두려웠나 보다.

《당주의 숲》 서준호 글, 이선주 그림, 소년한길

　날이 밝았다. 당주는 침낭에 누워 있고, 할아버지는 카메라를 잡은 채 꼼짝하지 않고 호랑이가 나타날 길목을 지키고 있다.
　"왜 날이 밝도록 호랑이를 기다려요?"
　"호랑이가 그렇게 금방 나타나지 않는 거지."
　아이들은 자꾸 궁금해했다. 얼른 호랑이를 보고 싶은 모양이다. 눈 덮인 산에서 야영을 하는 것도, 호랑이를 사진에 담으려는 것도 아이들한테는 그저 낯설고 신기한 일이다. 이 새로운 경험에 아이들은 즐겁게 동참하는 듯했다. 드디어 호랑이 발소리가 들리고 할아버지는 사진을 찍는다. 할아버지는 호랑이를 보라고 당주에게 손짓하지만 당주 눈에는 보이지 않는다. 두려움 때문일까? 이어지는 화면을 보니

겁먹은 듯한 얼굴로 호랑이를 찾는 당주 얼굴이 보인다. 결국 당주가 호랑이를 보지 못한 채 할아버지의 촬영 작업은 끝난다. 할아버지는 돌아갈 채비를 한다. 당주는 할아버지에게 왜 자기는 호랑이를 보지 못했는지 묻는다. 그러자 할아버지는 호랑이를 보려면 마음속을 깊고 넓은 숲으로 채우라고 말한다.

나는 걸음을 멈추고 잠시 생각했습니다. 그러다 뒤돌아서서 우리가 떠나온 깊고 넓은 숲으로 뒤덮인 산을 바라보았습니다. 그리고 크게 심호흡을 했습니다.

이 구절을 읽는데 아이들도 심호흡을 따라 한다. 그리고 한 장을 넘기자 화면 가득 호랑이와 당주의 얼굴이 보인다!
"우와, 호랑이!"
"선생님, 호랑이를요, 털 하나하나 그렸어요?"
"그래, 화가가 이 그림을 그릴 때 처음에는 수성 물감으로 밑그림을 하고 마지막에 색연필로 하나하나 그렸다고 해."
"호랑이가 당주 잡아먹겠다."
당주가 바라보는 산속의 호랑이와 당주를 바라보는 호랑이를 한 화면에 그렸는데, 이런 구도를 잘 이해하지 못하는 아이들이 있었다. 그래도 호랑이를 보고 마냥 좋아한다.
"큰 건 호랑이 어미구요, 작은 건 새끼 같아요."
"좀 가까이 보여 줘요."

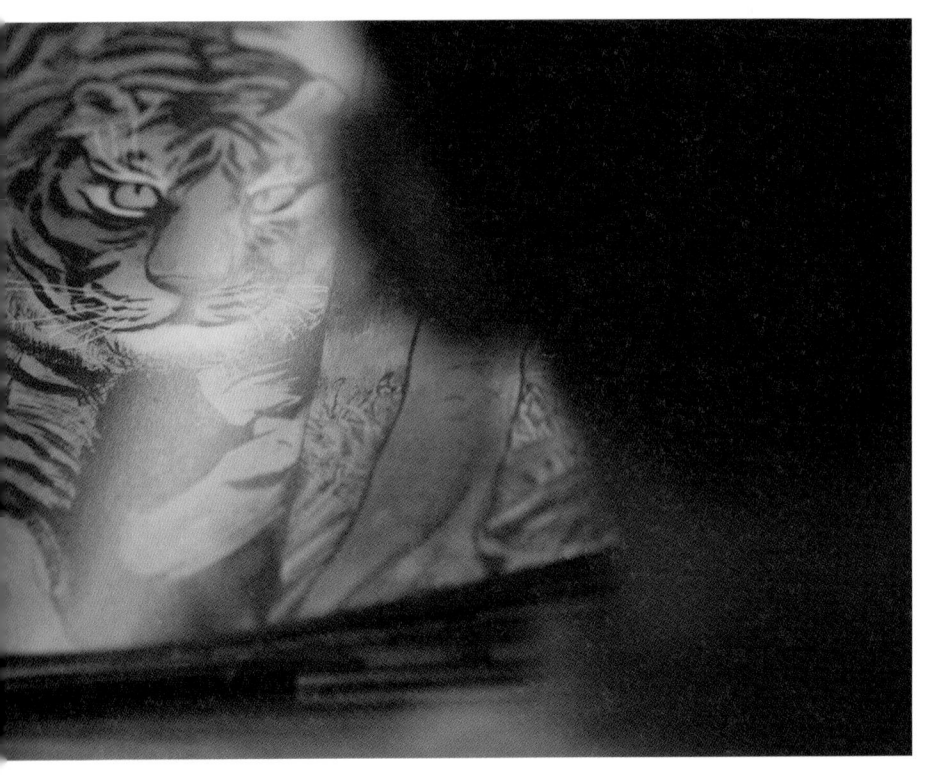

아이들은 호랑이를 더 가까이 보려고 애썼다. 마지막 장면에는 호랑이도 사람도 없다. 그저 고요하게 숲만 보인다.

이 그림책은 생각할 거리가 많다. 무엇보다 당주와 다른 시대를 살아온 할아버지한테 보이는 호랑이가 좀처럼 아이 눈에 보이지 않는 상황이 현실에 대한 날카로운 비유로 읽힌다. 산과 들을 멀리하고 사는 지금 아이들은 호랑이가 눈앞에 있어도 볼 수 없다. 할아버지의 말처럼 아이는 제 마음속에 산을 담으려고 숨을 내쉬고 그제야 호랑이를 본다. 당주는 처음 산에 들어가 호랑이를 볼 수 있을 만큼 준비가 되지 않았다. 산을 모르고 자연을 모르기 때문에 마냥 두렵고 무서웠을 뿐이다. 하지만 당주는 추위와 무서운 밤을 잘 이겨 내고 호랑이를 보았다. 돌아가는 당주의 마음은 어땠을까?

"당주가 뿌듯할 거 같아요."

"어른스런 경험을 해서 동무들한테도 자랑하고 싶은 마음이 들 거 같아요."

4학년 아이들은 당주 마음이 성큼 자랐으리라는 것을 잘 읽어 냈다.

우리는 자연을 멀리하면서 자연에 대한 감각도 경험도 잃어버렸다. 용기와 인내심을 마음껏 발휘할 야성의 공간도 함께 잃었다. 호랑이를 다시 보기 위해 우리가 살려 내야 할 것은 무언지 깊이 생각하게 된다.

같은 주제로 더 읽어 준 그림책

《넉 점 반》 윤석중 글, 이영경 그림, 창비
《마지막 거인》 프랑수아 플라스 글 그림, 윤성임 옮김, 디자인하우스
《아무도 모를 거야, 내가 누군지》 김향금 글, 이혜리 그림, 보림

가슴으로 느끼는 탄생과 성장의 비밀
《씨앗은 어디로 갔을까?》

루스 브라운의 《씨앗은 어디로 갔을까?》(루스 브라운 글 그림, 이상희 옮김, 주니어랜덤)는 지식 그림책에 별 흥미를 느끼지 못하던 내 마음을 흔들어 놓은 그림책이다.

자그마한 그림책 표지에는 오통통한 손을 내민 채 봉지에서 쏟아지는 씨앗을 받는 사내아이가 보인다. 아이는 사랑스러운 얼굴을 하고는 어서 책장을 넘기라고 재촉하는 것 같다. 여러 동물의 생태와 식물의 고단한 성장 과정을 웃음기 가득한 화면에 담고 있는 이 그림책은 머리가 아니라 가슴으로 지식을 받아들이게 했다.

마침 2학년 아이들과 슬기로운 생활 교과 1단원 소주제 '시간의 흐름에 따른 동식물의 변화'를 공부할 때 이 그림책을 보여 주면 좋겠다고 생각했다. 교과서에는 민들레와 솔방울이 자라는 과정을 보기로 들고 있었다. 학습 주제에 맞는다고 해서 무작정 문학 작품이나 지식 책을 가져다 쓰는 일은 조심할 일이다. 하지만 이 그림책은 교과로 들여와 다루기에 부족함이 없어 보였다.

　네 살쯤 되었을까? 이 사랑스런 아기가 흙 묻은 손으로 씨앗을 심는 장면부터 이야기는 펼쳐진다. 아기가 심은 씨앗 열 개는 화면이 바뀔 때마다 이런저런 사연으로 한 개씩 없어진다. 개미가 '영차' 이고 가기도 하고, 비둘기가 '콕콕' 쪼아 먹기도 한다. 화면 왼쪽은 씨앗이 없어질 때마다 줄어드는 씨앗 수가 나온다. 이어질 수를 아이들과 같이 소리 내 읽으며 한 장 한 장 넘기다 보면 씨앗은 어느덧 싹이 튼 것이나 꽃망울이 맺힌 것조차 사라지고 만다. 뿌리가 제법 자란 씨앗은 생쥐 손에 끌려 나가기도 하고, 민달팽이에게 먹히거나 거친 두더

《씨앗은 어디로 갔을까?》 루스 브라운 글 그림, 이상희 옮김, 주니어랜덤

지 장난에 뿌리째 뽑히기도 한다. 장난꾸러기 고양이와 강아지, 아이가 던진 야구공 때문에 제법 자란 식물도 안타깝게 쓰러진다. 아이들은 움직임이 크면서 실감 넘치는 화면에서 눈을 떼지 못했다.

"생쥐 손이 꼭 사람 손 같아요!"
"고양이가 튀어나올 것 같다!"

장면이 바뀔 때마다 흥미진진한 반응들이 쉬지 않고 터져 나온다. 하지만 동물들을 보는 재미에 빠져 씨앗이 줄어드는 것을 안타깝게 느낄 겨를이 없던 앞부분과 달리 뒤로 가면서 아이들 얼굴빛은 어느새 진지해진다. 씨앗이 자라는 과정이 참으로 험난하다고 생각하는 것일까? 언젠가 발로 찬 공에 스러지고 만 들꽃을 생각하며 그 험난한 환경을 만드는 공범 가운데 자신도 들어 있다는 것을 확인하고 있었을지도 모른다. 이처럼 보이지 않게 쌓여 가던 안타까움은 꽃 피울 날을 앞두고 죽어 가는 꽃봉오리 앞에서 탄식이 되어 나온다. 이제 다 되었다고 생각했는데, 벌레 때문에 죽어 가는 꽃봉오리를 보는 순간 더없이 안타까운 것이다. 때문에 화면 가득 피어난 해바라기를 보는 순간 몇 배로 기쁜 감정이 솟구친다.

"너무 예뻐요!"

꽃 한 송이는 이제 예전의 씨앗 한 개가 아니다. 수십 개나 되는 씨앗을 품고 있는 꽃이다. 마지막 장면은 해바라기에서 떨어지는 씨앗을 아이가 손으로 받는 모습으로 마무리된다. 책을 덮으면 아, 이렇게 생명이 이어지는구나, 하는 생각이 저절로 든다. 아이들은 자연스럽게 생명의 순환과 공존에 대해 느낄 수 있다. 씨앗이나 싹이 동물

때문에 죽는 일은 어떤 면에서 보면 참으로 안타까운 일이다. 하지만 이 그림책은 이런 현실을 동정 어린 눈으로 그리지 않았다. 동물 또한 생명의 큰 테두리 안에서 제 목숨을 이어 가야 한다는 점을 작가가 알고 있기 때문이다. 사람 못지않은 실감을 주는 들쥐의 손, 땅을 파헤치다 새싹을 뿌리째 뒤집어 쓴 두더지, 호기심 가득한 눈을 한 고양이. 저마다 한 화면 속에서 개성 있는 이들은 이 그림책을 문학 작품에 버금가는 작품으로 만들어 감동을 불러일으키는 조연들이다.

　이 책의 매력은 씨앗 하나가 해바라기로 자라는 과정 속에 생명의 탄생과 성장이라는 대자연의 신비를 지식이 아니라 가슴으로 느끼게 만드는 데 있다. 그만큼 문장과 화면이 시처럼 간결하면서도 서정이 넘친다. 이 그림책을 보고 나면 길에 핀 들풀 하나도 예사롭게 보이지 않는다. 꽃이 핀 풀이나 나무 한 그루가 그저 낭만으로 다가오지 않는다. 문득 잊어버릴 때도 많겠지만 잠깐 동안은 그렇다. 아이들도 나와 비슷한 마음이었나 보다. 아이들이 쓴 감상문을 읽다 보니 이런 글이 나온다.

　이제부터는 잘 보고 다녀야겠어요.

같은 주제로 더 읽어 준 그림책
《늦어도 괜찮아, 막내 황조롱이야》 이태수 글 그림, 우리교육
《달라질 거야》 앤서니 브라운 글 그림, 허은미 옮김, 아이세움
《아가야, 안녕?》 제니 오버렌드 글, 줄리 비바스 그림, 김장성 옮김, 사계절

우리 둘레에 있는 풀을 찾아서
《풀 도감》

아침 책 읽는 시간, 교실이 조용해지자 슬쩍 빠져나와 새로 만든 학교 숲으로 갔다. 바랭이를 열 개쯤 꺾었다. 괭이밥도 조금 뜯어 손에 쥐고 교실에 들어서니 궁금증을 참지 못한 아이들이 성급하게 묻는다.

"선생님, 그거 뭐예요?"

"이건 바랭이라고 하는데 여기 《풀 도감》(김창석 글, 박신영 외 그림, 보리)에 잘 나와 있어."

부러 《풀 도감》을 들어 보이며 바랭이가 나와 있는 쪽을 열어 보였다. 《풀 도감》은 둘레에서 흔하게 볼 수 있는 풀을 아이들 눈높이에 맞는 설명과 그림으로 잘 소개하고 있다. 어린이용 도감이라고 하지만 실은 내 수준에도 딱 맞는다. 어릴 때부터 줄곧 보아 왔지만 이름을 몰랐던 풀들이 흥미로운 정보와 함께 소개되어 있어서 보는 순간 마음에 들었다.

이 도감은 가짓수는 적지만 도시에서도 흔하게 볼 수 있는 풀들을 소개하고 있는 게 장점이다. 괭이밥, 꽃마리, 메꽃, 박주가리, 닭의장풀, 바랭이, 애기똥풀, 주름잎 같은 풀들은 도시 골목이나 학교 안에서 어렵지 않게 볼 수 있다. 시골에 자주 갈 형편이 되지 않는 사람들도 이 도감 하나 있으면 아이하고 좋은 경험을 할 수 있을 것 같다. 아이들이 풀을 관찰하면서 들여다보기에 알맞다.

초등학교 교과서에서 식물 관련 내용을 꼼꼼히 살펴보고 나서 풀이해 놓았고, 풀, 뿌리, 줄기, 잎, 꽃, 열매로 나뉘는 식물의 생김새와 쓰임새를 자세히 풀어 놓은 점도 돋보인다. 식물을 소개하기 전에 나오는 이 부분을 보면서 어설프게 알고 있던 식물에 대한 지식을 잘 정리할 수 있었다. 그만큼 식물이 싹을 틔우고, 꽃을 피우고, 씨앗을 맺기까지 어떤 꼴로 살아가는지를 쉬운 우리말과 그림으로 잘 풀이해 놓았다.

바랭이를 모둠마다 한 개씩 나누어 주었다.

"오늘부터 하루에 한 가지씩 학교 안에 있는 풀을 찾아서 관찰 공부 할 거야."

"와, 재미있겠다!"

냄새 맡고, 만져 보고, 그려 보고, 글 쓰는 것을 좋아하는 2학년 우리 반 아이들은 신이 났다. 관찰을 하기 전, 바랭이를 가지고 놀던 어린 시절 이야기를 들려주었다.

《풀 도감》김창석 글, 박신영 외 그림, 보리

"내가 어렸을 때는 이 풀로 우산놀이 하면서 놀았어."

이야기를 하면서 바랭이 가닥가닥을 심장 모양으로 구부려 줄기 쪽에 붙였다. 그리고는 우산 모양으로 만든 바랭이를 높이 쳐들며 몸을 오그려서는 우산 쓰는 흉내를 냈다. 바랭이를 우산처럼 쭉 폈다, 잡아당겼다 하면서 종종걸음으로 걷기도 했다. 아이들 입이 순식간에 "와!"하고 벌어졌다. 바랭이는 소하고 토끼가 좋아하는 풀이라고 하니 남자아이 하나가 사람이 먹어도 되냐고 묻는다. 사람은 먹으려고 꺾지는 않았다고 하면서 괭이밥을 잠깐 소개했다.

"먹으면 시큼한 맛이 나는데 어렸을 때 많이 먹었어. 한 개가 아니라 열 개, 스무 개를 포개서 먹으면 얼마나 시고 맛있나 몰라!"

어느새 아이들은 교실 가운데 줄줄이 나와 앉았다. 조용히 귀 기울

자연과 생명을 소중하게 여기는 아이들 • 219

여 들으면 괭이밥 한 잎 따 준다고 하니 다들 얌전해진다.

"저 먹어 볼래요!"

아기처럼 볼이 발그래한 한 태수가 손을 들었다. 요즘 장난을 덜 치니 먼저 맛볼 자격이 있다. 한 잎 따 주었다. 맛을 본 태수는 씩 웃으면서 시고 맛있다고 했다. 풀을 맛나게 먹는 태수를 본 아이들은 서로 달라며 야단이다. 다음 시간에 관찰도 하고 먹을 수도 있게 괭이밥을 많이 뜯어 오겠다고 하여 겨우 보채는 아이들을 달랬다.

이어 바랭이를 관찰했다. 줄기 윗부분에 우산살처럼 퍼져 있는 곳을 잘 살펴보라며 돋보기를 나누어 주었다.

"벼 같다!"

냄새도 맡고 이리저리 꼼꼼히 살피던 민석이가 말했다. 윤희는 짝이 바랭이는 관찰 안 하고 자기 머리카락만 관찰한다고 이른다. 아이들은 한바탕 좋은 놀잇감을 만난 즐거움에 빠져 있다.

"딴짓 그만 하고 이제 그림 그려야지!"

실컷 놀다가 이제야 그리기 시작하는 아이들도 있다. 한참 아이들이 그림을 그리고 저희들끼리 무슨 이야기를 주고받고 하는데 원석이가 쓱 다가와 속삭이듯 말한다.

"저, 관찰 끝나고 바랭이 주면 안 돼요?"

"뭘 하려고?"

"저기요, 집에 가는 길에 유치원 있는데요, 거기에 토끼 있거든요."

원석이 마음이 예뻐 그러겠다고 했다.

돋보기로 바랭이 풀을 보니 꽈배기 생각이 나면서 먹고 싶어졌다. (김민석)

바랭이는 예쁘다. 거칠거칠한 윗부분은 쌀 같다. 나도 처음에 쌀인 줄 알았다. 줄기는 가늘다. 조그만 꽈배기 같다. 맨 아랫부분은 갈색이다. 이게 많으면 논밭에 있는 거 같다. (유영민)

바랭이를 만지면 까칠하다. 돋보기로 보니 꽃가루도 있는데 예쁘다. 꽃가루는 갈색이다. (곽중현)

선생님이 바랭이 풀로 우산을 만들어 놓았다고 했다. 나도 우산 만들어 놀아야겠다. 바랭이로 우산을 만들면 줄기가 얇아서 바람이 많이 들어갈 거 같다. (장지우)

바랭이를 조금 자르면 머리띠가 될 것 같다. (김아영)

아이들이 그린 그림도 좋지만 글도 재미있다. 문득 이렇게 풀을 한 가지씩 관찰해서 나중에 '풀 도감'을 만들면 좋겠다는 생각이 들었다. 갑자기 흥이 나서 점심을 먹고 풀 관찰하러 갈 사람은 나를 기다리라고 했다. 점심을 먹고 급식실 밖으로 나오니 그늘에서 아이들 예닐곱이 기다리고 있었다. 무더운 날씨지만 무언가를 찾는 즐거움에 견딜 만했다.

"선생님, 괭이밥 찾아봐요. 먹고 싶어요."

다행히 괭이밥은 흔했다. 급식실 앞 풀밭에 무더기로 피어 있는데 붉은 괭이밥도 있었다. 괭이밥 먹느라 정신없는 아이들을 뒤로 하고 성큼 걸어서 돌피를 찾았다. 그령 비슷한 것도 찾았다. 도감을 펼쳐

〈맥문동 씨앗〉

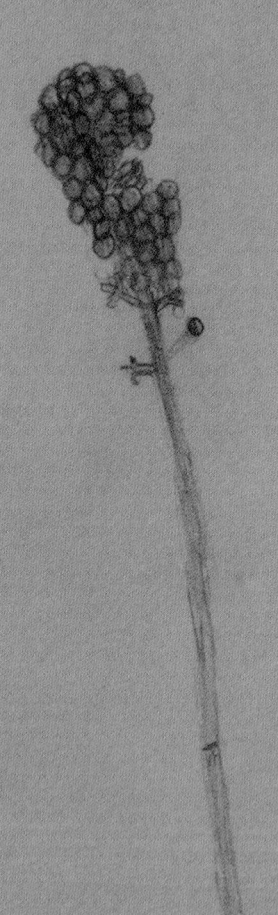

느낌; 밥을 먹고나서 맥문동 씨앗을 그렸다. 맥문동 씨앗을 선생님은 범부채를 땄지만 나연이는 범부채로 착각해서 맥문동씨앗 따버려서 그 이야기를 나연이가 들려주었다. 나는 색깔을 5가지 넣었다.(흰색, 연두색, 보라색, 연보라색, 검정색을 조금 묶었

놓고 맞나 안 맞나 갸웃거리고 있는데, 그새 달려온 아이들이 맞다고 주장했다. 아이들 말을 따르기로 했다.

걷다가 꽃밭에서 까마중을 한 포기 발견했다.

"와아, 까마중이 다 있네. 하얀 꽃이 피었구나. 에고, 아직 익은 게 한 개도 없어. 여기 열매 보이지?"

너무 반가워 가까이 가서 쪼그려 앉았다. 옛집 뒤뜰, 변소 가는 길에 까마중이 참 많았다. 더운 여름, 뒤뜰에 가면 똥 냄새, 풀 냄새가 습기에 섞여 코로 들어왔는데 그런 건 아랑곳하지 않았다. 오로지 익은 까마중 찾는 데만 내 마음이 쏠려 있었기 때문이다. 까맣게 터질 듯 익은 까마중은 맛있었다. 익은 게 없어서 입이 궁할 때는 덜 익은 것도 입에 대곤 했는데, 그때는 혀가 아리아리해서 죽을 맛이었다.

이파리에 가린 푸른빛 열매를 들어 보여 주었다. 아이들은 까맣게 익으면 정말 먹어도 되냐고 한다. 방학 전까지 익으면 꼭 따서 맛을 보여 주어야겠다고 생각했다.

며칠 뒤, 이번에는 괭이밥을 넉넉하게 뜯어 왔다. 한 모둠씩 나오라고 해서 길게 넝쿨 뻗은 괭이밥을 먼저 보여 주고 나서 괭이밥은 이렇게 줄기가 땅을 기면서 번식한다고 설명해 주었다. 그러고는 긴 줄기에서 잎을 조금씩 떼어 주었다.

"저는요, 1학년 때 이 풀 많이 봤는데 클로버인 줄 알았어요."

"저두요!"

괭이밥을 클로버로 생각하고 있는 아이들이 많았다. 괭이밥은 농사짓는 사람을 귀찮게 하는 바랭이와 달리 꽤 쓸모가 있다. 도감을 보니 고양이가 체했을 때 먹는 풀이라는 설명도 있고, 봉숭아 물 들일 때 백반 대신 쓴다는 설명도 있다. 밤에 잎을 오므렸다가 낮에 편다는 이야기, 벌레에 물렸을 때 즙을 내서 바르면 가려움증이 덜하다는 이야기도 쓰여 있다. 아이들은 괭이밥이 고양이가 먹는 풀, 벌레 물린 데 바르는 풀이라고 하니 더 재미를 느끼는 듯했다. 생긴 모양도 하트 같아서 예쁜데, 먹을 수도 있고 쓸모도 많으니 당연 흥미를 느낄 수밖에. 하트 모양 그리는 것이 쉽지 않은지 모양을 못 내는 아이들이 많아 도와주었다. 다들 예쁜 괭이밥을 정성껏 그리고 관찰 글도 열심히 썼다.

괭이밥은 고양이가 체했을 때 먹는다고 하는데 먹어 보니 맛있다. 나두 고양이가 되고 싶다. (김경배)
괭이밥이 너무 시어서 자두 먹는 거 같았다. (김아영)
괭이밥을 그리고 보니 서로 '사랑해' 하는 거 같다. (곽종현)

점심시간에 도감을 들고 양궁장 뒤 풀밭으로 갔다.
"여긴 처음 온다!"
학교 구석진 곳이라 좀처럼 아이들이 오지 않는 곳이다. 우리끼리 있으니 호젓한 기분이 들었다. 휘 둘러보니 아직 꽃이 피지 않은 달개비와 명아주가 눈에 들어왔다. 명아주 잎을 뒤집어 보았다. 은가루가 묻어 있다. 명아주는 데쳐서 무치면 맛있는 나물이라고 아이들에게 알려 주었다. 달개비는 아쉽게도 아직 꽃이 피지 않아서 도감에 있는 꽃을 보여 주었다. 도감에 이슬풀이라고도 한다고 쓰여 있다. 이름이 곱다. 이슬 머금은 달개비 꽃, 생각만 해도 마음이 맑아지는 것 같다. 꽃이 언제 필까 기다려진다. 아이들하고 자주 와 봐야겠다. 방학 전에 피면 좋겠다는 생각이 들었다.

두 가지 본 걸로 관찰을 마치고 교실로 들어갔다. 관찰 공부한 아이들은 세수하고 오라고 했다. 아이들은 물이 뚝뚝 떨어지는 얼굴로 들어와 대단한 것을 한 양 동무들한테 자랑한다.

"우리는 명아주하고 달개비 봤어. 그렇죠, 선생님!"

집에 갈 때는 가는 길 어디쯤에 바랭이가 있고 괭이밥이 있는지 살펴보라고 했다. 겨우 두 번 했는데도 아이들이 제법 풀에 관심을 기울인다.

학교 담벼락에 붙어 있는 환삼덩굴, 풀밭에 있는 쇠비름과 돌피, 그령, 그리고 방동사니⋯⋯. 앞으로 관찰할 풀들이 많다.

머지않아 아이들은 자기만의 멋진 도감을 갖게 될 것 같다.

같은 주제로 더 읽어 준 그림책

《나무 해설 도감》 윤주복 글, 진선출판사
《사계절 생태놀이》 붉나무 글 그림, 천둥거인
《사계절 생태 도감》 모리구치 미쓰루 글 그림, 김해창, 박중록 옮김, 사계절

나무 한 그루 심고 싶다
《나무는 좋다》

　그림책《나무는 좋다》(재니스 메이 우드리 글, 마르크 시몽 그림, 강무홍 옮김, 시공주니어)를 보면 긴 모양새 때문에 나무가 떠오른다. 표지 그림 속 기다란 나무와 어린 나무에 물을 주는 몸이 가는 여자아이도 잘 어울린다. 표지를 보면 심심해 보일지도 모른다. 그림에서 리듬감이나 발랄함이 별달리 느껴지지 않아서다. 하지만 그림책을 한 장씩 넘기다 보면 제목이 너무 교과서 같지 않나, 하던 불만이 눈 녹듯 사라져 버린다. 그리고 마지막에 이르면 나무에 대해 "나무는 좋다."는 말보다 표현할 다른 무엇이 없다는 생각이 든다.
　그림책을 펼치면 우리가 살아가면서 익히 보았을 장면들이 잇달아 나온다. 바닷가 늙은 소나무가 떠오르는 나무, 하늘을 가릴 만큼 빼곡한 나무숲, 강가에 뿌리를 뻗은 나무, 나무에 올라탄 아이들, 열매를 따는 아이들, 개를 피해 나무 위로 올라간 고양이, 나무에 매단 그 네를 타는 아이들, 나무 그늘에서 쉬는 젖소, 나무 아래서 쉬는 식구들, 나무가 있는 집. 어른들이라면 살면서 겪었거나, 영화나 그림을 보면서라도 만나 볼 수 있었던 그저 평범한 모습들이다. 그런데 이상하게도 그 평범한 모습을 보면서 내 기억 속 풍경들이 손에 닿을 듯한 감각으로 싱싱하게 되살아난다. 봄이면 눈처럼 하얀 꽃을 피우던 집 앞 배 밭, 비 오는 날 주인 몰래 떨어진 자두를 주우려고 비에 젖어 치마가 들러붙는 것도 아랑곳하지 않고 달리던 자두 밭, 심심할 때마다 나뭇가지에 올라타거나 매달리며 놀았던 뒷산 상수리나무가 환하게 떠오른다.

산 밑 외딴집에 살던 어린 시절, 심심할 때마다 나무들은 동무 몫을 톡톡히 했다. 나는 심심하면 무조건 뒷산으로 올라갔다. 뒷산 중턱에 오르면 마을이 내려다보인다. 동네 넓은 빈 터에 나와서 노는 동무들이 보이면 이내 뛰어가겠지만, 아무도 보이지 않을 때는 내 나무에 올라가 마냥 동네를 바라보았다. 오빠들하고 산에 가면 더 신나는 일이 생겼다. 오빠들은 나무 위에 '본부'를 지었다. 나뭇가지를 모아 칡으로 묶고 나무 허리쯤에 안전하게 펼쳐서 걸터앉을 수 있는 본부를 만들었다. 나는 본부까지는 높아서 올라가지 않았지만, 오빠들이 본부를 만들고 오르내리는 것만 보아도 신나고 즐거웠다. 나도 제법 작은 나무는 잘 올라탔다.

나무에 대한 즐거운 기억 때문에 이 그림책을 보면서 감흥이 많이 일었다. 하지만 나무에 올라타거나 매달려 놀아 본 일이 없는 아이들, 정글짐과 구름사다리를 놀이터로 삼아 온 아이들은 이 책에서 어떤 감흥이 일어날 수 있을지 모르겠다. 걱정 반 기대 반으로 4학년 아이들에게 그림책을 보여 주었다.

그림책 표지를 보여 주고 '나무가 참 좋구나.' 하고 느껴 본 적이 있으면 말해 보자고 했다.

"선생님, 저는요, 놀다가 너무 더워서 나무 그늘에 들어갔는데 그때 정말 시원했고 나무가 좋다는 생각을 했어요."

아이들은 연지처럼 나름대로 경험을 이야기했다. 하지만 연지가 말한 내용보다 더 알찬 이야기는 없었다. 할 수 없이 나무에 대해서 알고 있는 대로 이야기를 더 해 보라고 했다. 책에서 볼 수 있는 내용들이 어렵지 않게 나왔다. 나무에 대해서 다 알고 있는 것 같은데 그래도 보여 줄까, 하고 물어보니 아이들은 다투어 보여 달라고 야단이었다. 물론 그림책 보는 시간이 다른 공부 하는 시간보다 좋다는 것을 내가 모를 리 없다. 실물 화상기에 그림책을 올려놓았다.

아이들이 낚시하는 장면에서 남자아이들 몇 명이 재미있겠다며 눈을 반짝인다. 그러다 열 명 남짓 되는 아이들이 나무에 올라가서 노는 장면에 이르렀다. 나무에 올라가려고 기를 쓰는 아이, 이미 나무에 올라가 둥치에 등을 기대고 쉬는 아이, 해적놀이를 하는 아이들이 나오는 이 장면을 아이들은 오래 보려고 했다.

"나도 어릴 때 이렇게 나무에 올라가 놀았어. 뒷산에 내 나무가 있었거든."

"와, 정말이요?"

"음, 오빠들하고 같이 나무에 올라가 놀기도 하고, 심심할 때는 혼자 가서 놀기도 했어. 처음에는 이 그림에 나오는 남자아이처럼 올라가느라고 쩔쩔 맸는데 나중에는 문제없었지."
"지금도 그 나무 있어요?"
"그럼, 그런데 어른이 돼서 보니까 그 나무가 참 작아 보여."

아이들은 몹시 나를 부러워했다. 하지만 지금은 그림책을 보며 마음을 달래는 수밖에 없다. 아이들은 내 생각과 달리 단순한 장면에서도 꽤 흥미로워했다. 마지막 부분에 이르면 나무가 얼마나 좋은지 두루 보여 주는 그림 끝에 아이가 나무를 심는 장면이 나온다. 여기에

《나무는 좋다》 재니스 메이 우드리 글, 마르크 시몽 그림, 강무홍 옮김, 시공주니어

자연과 생명을 소중하게 여기는 아이들

서 아이들 분위기가 달라진다. 무엇인가 강한 호기심이 아이들 눈빛에서 느껴진다. 지금까지 구경하던 마음에서 벗어나 자기도 무엇인가 하고 싶다는 마음이 꿈틀거리는 것인지도 모르겠다. 그림책 속 아이는 능숙한 솜씨로 나무를 심고 연장을 정리한다. 아이들은 나도 저렇게 해 보고 싶다는 마음이 일었을 것이다. 이런 마음을 어떻게 알아챘는지 마지막 장면에 이르면 어린 묘목을 심는 아이가 화면 중앙에 조그맣게 나오고, 이렇게 쓰여 있다.

다른 아이들도 나무가 심고 싶어져서 집으로 가서 저희들도 나무를 심는다.

이 그림책을 보면서 나는 마지막 이 대목에서 작가에게 감탄하고 말았다. 나도 나무를 심고 싶은 생각이 들었기 때문이다. 작가는 나무가 좋다는 이야기를 평범한 화면으로 끌고 가다가, 나무를 심고 싶은 마음을 주인공 아이의 마음과 행동을 거쳐 그림책을 읽는 아이들 마음으로 스며들게 만들었다. 아이들은 정말 마음속으로 빨간 셔츠를 입은 그림책 속 아이처럼 연푸른빛 고운 잎을 달고 있는 나무를 심고 싶다고 생각한다.

그림책을 다 보고 나서 우리는 할 이야기가 많았다.

"선생님, 저는요, 나무에 관심이 없었어요. 그런데 이 그림책 보고 나니까 나무 심고 싶어요."

"저는 이 그림책에서 마지막에 아이가 나무를 차례에 맞춰 심는 게 가장 좋아요."

"저는 나무에 아이들이 많이 올라간 장면, 그 장면이 마음에 들어요."

"아, 다들 뭔가 많이 느꼈네. 그런데 이야기를 들어 보니까 나무 심고 싶다는 아이들이 많은데 4월에 식목일도 있고 하니까 뭔가 심어 보자. 내가 어렸을 때 동네에 대머리 산이 있었어."

"하하, 대머리 산이래!"

"나는 산이 대머리 산도 있고 나무 있는 산도 있고 그런 건 줄 알았어. 그때는 식목일이면 동네 어른, 아이들이 모두 산에 나무 심으러 갔어. 그렇게 심어도 한동안은 멀리서 보면 심은 표도 안 났어. 그런데 지금은 어떨 거 같애?"

"산에 나무가 꽉 찼어요."

"그래, 이제는 대머리가 아니야. 여름이면 온통 푸른 나무로 산이 뒤덮이거든. 만약 그때 나무를 심지 않았으면 어떻게 됐을까?"

"산이 없어졌을지도 몰라요. 비 오고 그러면 막 흙이 쓸려 내려가잖아요."

"그래. 나무를 심는 게 굉장한 일이라는 걸 나중에 안 거야."

충우는 신이 나서 텔레비전 프로그램 '세상에 이런 일이'에서 본 이야기까지 했다. 절 뒷산에서 굴러 떨어지던 바위가 소나무 줄기에 부딪혀 속도가 줄어들어 큰 사고 없이 스님 방으로 들어간 이야기다. 나도 보았기 때문에 맞장구를 쳤다.

그림책은 내내 펼친 면으로 구성되어 있다. 화면 구성에는 굳이 변

화를 주지 않은 것 같다. 하지만 단색과 색을 칠한 화면이 번갈아 나오면서 묘한 그리움을 자아낸다. 또한 화면을 가만히 보고 있으면 등장하는 인물들이 저마다 이야기를 품고 있는 듯 보인다. 예를 들어 과일을 따는 아이들이 많은 가운데 감수성이 풍부해 보이는 여자아이 하나가 따로 떨어져서 뒷모습을 보인 채 무엇인가 생각하는 모습이 그렇다. 특별한 주인공은 없지만 그림책을 읽다 보면 나도 그 아이들 속에 섞여 있는 것 같다. 이야기도 그런 느낌을 자아내기에 알맞게 쓰여 있다. 펼친 화면에 두세 줄 밖에 안 되는 짧은 문장은 읽다 보면 어느덧 내 생각을 말하는 것 같다. 그래서 아이들은 "맞아, 맞아." 하며 그림책을 보았던 것이다.

그림책을 보고 나니 아이들하고 식목일을 앞두고 무엇인가 하고 싶어졌다. 나무 관찰 일기는 늘 해 왔지만 이번에는 학교 안 식물 지도를 한번 만들어 보고 싶다. 조금씩 돈을 모아 우리 반 나무를 사서 학교 꽃밭에 심을 수도 있겠다. 페트병이나 우유갑을 잘라 예쁘게 꾸며서 식물을 심고 관찰 일기를 써 보는 것도 괜찮을 것 같다.

같은 주제로 더 읽어 준 그림책

《선인장 호텔》 브렌다 기버슨 글, 미간 로이드 그림, 이명희 옮김, 마루벌
《너선 꿈일 뿐이야》 크리스 반 알스버그 글 그림, 손영미 옮김, 베틀북
《체리와 체리 씨》 베라 B. 윌리엄스 글 그림, 최순희 옮김, 느림보

무시무시한 동물원

《동물원》,《열 개의 눈동자》,
《곰 아저씨와 춤추는 곰》,《무시무시한 동물》

…… 수십 명으로 구성된 사냥꾼들은 먼저 무리나 가족의 보호자인 어미 사자, 어미 호랑이를 총으로 갈겨 죽였다. …… 독일과 영국 등 제국주의 열강들의 아프리카 아시아 침략 과정에는 동물의 약탈도 있었다. …… 1887년 당시 최대 동물상이었던 하겐베크 회사에는 지난 "20년 동안 1887년 사자 1000마리, 호랑이 300~400마리, 표범 600~700마리, 곰 1000마리, 하이에나 800마리를 팔았다."는 기록이 있다. …… 당시 최대의 동물상 하겐베크는 한국에도 코끼리를 팔았다. …… 이 코끼리는 코식이와 같은 아시아코끼리였으며, 1912년 인도에서 포획돼 창경원에 하마와 함께 전시됐다. ……

(한겨레, 2007년 10월 18일)

신문에서 동물원의 역사를 다룬 기사를 읽으면서 어릴 때 가 본 창경원이 생각났다. 우리에 매달린 사람이 너무 많아서 아버지 등에 올라타서야 겨우 볼 수 있었던 코끼리. 그 코끼리는 인도에서 죽은 어미를 뒤로 하고 먼 바다를 건너왔다. 사정을 알 리 없던 구경꾼들은 바다를 건너온 코끼리에게 반해 과자나 먹을거리를 던져 주고는 코끼리가 그것들을 긴 코로 집어 들 때마다 소리를 지르거나 손뼉을 치며 좋아했다. 나도 그 속에 섞여 마냥 들떠 있었다.

앤서니 브라운은 슬픈 동물의 역사를 잘 알고 있다. 그림책《동물원》(앤서니 브라운 글 그림, 장미란 옮김, 논장)을 보면 동물들이 종일 사람들한테 제 몸뚱이를 내보이는 것이 얼마나 힘든 일인지 새삼 생각해 보게 된다. 동물원에 왔지만 동물은커녕 식구끼리도 배려하지 못하는 심란한 해리네 식구들과 겹쳐서 우리 속에 있는 동물들 모습이 무겁고 생기 없어 보인다. 4학년 우리 반 아이들은 아버지의 억지스런 농담과 두 형제의 철딱서니 없는 행동을 보며 킥킥거렸다. 동물원 매표소에서 막내 나이를 속이다 들켜 싸우거나, 자식들이 무언가 요구하면 까닭 없이 묵살하는 아버지를 보며 "우리 아버지도 저럴 때 있는데!" 하며 맞장구를 치기도 했다. 해리네 식구가 사는 모습은 보통 사람들과 별로 다르지 않다. 오랜만에 즐거운 시간을 보내려고 놀러 갔다가 길이 막혀 열받고, 사람 구경하는 데 지쳐 버리는 것은 도시 생활을 하는 사람들 대부분이 겪는 일이다.

그림책을 보여 주면서 이런저런 생각으로 심각한데 아이들은 자꾸 웃기만 한다. 어디쯤에서 불쌍한 우리 속 동물들을 생각하게 될까? 등을 돌린 채 벽에 붙어 앉은 오랑우탄이 나오는 장면이 될 거라는 짐

《동물원》 앤서니 브라운 글 그림, 장미란 옮김, 논장

작을 했다. 하지만 짓궂은 남자아이들은 이 장면에서조차 "우와, 뭐 저래!" 하며 웃어 버렸다. "불쌍해!" 하는 몇몇 여자아이들 말은 금세 웃음소리에 묻혀 버렸다. 고릴라의 심각한 얼굴이 그림책 화면에 가득한 장면에 이르러서야 아이들은 진지해진다. 이 장면을 오래 보여 주었다.

장면이 넘어가 별 재미도 없는 동물원 나들이를 마치고 돌아온 아이의 꿈속 풍경이 나왔다. 아이 앞으로 문창살처럼 보이는 그림자가 길게 드리워져 있다. 이삭이가 사람이 꼭 우리에 갇혀 있는 것 같다고 말했다.

"작가가 왜 이런 장면을 그렸을까?"

아이들은 생각하는 듯 잠깐 조용하다. 그 분위기를 깨고 정민이가 말을 꺼냈다.

"음, 지금 생각한 건데요. 동물이 야생에서 자유롭게 살아야 되는데 이렇게 갇혀 있잖아요. 그건 옳은 게 아니잖아요. 그래서 동물을 가두어 놓은 사람도 결국은 갇혀 있는 거나 마찬가지란 생각을 했어요."

정민이 말이 끝나자 여기저기에서 아이들이 손뼉을 쳤다. 아이들 이야기를 듣고 나서 신문에서 본 기사 이야기를 했다. 지금은 이렇게 하지는 않는다고 덧붙였지만, 어린 동물들이 비참한 일을 겪고 동물원에 왔다는 사실을 알게 된 아이들은 충격을 받은 것 같았다. 권일이는 독후감 공책에 이렇게 썼다.

> 내가 볼 때 사람들은 저마다 애완동물을 사랑한다고 하지만 그렇지 않다. 애완동물을 사랑하는 것이 아니라 꾸미는 것이다. 다른 사람에게 칭찬받으려고 하는 것이다. 진정 사랑한다면 꾸미지 말고 애완동물의 개성에 맞게 키워야 한다.

다음 날, 《동물원》하고는 전혀 다른 세계에서 살고 있는 동물들 이야기를 담은 그림책을 보여 주었다. 《열 개의 눈동자》(에릭 로만 글 그림, 이지유 옮김, 미래아이)이다. 신비로운 분위기를 내뿜는 호랑이 세 마리가 그림책을 보고 있는 나를 보는 듯한 표지가 무척 끌린다.

외딴섬에서 호랑이와 바다에서 솟구쳐 오른 물고기들이 어울려 한

바탕 잔치를 벌인다. 남자아이 하나는 "비현실이야." 하면서도 좀처럼 책에서 눈을 떼지 못했다.
 "동물이 어울려 지내는 게 아름다워요."
 동물이라면 꼼짝 못할 정도로 좋아하는 예림이 말이다. 예림이는 집에서 기르는 개한테 더 잘해 줘야겠다고 말했다. 예림이 말을 듣고 동물에게 잘해 준다는 것이 무엇인지 아이들에게 물었다. 동물 이야기가 나오니 할 말이 많은지 죄다 손을 들었다. 하지만 아이들 생각은 사람 처지에서 잘해 준다는 데서 크게 벗어나지 못했다. 이 문제는 《곰 아저씨와 춤추는 곰》(프랜시스 토머스 글, 루스 브라운 그림, 이상희 옮김, 반딧불이)을 보고 나서 더 이야기해 봐야겠다고 생각했다.
 《곰 아저씨와 춤추는 곰》에 나오는 곰 아저씨는 오스카 와일드의 《저만 알던 거인》(오스카 와일드 글, 이미림 옮김, 분도출판사)에 나오는 거인과 닮았다. 곰 아저씨는 무슨 상처를 입었는지 세상과 화해하지 못하고 쓸쓸하게 살아간다. 그 사람이 어느 날 사슬에 묶인 채 채찍을 맞으며 춤추는 곰을 보면서 마음이 크게 움직인다. 아무하고도 말을 하지 않을 만큼 무뚝뚝한 사람이 장터에서 본 서커스단의 곰을 사기 위해 있는 대로 금화를 내놓는다. 그러고는 곰이 갇혀 있던 우리를 부수어 태우고 곰에게서 사슬을 벗긴다. 사슬에서 벗어난 곰이 자유롭게 물속에서 뛰어노는 장면은 인상 깊다. 아이들은 물방울이 책 밖으로 튀어나올 듯한 이 장면에서 곰의 마음이 되어 기뻐하는 듯했다. 곰 아저씨는 곰에게서 자신의 모습을 보았을지도 모른다. 사슬에 묶인 곰은 넓은 세상에 살면서도 갇혀 있는 것처럼 답답하게 사는 자신과

《곰 아저씨와 춤추는 곰》 프랜시스 토머스 글, 루스 브라운 그림, 이상희 옮김, 반딧불이

닮았기 때문이다. 마지막에 곰과 마주 앉아 있는 곰 아저씨 얼굴은 더없이 푸근하다. 자유로워진 곰을 보면서 웃는 곰 아저씨가 처음으로 행복해 보인다.

동물 이야기를 하면서 마지막으로 보여 준 그림책은 《무시무시한 동물》(로버트 사부다, 매튜 레인하트 글 그림, 김동희 옮김, 비룡소)이다. 수억 년 전 지구를 지배한, 지금은 사라진 동물들 이야기. 값비싼 그림책을 사 놓고 아이들한테 보여 줄 날을 기다렸다. 아이들은 입체 그림책을 보여 준다는 사실에 교실 바닥에 빼곡히 모여 앉아 눈을 반짝거렸다. 그림책에는 공룡이 멸종되고 나타난 야생 동물들 모습이 나온다. 날아다니는 익룡, 부시부시한 칼 이빨 호랑이, 마지막에 나오는 선사 시대 매머드 앞에서 아이들은 입을 다물지 못했다. 아름다운 빛

깔들, 펼친 화면 네 귀퉁이에 접어 놓은 작은 입체 그림책을 보니 마술 쇼를 보는 것처럼 즐거웠다. 아이들은 만지고 싶어 어쩔 줄 몰라 했다.

흥분해서 본 《무시무시한 동물》을 덮고, 동물 그림책 가운데 마지막으로 이 그림책을 보여 준 까닭을 말했다. 《무시무시한 동물》에서 본 동물들은 이제 지구에 살지 않는다. 사람들은 어떻게 될까? 알 수 없다. 남극과 북극의 얼음이 녹아내리고 있는 지금, 사람도 사라져 버리는 날이 다가오지 않으리라는 보장도 없다. 영원할 수 있는 건 없다는 생각을 하기에는 아이들이 아직 어린지도 모른다. 하지만 '사람이 동물과 함께 어떻게 살아가야 하는가?' 하는 물음은 사람 욕심이 빚어낸 지구의 위기 앞에서 답을 더 미룰 수 없는 절실한 문제다. 다 설명하지 않았다. 아이들이 충분히 느낄 거라고 생각했다.

아이들은 종이에 동물을 그리고 글을 썼다. 얼굴빛이 진지해 보인다.

같은 주제로 더 읽어 준 그림책
《난 곰인 채로 있고 싶은데》 요르크 슈타이너 글, 요르크 뮐러 그림, 고영아 옮김, 비룡소
《미친 개》 박기범 글, 김종숙 그림, 낮은산
《치로누푸 섬의 여우》 다카하시 히로유키 글 그림, 사람주나무 옮김, 정인출판사

마음을 불편하게 하는 그림책
《부러진 부리》

《부러진 부리》(너새니얼 래첸메이어 글, 로버트 잉펜 그림, 이상희 옮김, 문학과지성사)는 부리 앞쪽이 반쯤 부러진 참새 이야기다. 작가는 부리가 부러진 참새와 마음의 부리가 부러진 노숙자를 견주면서 우리와 조금은 다른 이들을 어떻게 받아들여야 할까, 하고 나직하게 묻고 있지만, 나는 자꾸만 참새에게 마음이 쓰였다. 텔레비전이나 신문을 보고 동물도 사람처럼 온갖 병으로 아파한다는 사실을 알고 있었지만, 깊이 생각해 보지 않았다. 그런데 부리가 부러져 아무것도 먹지 못하다 무리에서 떨어져 나온 참새 이야기는 가슴 아프게 다가왔다.

이 그림책을 아이들에게 보여 줄 때, 먼저 칠판에 제목을 쓰고 부리가 부러진 참새를 정성껏 그렸다. 그림책을 보기 전에 가끔 주인공을 칠판에 그리고는 하는데, 그런 날 아이들은 조용히 그림을 따라 그리거나 진지하게 그림을 보면서 책 읽어 줄 때를 기다린다. 제목과 주인공 그림을 보면서 어떤 이야기일지 자기 나름대로 상상해 보는 것 같다. 아이들을 잔뜩 기대하게 하고 나서 책을 읽어 주면 아이들은 훨씬 진지하게 책에 빨려 들어간다.

먹을 것을 찾다가 삐쩍 마른 참새가 빵 조각을 발견한다. 어렵게 찾은 빵 한 조각, 그런데 불쑥 사람 손이 나오더니 빵을 집어 간다.

"아, 뭐야."

내내 무리에 쫓겨 먹지 못하던 참새가 겨우 먹을거리를 찾았는데 다른 이가 집어 가자 아이들은 흠칫 놀란다. 도대체 누구일까? 궁금증과 함께 원망스런 눈빛을 하는 아이들. 나는 얼른 분위기를 바꾸었다.

"얘들아, 이 사람 손을 잘 봐."

메마르고 갈라진 손톱, 시커멓게 낀 때…….

"거지다!"

손만 보아도 이 사람이 살아온 길, 살고 있는 모습이 보인다. 아이들과 마찬가지로 참새도 놀라 위를 올려다본다. 자기와 닮은, 지저분하고 슬퍼 보이는 떠돌이 할아버지. 참새는 금방 마음속 부리가 부러진 사람이라는 것을 알아차린다. 덥수룩하게 수염이 자란 얼굴이 나타난다.

"무섭다!"

"유령 같아!"

할아버지 얼굴을 본 아이들의 첫 느낌이다. 보통 사람들이 이런 이

《부러진 부리》 너새니얼 래첸메이어 글, 로버트 잉펜 그림, 이상희 옮김, 문학과지성사

들을 보고 흔히 느끼는 감정일 것이다. 하지만 조금 찬찬하게 할아버지를 들여다보면 다른 것을 느낄 수 있다. 지저분하지만 따뜻한 눈매와 조금 벌린 입을 보면 온화한 느낌이 든다. 세상을 원망하는 마음 없이 담담하게 하루를 살아가는 듯한 인상이다. 할아버지는 빵을 반으로 나누더니 참새한테 먼저 먹인다.

"착하다!"

조용한 가운데 누군가 나직하게 말한다. 참새 동무를 얻은 떠돌이 할아버지는 몹시 기뻐한다. 이들은 어떻게 될까? 보통 이런 이야기는 서로 도우며 잘 살게 되었다고 끝을 맺게 마련이다. 그러나 이 그림책은 그렇지 않다. 밤이 이슥해지자 할아버지는 공원에 있는 작은 의자에 누워 잔다.

"어, 집에 안 가요?"

"떠돌이잖아."

아이들은 걱정스러운 듯 이야기를 주고받았다. 그러나 이게 현실이다. 떠돌이 할아버지와 참새의 힘으로는 팍팍한 현실을 바꿀 수 없다. 그래도 달라진 것이 있다. 할아버지도 참새도 이제는 덜 외롭고 조금은 따뜻해졌다. 할아버지의 덥수룩한 머리카락에 참새가 둥지를 틀고 잠드는 장면에서는 좀처럼 눈을 뗄 수 없다. 이 쓸쓸한 마지막 장면이 마음을 불편하게 한다. 우리에게 이런 현실을 어떻게 할 거냐고 묻는 것 같아서.

책을 다 읽어 주고 나니 아이들이 손뼉을 쳤다. 현정이는 아예 일어나서 손뼉을 쳤다. 몇 해 전 6학년 아이들한테 보여 줄 때도 그랬는데, 지금 2학년 우리 반 아이들은 더했다. 보통 마음에 드는 그림책을 보면 손뼉을 치면서 그림책을 다시 보겠다고 나서는 아이들이 서넛밖에 안 되는데 이번에는 한꺼번에 열 명쯤 손을 뻗었다. 다른 때보다도 그림책을 보겠다고 하는 아이들이 많다. 부리 부러진 참새와 떠돌이 할아버지의 걱정스런 앞날이 마음을 움직인 것 같다. 요즈음 이야기를 잘 듣는 현창이에게 먼저 그림책을 넘겨주었다.

아이들은 그림책을 보고 나서 넘어져 다친 기억을 들추어내느라 바빴다. 원석이는 공부방 형하고 싸우다 머리 꿰맨 일, 지은이는 입이 찢어져 몹시 아팠던 일, 경배는 자전거 타다 다친 일을 줄줄이 늘어놓았다. 그러면서 부리는 부러졌지만 그 참새가 잘 살면 좋겠다고 덧붙였다.

우리 반 아이들은 동물을 해치지 않으려고 애쓰는 편이다. 교실에 기어 다니는 벌레도 휴지로 슬쩍 잡아서 밖으로 내보낸다. 더러 복도

자연과 생명을 소중하게 여기는 아이들 ● 245

로 날아든 나방을 잡으려다 날개를 상하게 하거나, 개구리한테 돌을 던져 다치게 하는 개구진 남자아이들도 있지만 그런 일을 저지르고 나면 모진 비난을 감수해야 한다. 얼마 전에 오후 수업을 시작하려던 참이었다. 복도가 무척 시끄럽더니 여자아이 서넛이 울상이 되어서 왔다.

"선생님, 남자애들이 운동장 모래밭 있는 데서 햄스터한테 뭘 막 던져서 죽이려고 해요!"

한슬이의 손바닥 위에 아주 작은 햄스터가 자는 듯 눈을 감고 있었다. 너무나 작아서 깜짝 놀랐다. 털이 젖어 발그래한 살갗이 보이는 햄스터는 가늘게 숨을 쉬고 있었다. 화가 치밀었다. 이렇게 작고 여린 동물한테 어떻게 돌을 던질 수 있는지 모르겠다. 수업을 해야 하니까 화를 누르고 조그만 통을 찾아 햄스터를 눕혔다.

"선생님, 햄스터 살 수 있어요. 숨 쉬잖아요. 제가 키워 봐서 알아요!"

내가 불안해하자 한슬이는 걱정하지 말라는 듯 기운차게 말했다. 하지만 수업을 마치고 보니 햄스터는 죽어 있었다. 짧은 인연이지만 마음이 아팠다. 한슬이는 집 뒷마당에 묻어 주겠다며 햄스터를 달라고 했다. 휴지로 잘 싸서 한슬이에게 주었다.

그림책을 보여 주고 나서 쉬는 시간이었다. 원석이가 나를 끌고 이층 창 쪽으로 갔다. 원석이는 훌쩍 뛰어오르더니 창틀에 허리를 걸치고 몸을 수그려 아래를 가리켰다. 창밖 난간에 죽은 지 꽤 되었는지 바싹 말라 버린 자그마한 참새가 눈에 들어왔다. 그 순간 아차, 싶었다. 며칠 전 원석이가 창가에서 무언가 내려다보고 있기에 말할 틈도 주지 않고 위험하다고 야단을 쳤는데, 원석이가 왜 그랬는지 그제야 알게 되었다. 생각해 보니 원석이가 여러 차례 죽은 참새 이야기를 했던 것 같다. 원석이는 죽은 참새가 마음에 걸려 자꾸 가서 보고 내게 말했던 것인데 나는 늘 바쁘다고 아이 말을 듣는 둥 마는 둥 했다. 그래도 그림책을 읽고 나서 원석이 이야기를 귀담아 들어줄 수 있어서 다행이었다.

이 그림책은 우리를 불편하게 한다. 참새랑 할아버지가 세상을 살아갈 일이 힘겹고 갑갑해 보인다. 그래도 죽어 가는 햄스터를 살리기 위해 내게 달려온 한슬이와 죽은 참새를 안타깝게 바라보는 원석이 같은 아이들이 있어서 세상이 지금보다 나아질 거라는 믿음을 가져 본다.

같은 주제로 더 읽어 준 그림책
《떠돌이 개》 가브리엘 뱅상 그림, 열린책들
《숲과 바다가 만나는 곳》 지니 베이커 글 그림, 박희라 옮김, 킨더랜드
《외다리 타조 엘프》 오노키 가쿠 글 그림, 김규태 옮김, 넥서스주니어

6
가난해도 정겨운 생활을 꿈꾸는 아이들

욕심 때문에 놓친 사랑, 그리고 행복

《두루미 아내》

옛날이야기와 그림책에 관심이 많은 한 동무가 몇 년 전에《두루미 아내》(야가와 수미코 글, 아카바 수에키치 그림, 김난주 옮김, 비룡소)를 소개해 주었다. 이 그림책에 그림을 그린 이는 옛날이야기를 그림으로 표현하는 능력이 뛰어나다고 했다. 하지만 표지를 보면서는 얼른 작가의 뛰어난 기량을 느끼지 못했다. 일본 풍속화에서 본 듯한 여인이 베를 짜고 있는 모습이 평범해 보였기 때문이다. 그런데 표지를 열고 이야기의 첫 장을 여는 순간 화면에서 눈을 뗄 수가 없었다.

화면 속에는 쏟아지는 눈 속에서 화살을 맞고 버둥거리는 두루미 한 마리가 보였다. 두루미를 보며 나는 오래전 추운 겨울, 그러니까 눈보라 속을 걷고 있는 나를 떠올렸다. 아카바 수에키치는 눈보라를 헤치고 집에 가는 일이 더없이 아득하게만 느껴지던 내 어린 시절 겨울날을 단번에 되살려 낼 만큼 그림 한 장면에 많은 이야기와 느낌을 담고 있었다. 나는 그만 화가의 그림에 푹 빠져들었다.

전에는 그저 옛날이야기는 들려주면 되지 그림책으로 굳이 만들 까닭이 있나 하는 생각도 했다. 무엇보다 옛날이야기는 귀로 들으며 상상하는 재미가 값지다고 보았기 때문이다. 그런데 이 그림책은 옛날이야기 그림책에 대한 내 생각을 바꾸어 놓았다. 《두루미 아내》처럼 깊은 여운과 감동을 주면서도 인생의 비애를 느끼게 해서, 더 현실

감을 느끼게 하는 옛날이야기 그림책은 드물다는 생각이 든다.

《두루미 아내》는 언뜻, 우리 옛날이야기 '선녀와 나무꾼'을 생각나게 한다. 그러나 아름다운 날개옷을 입은 선녀가 두 아이를 안고 나무꾼을 떠날 때도 '아이구, 어쩌나!' 하며 안타까워했지만 막막하지는 않았다. 남녀의 사랑과 이별을 그린 '견우와 직녀' 이야기도 그렇게 애잔하지는 않았다. 도리어 해학이 넘치는 이우경의 그림책 《견우와 직녀》(어효선 글, 이우경 그림, 교학사)를 보면서 '이 이야기는 그림이랑 만나니 정말 재미있네!' 하는 생각이 들기도 했다.

《두루미 아내》는 안개 속에 가려진 듯 은은하게 펼쳐지면서도 끝에 가서는 깊은 울림을 준다. 이야기에 담긴 맛도 있겠지만 아무래도 아카바 수에키치라는 작가의 공이 더 크지 않나 싶다. 아카바 수에키치는 한지의 질감과 번짐을 이용한 수묵화 기법으로 그림을 그렸다. 부드럽게 스며들고 번지는 그림은 이야기와 어울려, 인간의 욕심이 얼마나 허망한가를 잘 드러내 준다. 또한 대자연의 일부인 사람이 어떤 태도로 살아가야 하는지 생각하게 한다.

주인공은 산골 총각 요헤이다. 요헤이는 눈보라 속에 쓰러진 두루미를 치료해 준다. 그 뒤에 찾아온 아가씨와 행복하게 겨울을 나지만 끼니를 이을 수 없었다. 아가씨는 기꺼이 사흘 낮밤을 먹지도 자지도 않고 베를 짜 요헤이가 돈을 벌게 해 준다.

요헤이는 쉽게 돈을 벌게 되자 일할 생각을 하지 않는다. 돈이 떨어지면 아가씨가 다시 베를 짜 주었으면 하고 바란다. 요헤이의 이런 태도가 이 이야기의 핵심으로 떠오른다. 요헤이가 베 한 필을 들고 흥에 겨워 걸어가는 모습을 원경으로 잡은 화면이 있다. 요헤이는, 붓으로 몇 번 그어 만든 부드럽고 거대한 능선 아래에서 조그맣게 움직인다. 대자연과 탐욕에 빠져드는 인간의 초라한 모습이 극단의 대비를 이루고 있는 이 장면을 보면, 우주 속에 티끌 같은 인간 존재를 생각하지 않을 수 없다. 그림책은 이렇게 여러 장면에서 인생의 쓸쓸한 단면을 흑백 영화처럼 잔잔하게 보여 준다.

　해마다 6학년 아이들한테 그림책을 보여 줄 때, 맨 처음《두루미 아내》를 보여 준다. 그림책은 어린아이들이 보는 것이란 생각을 단번에 날려 버릴 수 있다는 셈이 있어서다. 이 그림책을 보여 주면 아이들은 꽤 진지한 얼굴을 하고, 이따금 한숨을 쉬기도 하면서 본다. 아이들은 처음부터 요헤이를 찾아온 목이 긴 아가씨를 "두루미가 변한 거야!" 하며 단번에 알아맞힌다. 옛날이야기를 보아 온 감각으로 아가씨가 어떤 일로 떠날 거라는 짐작까지 하고, 다 안다는 얼굴을 하면서도 아이들은 저도 모르게 이야기에 빠져든다.

　많은 옛날이야기가 그렇듯 요헤이도 결국 절대로 가리개 안을 들여다보지 말라는 금기를 어긴다. 베 짜러 방에 들어간 아가씨가 닷새가 되어도 나오지 않자 걱정도 되고, 가리개 안에서 벌어지는 일이 궁금해 끝내 가리개에 손을 대고 만다. 그 순간 요헤이는 피에 젖은 두루미가 부리로 자기 깃털을 뽑아 베틀에 거는 것을 보고 절망하여 쓰러진다. 가리개 사이로 보이는 하얀 깃털에 붉은 점 몇 개를 찍어 놓았는데도 엎드려 탄식하는 듯한 요헤이와 두루미의 모습이 몹시 처절하게 다가온다.

《두루미 아내》 야가와 수미코 글, 아카바 수에키치 그림, 김난주 옮김, 비룡소

　금기를 어긴 요헤이가 마주한 현실은 참으로 냉정하다. 다음 장면으로 가면 깃털 몇 개가 흩날리고 베 한 필이 덩그마니 바닥에 놓여 있다. 요헤이는 후다닥 밖으로 뛰어나가 보지만 멀리 파란 하늘로 날아가는 두루미 한 마리만 보일 뿐이다. 자막도 음악도 없이 느리게 움직이고 있는 영화의 마지막 장면을 보는 것 같다. 아득한, 갈수록 새파래지는 높은 하늘로 날아가는 두루미는 아주 작다. 마치 영화가 끝나도 일어날 수 없는 느낌 그대로다.

　"영화 같다!"

　비극으로 끝이 나서 그런지 아이들은 몹시 아쉬워하면서도 할 말이 많은 듯했다. 아이들 대부분은 요헤이의 욕심을 탓하거나, 자신도 요헤이처럼 욕심을 부리면 안 되겠다는 생각을 했다고 털어놓았다. 하지만 사춘기에 들어선 아이들이라 제법 어른스러운 생각을 드러내기도 했다.

"저는 요헤이가 두루미 아내를 사랑하지 않은 것은 아니라고 생각해요. 공짜로 돈을 얻다 보니 자기도 모르게 욕심이 생긴 거예요. 누구나 그럴 수 있다고 생각해요. 어쩐지 요헤이가 불쌍해요."

다투어 의견을 말하던 아이들은 속 깊은 종성이 말에 잠깐 조용해졌다. 종성이는 요헤이라는 인물을 단순히 욕심부리다 불행해진 옛날이야기 속 사람으로 보지 않았다. "누구나 그럴 수 있다."고 한 종성이 말 속에 어른 세계로 한걸음 내딛는 사춘기 남자아이의 진지한 고민이 묻어난다. 여자아이 준영이가, 진심으로 사랑했다면 아내가 그토록 힘들어하는 일을 시킬 수 있냐고 당차게 반격했지만, 아이들에게 종성이 의견만큼 큰 울림을 주지는 못하는 듯했다. 그만큼 종성이 의견을 듣는 아이들 얼굴은 진지해 보였다.

《두루미 아내》는 돈과 유혹에 흔들려 소중한 것을 잃는 한 인간을 그린 쓸쓸한 옛날이야기다. 하지만 서정이 가득하면서도 애잔한 그림과 어울려 그저 안타까운 이야기에 머물지 않고 진지하게 삶을 돌아보게 하는 이야기로 거듭났다.

같은 주제로 더 읽어 준 그림책
《오소리네 집 꽃밭》 권정생 글, 정승각 그림, 길벗어린이
《오소리의 이별 선물》 수잔 발리 글 그림, 신형건 옮김, 보물창고
《자작나무 마을 이야기》 알로이스 카리지에 글 그림, 박민수 옮김, 비룡소

가난해서 더 멋진 크리스마스

《크리스마스 파티》, 《크리스마스 선물》

11월에 때 이른 크리스마스 이야기를 꺼내니 아이들이 "와!" 손뼉을 치며 소리를 지른다. 우리 어릴 때나 지금이나 크리스마스는 아이들 마음을 설레게 하는 날임에 틀림없다. 하얀 눈이 오기를 기다리고 양말을 머리맡에 두고 자면서 선물을 기다리는 날, 하지만 이제는 예전의 소박함을 찾기가 쉽지 않다. 큰 백화점 앞에 서 있는 나무들은 크리스마스트리용 전구를 휘감고 밤새 반짝인다. 시내 한복판에 있는 가로수도 전구를 친친 감고 서 있다. 지나가는 사람들은 온몸에 전깃줄을 감아 놓아 밤새 쉬지도 못하는 나무 생각을 할 겨를도 없이 "아, 예쁘다!" 감탄사를 터트리느라 바쁘다. 구세군 종소리가 울리기는 하지만 동전 떨어지는 소리는 해가 갈수록 줄어든다고 한다. 일년에 한 번이라도 고아원에 찾아가서 도와주는 사람들도 이제는 드

《크리스마스 파티》 가브리엘 뱅상 글 그림, 김미선 옮김, 시공주니어

물다. 온 세상 사람들이 즐기는 명절이 되어 버린 크리스마스. 하지만 성탄절의 참뜻은 희미해지거나 잊힌 것 같다.

《크리스마스 파티》(가브리엘 뱅상 글 그림, 김미선 옮김, 시공주니어)는 소박하면서도 행복한 크리스마스가 어떤 것인지 잘 보여 준다. 아이들한테 이 그림책을 보여 주는 날 아침, 전철 안에서 오랜만에 이 그림책을 다시 보았다. 늘 그렇듯 가브리엘 뱅상의 그림책을 보다 보면 내 어린 시절로 돌아가게 된다.

크리스마스가 다가오면 산 밑 외딴집에 사는 우리 식구들도 크리스마스 준비를 했다. 모두들 방바닥에 엎드려서 화장품 뚜껑을 금종이 은종이에 대고 동그라미를 그린다. 양말 모양도 그려서 오리고 작은 나무 모양도 오린다. 그리기 어려운 별은 어머니가 밑그림을 그려 주면 따라 오리고. 이렇게 만든 것을 오빠들이 산에서 구해 온 나뭇가지에 달고 솜을 동그랗게 뭉쳐 군데군데 얹어 놓는다. 이불 꿰매는 두꺼운 실에 꿰어 창가에 매달아 놓기도 한다. 그리고 마지막에는 가게에서 사 온 반짝이 전구를 창가에 늘어뜨린다. 빤짝거리는 전구가 얼마나 예뻤는지 모른다.

"와! 크리스마스 그림책이다!"

"선생님, 그거 보여 줄 거예요?"

4학년 아이들은 제목만 보고도 행복해했다. 실물 화상기로 크기를 조절하면서 《크리스마스 파티》를 보여 주었다. 아이들은 금방 곰 에르네스트와 생쥐 셀레스틴느에 빠져들었다.

"어휴, 지저분해! 집 안이 왜 이렇게 지저분해요?"

에르네스트와 셀레스틴느가 사는 집은 늘 어지럽다. 곰 아저씨는 돈을 잘 벌지 못하는 어른인 데다 집 정리마저 잘 못하는 것 같다. 게다가 늘 무언가 하고 싶어서 바쁘게 돌아다니는 셀레스틴느를 챙기며 살다 보니 그럴 수밖에.

어린 생쥐 셀레스틴느는 아저씨한테 약속한 대로 크리스마스 파티를 열자고 조른다. 에르네스트 아저씨는 보통 어른들이 그렇듯 그런 약속을 했는지 기억조차 못한다. 그런데 문제는 파티를 열 마음이 없는 게 아니라 파티를 열 돈이 없다는 거다. 그래서 셀레스틴느는 곰 아저씨를 조르고 조르면서 돈이 없어도 파티를 열 수 있는 갖가지 방법을 생각해 낸다. 아저씨 마음을 바꾸어 보려고 간절한 몸짓으로 활달하게 행동하며 애쓴다. 결국 에르네스트 아저씨는 아이가 하자는 대로 한다. 산에 가서 나무를 가져오고 장식에 쓸 갖가지 모양은 그림으로 대신한다.

"와, 그림도 잘 그린다!"

곰 아저씨는 그림뿐 아니라 바느질도 잘한다. 동무를 초대할 때 필요한 그릇이나 소품은 거리에 나가 재활용품 통을 뒤져서 구한다. 정성 들여 준비한 파티는 즐거웠다. 아이들은 곰 아저씨가 켜는 바이올린 연주에 맞추어 춤을 추고, 편하게 둘러앉아 아저씨가 읽어 주는 이야기도 듣는다. 곰 아저씨가 산타 흉내를 낸 것도 멋진 선물이 되었다. 처음에는 시큰둥하던 동무 하나가 파티가 끝나고 돌아가면서 내년에도 꼭 초대해 달라며 셀레스틴느 손을 잡는다. 셀레스틴느는 순간 마음이 확 풀린다. 아이들은 그 장면을 크게 보여 달라고 했다. 행복해하는 셀레스틴느 얼굴을 보고 싶었나 보다. 유난히 남자 동무에 관심이 많은 여자아이 몇몇은 말은 하지 않았지만 이 장면을 유심히 보았다.

"정말요, 이거 보니까요, 가난해도요, 멋진 크리스마스를 보낼 수 있다는 생각이 들어요."

"저는요, 곰 아저씨가 아이 말을 들어준 게 훌륭해요. 아이들 말이라고 안 들어줬으면 파티를 못할 뻔했잖아요."

바이올린을 켜는 아저씨가 멋있어 보였다는 이야기도, 셀레스틴느가 정말 영리하고 용기 있다는 칭찬도 나왔다. 나도 한마디 했다. 우리도 얼마든지 이런 파티를 할 수 있다고.

내 말이 끝나기 무섭게 우리 반도 크리스마스 준비를 이 그림책처럼 해 보자는 말이 아이들 사이에서 터져 나왔다. 나는 기다렸다는 듯 미리 준비한 물건을 보여 주었다. 빈 병을 신문지로 싸고 서랍에

모아 둔 리본으로 주둥이 쪽을 예쁘게 묶은 병이다. 여기에 편지와 작은 선물을 넣고 신문지로 포장한 뒤 리본으로 묶어서 크리스마스 날 식구나 동무들한테 선물하려고 만든 것이다. 아이들한테도 멋진 생각이 있으면 말해 보라고 했다. 지금부터 돈을 모아 어려운 이웃을 돕자는 이야기도 나오고, 돈을 들이지 않고 만든 선물을 신문지로 포장해서 뽑기로 나누어 갖자는 이야기도 나왔다. 산타를 정해서 그 산타 동무가 교실 가운데 서서 산타 노릇을 하는 것도 좋겠다는 말도 나

왔다.

한껏 부풀어 있는 아이들에게 《크리스마스 선물》(존 버닝햄 글 그림, 이주령 옮김, 시공주니어)을 보여 주었다. 산타 아저씨가 어떻게 아이들한테 선물을 전해 주는지 보여 주는 책이다. 산타는 선물을 모두 나눠 주고 나서 집에 와 쉬려고 하는 순간 아주 멀리 사는 가난한 남자아이에게 선물 주는 것을 깜빡했음을 알아차린다. 하지만 썰매를 끄는 순록이 지쳐 움직이지 못하자 지나가는 사람들 도움을 받아 겨우겨우 아이에게 선물을 전한다. 아이들은 다음에는 산타가 누구 도움을 받을지 점을 쳐 가며 즐겁게 그림책을 보았다. 선물을 전한 산타가 집으로 돌아오는 과정도 흥미롭다.

아이들하고 이번 크리스마스 이름을 정했다. '녹색 크리스마스'다. 재활용 물건을 써서 교실 꾸미기, 내가 만든 물건 신문지에 싸서 선물하기, 조금씩 돈을 모아 어려운 이웃 돕기. 부모님께도 우리 반 계획을 알리는 글을 써 보낼 생각이다. 공정 무역에서 소개하고 있는 물건 선물하기, 환경을 살리거나 어려운 이웃을 돕는 단체에서 파는 물건 선물하기 같은 일을 함께할 수 있게 알릴 생각이다.

같은 주제로 더 읽어 준 그림책
《숲의 사나이 소바즈》 제니퍼 달랭플 글 그림, 이경혜 옮김, 주니어파랑새
《펠레의 새옷》 엘사 베스코브 글 그림, 정경임 옮김, 지양사
《희망의 집》 밥 그레이험 글 그림, 강석란 옮김, 국민서관

오래도록 귀하게
《아씨방 일곱 동무》, 《요셉의 작고 낡은 오버코트가…?》

그림이 곱디고운 《아씨방 일곱 동무》(이영경 글 그림, 비룡소)를 보면 이원수 동시 '밤중에'가 떠오른다.

……
자다가 깨어 보면
달달달 그 소리.
어머니는 혼자서
밤이 깊도록
잠 안 자고 삯바느질
하고 계셔요.
……

— '밤중에', 이원수

내가 어릴 때 어머니는 바느질을 하면서 밤을 샐 때가 많았다. 한번은 하얀 아버지 와이셔츠를 고쳐서 추석빔으로 원피스를 만들어 주신 적이 있다. 나는 어떤 옷이 될지 궁금해서 자다가 몇 번이나 깨어났다. 그때마다 어머니는 그대로 앉아 바느질을 하고 있었다. 다음 날 아침, 내 머리맡에 곱게 개어 놓은 원피스를 보았다. 아버지가 입던 와이셔츠는 예쁜 꽃수가 놓인 원피스가 되어 있었다. 바느질은 내 기억 속에 낭만으로 남아 있다.

이제는 이런 풍경을 좀처럼 보기 어렵다. 아이는 타래실을 두 손에 돌려 감은 채 앉아 있고 어머니는 실패에 실을 돌돌 감는 풍경, 딸내미는 이불 홑청 귀퉁이를 붙잡고 있고 어머니는 풀을 먹여 빳빳한 이불 홑청을 꿰매는 풍경들이 사라져 버렸다. 그 자리에 텔레비전과 옷 수선 집이 들어섰다. 아이와 어머니는 이야기를 나누는 대신 텔레비전을 본다. 어머니는 바짓단을 줄여야 하거나 지퍼를 달아야 할 일이 생기면 수선 집에 간다. 우리 반 아이들은 이 그림책을 보면서 어떤 일을 떠올릴까 생각해 보았다.

"얘들아, 《아씨방 일곱 동무》를 보면 예전에 살림하던 여자들이 소중하게 여기던 물건 일곱 가지가 나와. 요즘 어머니들은 어떤 물건을 소중하게 여길까?"

내 말이 떨어지기 무섭게 "핸드폰이요!" 하며 예림이가 나섰다. 이어 4학년 아이들 입에서 통장, 돈, 화장품, 지갑, 옷, 보석 같은 물건 이름들이 줄줄이 나왔다. 지금의 생활상을 그대로 보여 주고 있었다.

옛날에 빨간 두건을 쓰고 바느질을 즐겨 하는 부인이 있어 '빨강 두건 아씨'라 했습니다.

"선생님, 두건이 뭐예요?"
"머릿수건, 여기 이 아씨가 머리에 쓴 거 있잖아."
"두건이라는 말은 처음 듣는데……."

아이들은 아씨 옷차림과 일곱 동무가 저마다 들고 있는 물건에 꽤 흥미를 보였다. 하지만 이름이나 쓰임새를 잘 모르니 자꾸 묻는다. 골무는 어떤 때 쓰는지 여자아이들은 조금 알고 있다. 하지만 인두는 어떤 때 쓰는지 아는 아이가 없다. 다리미도 지금하고 영 생김새가 다르다. 그러니 다음 장으로 넘어가지 못하고 인두를 어떻게 쓰는지, 또 프라이팬처럼 생긴 다리미로 어떻게 옷을 다리는지 한참 설명해야 했다.

《아씨방 일곱 동무》에는 사람뿐 아니라 사람이 다루는 물건도 귀하다는 소중한 가르침이 담겨 있는데, 아이들한테 그 뜻이 전해진 모

《아씨방 일곱 동무》 이영경 글 그림, 비룡소

양이다. 대혁이는 그림책에 등장하는 물건들이 잘난 척하면서 싸우는 모습도 재미있지만, 물건 하나하나가 모두 쓸모 있다는 사실을 깨달았다고 했다. 용진이는 좋은 물건이 있어도 뽐내지 않아야겠다고 했다. 늘 진지한 대성이는 물건도 동무가 된다는 것을 알게 되었다고 했다. 아마도 아씨가 꿈속에서 바느질 도구를 잃고 슬퍼하는 모습을 보면서 그런 마음이 생긴 것 같다.

 그림책을 보고 나서 자기한테 소중한 물건 다섯 가지를 써 보기로 했다. 아이들이 열심히 쓰는 동안 나도 수첩을 꺼냈다. 그런데 세 가지 쓰고 나니 쓸 게 없었다. 그림일기, 20년 동안 모은 학급 문집, 어머니가 손수 쓴 구약 성경……. 쓸 게 더 생각나지 않았다. 할 수 없이 아이들이 무얼 쓰는지 살펴보았다. 아이들은 나처럼 고민하지 않고 제가 쓰고 싶은 대로 잘 썼다. 예림이가 쓴 것을 보았다. "1위, 하늘에 계시는 아빠." 아버지를 그리워하는 예림이를 보니 마음이 짠했다. 그런데 2위에 쓴 것을 보니 웃음이 났다. 통장이라고 쓴 옆에 돈을 모아서 손 전화를 살 거라고 사연을 밝혀 놓았다. 야무진 계획을 세워 놓고 꿋꿋하게 생활하는 예림이가 예뻐 보였다. 여자아이들은 주로 비밀 일기장, 유리 구두, 인형, 저금통, 앨범, 식구들 사진 같은 것을 썼고, 남자아이들은 축구공, 유희왕 카드 같은 것을 써 놓았다. 정원이는 나무, 생명, 공기, 지구라고 써 놓은 것을 발표했는데, 아이들이 듣다가 웃어 버렸다. 정원이는 당황해서 어쩔 줄 몰라 했다. 얼른 내가 나서서 정원이의 천진한 마음을 진지하게 칭찬해 주었다.

 아이들이 쓴 글을 보면서 그 아이가 무엇을 귀하게 여기는지, 어떤 물건을 가지고 있는지 알 수 있었다. 하지만 생각만큼 아이들한테 소중한 물건은 많아 보이지 않았다. 누군가에게 소중한 물건이 되려면 오래 써서 정이 들어야 하고 아끼고 싶은 마음이 들도록 귀해야 하는데, 물자가 지나치게 풍부한 지금 아이들한테 그런 마음가짐을 기대하기는 어렵다. 아이들은 당장 공부 시간에 쓸 연필이 없어도 복도에 떨어져 있는 연필을 줍지 않는다.

"여자들이 바느질하는 걸 몰랐어요."

《아씨방 일곱 동무》를 보고 나서 현경이가 한 말이다. 집에서 어른들이 바느질하는 모습을 보지 못했으니 그럴 만도 하다. 다른 아이들도 마찬가지다. 바느질이 사라져 가는 것은 오래 쓰는 물건이 점점

없어진다는 것을 뜻한다. 아이들하고 이 그림책을 보면서 새삼 바느질이나 오래된 물건들을 생각해 보았다.

이런 내 마음하고 딱 맞아떨어지는 그림책이 바로 《요셉의 작고 낡은 오버코트가…?》(심스 태백 글 그림, 김정희 옮김, 베틀북)이다. 외투를 어찌했다는 이야기인지 궁금해하며 그림책을 넘기는데 요셉의 옷에 난 구멍으로 다음에 나올 물건이 살짝 보인다. 아이들은 눈을 반짝이며 조금만 더 가까이 보여 달라고 졸라 댔다. 가까이 보여 주니 다투어 구멍에 손가락을 비벼 댔다. 아이들은 농장 주인 요셉의 낡은 외투가 재킷, 조끼, 목도리로, 그리고 넥타이와 손수건으로 바뀌는 것을 미리 점쳐 보기도 하고 그림을 만져 보기도 하면서 즐겁게 그림책을 보았다. 마지막에 손수건으로 만든 단추마저 사라지자 요셉은 이렇게 되

《요셉의 작고 낡은 오버코트가…?》 심스 태백 글 그림, 김정희 옮김, 베틀북

기까지 외투에 얽힌 이야기를 엮어 그림책으로 만든다. 아이들은 이 대단한 주인공에게 푹 빠졌다.

"요셉은 《또야 너구리가 기운 바지를 입었어요》(권정생 글, 박경진 그림, 우리교육)에 나오는 또야 어머니처럼 검소하고 자연을 사랑해요."

예림이는 전에 읽어 준 권정생 동화를 잘 기억하고 있었다. 예림이 말을 들으니 엉덩이 기운 바지를 입고 투정을 부리는 귀여운 너구리가 생각났다.

"이렇게 검소하게 사는 걸 보니까 예수님 같아요."

교회에 열심히 다니는 정민이는 검소하고 순한 요셉을 보면서 예수님을 생각했다. 예수님이 지금 이 땅에 살아 계신다면 분명 요셉처럼 소박하게 살 것이다. 부지런히 일하고 소박하게 살면서 이웃이나 친척과 정답게 지내고, 글도 쓰고……. 요셉의 방 곳곳에 붙어 있는 엽서나 액자, 짧은 글을 보면 일상을 소중히 여기며 살아야겠다는 생각이 든다.

이 두 그림책은 느리게 사는 것, 지금 하는 일, 지금 만나는 사람을 소중하게 여기는 삶이 얼마나 값어치 있고 아름다운지 다시금 생각하게 만든다.

같은 주제로 더 읽어 준 그림책

《내 자전거》 에얀더 글 그림, 신보희 옮김, 에림탑
《솔이의 추석 이야기》 이억배 글 그림, 길벗어린이
《할머니의 조각보》 패트리샤 폴라코 글 그림, 이지유 옮김, 미래아이

아이들이 정말 바라는 집
《만희네 집》

아이들이 사는 동네를 둘러보겠다고 내내 마음만 먹고 있다가 4월 초가 되어서야 겨우 짬을 냈다. 먼저 교문 맞은편 동네부터 가기로 했다. 그쪽에 사는 아이들은 손을 들어 보라 하니 열이 넘는데, 곧바로 학원에 가야 하는 아이들을 빼고 나니 데려다 줄 아이는 대여섯밖에 되지 않았다.

우리는 교문 앞 횡단보도를 건너 골목으로 들어갔다. 오래된 주택가다. 25년쯤 전, 내가 첫 발령을 받을 때만 해도 이 지역은 꽤 잘사는 마을이었다. 지금은 살림이 좀 나은 사람들이 새로 생기는 아파트 단지로 옮겨 가면서 예전 같지 않다. 이따금 빌라나 연립 주택도 있지만 그림책 《만희네 집》(권윤덕 글 그림, 길벗어린이)에 나오는 오래된 단독 주택도 많았다. 발길을 멈추게 하는 집들도 여럿 눈에 띄었다. 이들 집은 한결같이 마당이 정갈하고 방금 물을 뿌려 놓았는지 꽃밭이 촉촉해 보였다.

"은빈이네 집은 어디야?"

"조금만 가면 돼요. 선생님, 우리 집에 개도 있고요, 나무도 많아요. 텃밭에도 뭐 많이 심어요."

은빈이네 집이 몹시 궁금했다. 하지만 가장 멀리 사는 지현이네 집까지 다녀온 뒤에야 은빈이네 집 쪽으로 갔다. 정말 은빈이네 집은 꽤 마당이 넓다. 담장 안 나무가 여러 그루 눈에 들어왔다. 들어가 보고 싶은 마음이 일었지만 그럴 형편이 아니라 은빈이를 들여보내고 경배네 집으로 갔다. 경배네 집 앞에 이르자 개가 요란하게 짖었다. 개를 기르는 경배를 부러워하는 아이들이 많겠다는 생각이 들었다. 경배를 바래다주고 학교로 돌아가려는데 멀리서 혜수가 온다. 알림장 쓰는 것을 보고 얼른 쓰고 오라 했는데 무얼 하다 이제 오는지 모르겠다. 조금 귀찮은 생각도 들었는데 반가워하며 뛰어오는 아이를 보니 그런 마음이 싹 달아났다. 다시 골목을 거슬러 올라갔다.

"선생님, 저 선생님한테만 비밀 이야기 해 줄게요. 우리 집 정말 작아요. 아주 쪼그매요. 으응, 저기 저 가게보다 작아요."

"저 가게? 그 정도면 그렇게 작아 보이지 않는데?"

어떤 집일까? 자그마한 혜수 손을 잡고 가면서 몹시 궁금했다. 어느덧 길은 골목으로 이어지고 길에서 바로 창이 붙어 있는 문을 열면 부엌이 나올 듯한 집 앞에 혜수가 섰다. 혜수는 여기라고 손짓하더니 건물 사이 어두운 길로 쏙 들어갔다. 왜 그리로 가냐고 하니 할머니

집이 그쪽이라고 했다. 따라가 보려다 그만두었다. 준비 없이 손녀 담임을 만나면 할머니가 당황할 것 같았다. 골목 안쪽 너른 공터에 할머니 서너 분이 앉아 있는 게 눈에 들어왔지만 얼른 발걸음을 돌렸다. 나중에 알아보니 그곳은 시장이었다. 한때 성하던 시장이 이제는 두어 가게만 문을 여는 곳이 되어 버렸다. 혜수 할머니는 그곳에서 방을 여러 개 세놓다가 혜수네가 살림이 어려워져 문간방을 하나 내주었다고 한다.

그 뒤 우리 반 아이들에게《만희네 집》을 보여 주던 날, 혜수 생각이 났다. 혜수네 집은 방 한 칸만 있다. 옷이고 물건이고 넣어 둘 데가 없어서 방 가득 쌓아 놓는다고 했다. 혜수는 이 그림책을 어떻게 생각할까 싶었다. 그래도 할머니네 집에 방이 많은 것을 자랑으로 여기는 것이 다행스러웠다.

2008년에 4학년 아이들하고는 이 그림책을 재미있게 보았다. 아이들은 그림책을 보는 내내 자기네가 사는 집과 식구들을 생각하는 듯했고, 불만도 솔직하게 표현했다. 보통 집안 형편이 넉넉하지 않은 아이들은 멋진 아파트를 꿈꿀 것으로 생각하기 쉽다. 하지만 꼭 그렇지는 않았다. 아이들은 식구들이 함께 어울려 사는 따뜻한 집을 그리워하고 있었다. 학교에서 돌아오면 개들이 마중 나오고, 할머니가 마당에서 채소를 다듬거나 할아버지가 옥상에서 텃밭을 가꾸는 '만희네 집'을 몹시 부러워했다.

열쇠를 목에 걸거나 가방에 매달고 학교에서 학원을 거쳐 집에 돌아가면 혼자 문을 여는 날이 많은 아이들. 식구들이 겨우 모여도 텔레비전이나 컴퓨터에 매달리는 일이 많은 자기네 집을 생각할 때, 만희네 식구들이 서로 어울리거나 무엇인가를 하는 모습이 꽤나 인상 깊었나 보다. 한 아이는 그림책을 보고 나서 식구들이 함께 밥 먹는 시간이 별로 없다고 털어놓기도 했다.

넓게 보이는 '만희네 집'은 조금 큰 집에서 살고 싶다는 마음을 부추기기도 한다. 아이들은 하면을 펼칠 때마다 "와, 크다!"하는 소리를 몇 번이나 되풀이했다.

"우리 집도 만희네 집처럼 넓으면 좋겠어요. 우리 집은 너무 작아서 빨래 널 때가 없어요. 그리고 추워요. 컴퓨터 있는 방은 너무 추워서 컴퓨터 할 때 꽁꽁 얼 것 같아요."

가 보지 않아도 동현이네 집이 눈에 그려졌다. 빨래 널 때가 없다는 것은 집에 베란다가 없다는 뜻이다. 동현이네는 반지하에 산다.

아이들이 사는 곳과 다른 '만희네 집'은 아파트처럼 비싼 집은 아니지만 아이들이 바라는 행복한 기운이 감도는 집으로 아이들에게 마냥 부러움을 샀다. 당장 이룰 수 없는 아이들 꿈이 안쓰러워 어른이 되어 살고 싶은 집을 그려 보자고 했다. 아이들은 신이 나서 그림을 그렸다. 모두 마당에 개가 있는 집을 그렸다. 여자아이들은 집 둘레에 물이 있고, 마당에 나무와 꽃이 있는 집을 많이 그렸다. 아이들이 그린 거창하지 않은 소박한 집 속에 아이들의 바람이 절실하게 묻어났다.

악동 같다가도 귀여운 2학년 우리 반 아이들. 《만희네 집》을 보여

《만희네 집》 권윤덕 글 그림, 길벗어린이

주던 날, 아이들은 그림책을 보려고 이야기 돗자리에 앉아 기다리고 있었다. 서로 앞에 앉으려고 잠깐 시끄럽기도 했다. 속표지를 펴는 순간 다들 "미로찾기다!" 하면서 소리를 질렀다. 만희네가 살던 연립 주택에서 이사 갈 집까지 이어지는 길을 그린 그림지도 같은 풍경이 그렇게 보였나 보다. 4학년 아이들하고 달리 2학년 아이들은 자기네 집과 만희네 집을 심각하게 견주기보다는 당장 관심이 가는 동물, 꽃밭에만 크게 마음을 쏟았다. 이따금 꽃이 예쁘다고 말하는 여자아이들도 있었지만, 아이들 관심은 온통 개한테 쏠려 있었다. 개가 나올 때마다 좋아 어쩔 줄 몰라 했다. 이번에는 4학년 아이들처럼 집에 대해 깊은 이야기를 나누지는 못했다. 하지만 아이들이 마음에 들어 하는 장면을 고른 것을 보면, 마음껏 표현하지 못해도 식구들하고 정겨운 시간을 많이 보내고 싶어 한다는 것을 알 수 있었다.

 그림책을 보여 준 날 오후, 무슨 일인지 지영이가 청소를 마치고도 집에 가지 않았다. 전부터 나랑 이야기할 때 틈만 생기면 집에 불이 난 적 있다고 말하던 아이다. 심심하면 그림책을 보라고 했더니 몇 권 보다가 《만희네 집》을 가져왔다. 내 옆에서 그림책을 보던 지영이는 할머니가 안방에서 재봉질하는 장면을 폈다. 나는 지영이가 복잡한 집안 사정으로 한때 할머니 집에서 자란 사실을 알기에 무슨 말을 할지 궁금했다.

 "이 옷이요, 우리 할머니네랑 같아요. 응, 그리고 이거 보니까 할머니 생각나요."

 이야기를 들으며 문득 지영이를 바래다주던 생각이 났다. 지영이는 한 시간은 너끈히 혼자 있을 수 있다고 했다. 거기에 생각이 미치자 지영이가 집에 가면 누군가 자기를 맞이해 주기 바라는 마음에서 할머니가 나오는 장면을 좋아하는구나, 싶었다. 새삼 학교 공부를 마치고 공부방에서 지내다가 집에 돌아가면 어머니가 올 때까지 혼자서 씩씩하게 어머니를 기다리는 지영이가 기특했다.

'만희네 집'은 농사짓는 집이 아닌데도 광에는 시골집 살림 도구들이 가득 차 있다. 잊혀 가는 물건이나 풍경도 제법 눈에 띈다. 여기에 식구들이 서로 이야기를 나누지 못하게 방해하는 텔레비전 같은 것은 없다. 작가는 《만희네 집》에서 우리가 잃어버린 식구의 모습을 되살려 놓았다. 이제는 이런 식구를 보기 어렵다. 어쩌면 이 그림책은 어른들이 보아야 할 책인지도 모른다. 아이들의 바람이 담긴 이런 집은 어른들이 만들어 주어야 하기 때문이다.

같은 주제로 더 읽어 준 그림책
《안녕 빠이빠이 창문》 노튼 저스터 글, 크리스 라쉬카 그림, 유혜자 옮김, 베아제 어린이
《흰빛 잿빛 검은빛》 제라르 몽콩블 글, 자우 그림, 곽노경 옮김, 주니어파랑새
《힘든 때》 바바라 슈크 하젠 글, 트리나 샤르트 하이먼 그림, 이선오 옮김, 미래아이

따스한 정이 묻어나는 식구 이야기

《엄마의 의자》

이제 막 학교에서 공부를 마치고 돌아온 듯한 아이가 음식점 유리창 너머로 일하는 어머니를 들여다본다. 아이를 본 어머니는 음식을 나르다 말고 환하게 웃는다. 아이는 뒷모습만 보이는데 이상하게도 그 마음이 느껴진다. 어머니를 보려고 한달음에 뛰어왔을 아이 모습이 그려지는 것이다. 아이와 어머니가 만나는 장면 때문일까. 보라색 식당이 장난감 버스처럼 보이기도 한다. 그 버스를 타면 훈훈한 이야기 속으로 빨려 들어갈 것만 같다.

우리 어머니는 블루 타일 식당에서 일을 하십니다.

화자는 아이다. 아이는 이야기 첫머리에서 식당에서 일하는 어머니 이야기를 꺼낸다. 어머니가 일하는 식당은 예뻐 보인다. '블루 타일'이라는 가게 이름 때문에 세련되어 보이기까지 한다. 게다가 아이가 크레파스로 그린 듯한 그림 때문에 어머니가 일하는 공간은 동화 같은 분위기마저 띤다. 하지만 식당일은 세련되거나 멋진 일이 아니다. 다리가 붓고 되풀이되는 설거지로 손이 통통 불어 버리는 힘겨운 일이다. 이런 속내가 그림책에서는 그리 많이 드러나지 않는다. 하지만 어머니의 일상이 고단하다는 것, 이들의 살림살이가 넉넉하지 않다는 것은 그림책 곳곳에서 어렵지 않게 짐작할 수 있다.

두 번째 장면, 연푸른빛을 머금은 커다란 병이 나온다. 병은 화면 테두리선까지 닿을 듯하다. 아이는 이따금 식당에서 주인아주머니가 시키는 일을 하고 용돈을 받는데, 그 돈 절반을 이 병에 넣는다. 어머니가 식당에서 받은 팁, 할머니가 장을 보고 남은 동전도 고스란히 이 병으로 들어간다.

"병이 진짜 크다!"

아이들 입이 벌어졌다. 갖가지 모양으로 된 자그마한 저금통이나 사랑의 빵 저금통, 이백오십 밀리리터 우유갑으로 만든 이웃돕기 저금통에 동전을 모아 본 아이들은 그림책에 나온 유리병이 얼마나 클지 잘 헤아리고 있었다.

"정말 이 병에 돈을 모으려면 시간이 많이 걸리겠지?"

"일 년은 모아야 해요. 우리 식구도 집에서 동전만 모아요."

"그래, 동전 모으는 집이 많을 거야. 나도 어릴 때 새해 첫날이면 돼지 저금통을 사다가 동전을 모으곤 했어."

아이들은 유리병에 꽤나 관심을 기울였다.

이어 집안 풍경이 나온다. 어머니는 신을 벗은 채 딱딱한 나무 의자에 퍼져 앉아서는 피곤한 몸을 밥상에 기대고 있다. 한쪽에서는 할머니와 아이가 어머니의 동전 지갑에서 동전을 꺼내어 병 속에 넣는다. 할머니도 알뜰하게 장을 보면서 남긴 돈을 병에 집어넣는다.

"어머니가 아주 힘들어 보여요."

"아버지가 없는 거 같아요."

"집 안이 작기는 한데 정돈이 잘 되어 있어요."

"왜 그런 느낌이 들어?"

"선반 위에 주전자하고 컵이 가지런해요."

"또 어떤 느낌이지?"

"평화로워 보이구요, 행복한 거 같아요."

"그래. 그런데 뭐 때문에 그렇게 느껴지지?"

"색깔이 모두 환해서요."

《엄마의 의자》 베라 윌리엄스 글 그림, 최순희 옮김, 시공주니어

벽지는 노랗고 식탁 보는 붉은 바탕에 분홍 꽃무늬가 그려져 있다. 커튼도 울긋불긋하고, 어머니와 할머니 옷도 분홍색이나 빨간색이다. 넉넉한 살림은 아니지만 집안 분위기는 밝고 생기 있다.

"나는 어머니 무릎에 엎드려 세상모르고 자고 있는 고양이를 보니까 참 편안한 느낌이 들어."

이 장면이 좋아서 아이들한테 내 느낌을 말했다. 혼자 살림을 꾸려 가려면 지칠 법도 한데 어머니 얼굴에서는 그런 기색을 찾아볼 수 없다. 굵은 팔다리나 편안한 얼굴, 분홍색 원피스에서는 잠깐 자고 일어나면 피로가 다 풀릴 것 같은 분위기가 풍긴다.

이제 그림책 제목에서 말하는 그 의자가 나온다. 아이는 동전이 병에 가득 차면 의자를 살 거라고 말한다. 아이가 사려고 하는 의자는 어떤 의자일까?

그래요, 의자요. 멋있고, 아름답고, 푹신하고, 아늑한 안락의자 말이에요. 우린 벨벳 바탕에 장미꽃 무늬가 가득한 의자를 사려고 해요. 이 세상에서 가장 좋은 의자를요.

나는 아이의 절실한 마음을 담아 위 문장을 읽었다. 그런 뒤 장미꽃 무늬가 있는 푹신한 붉은 소파를 시원하게 그려 놓은 화면을 보여 주었다.

"아, 아름답다."
"정말 멋있어요."

아이들은 마치 자기들이 그림책 속 아이라도 된 듯 의자를 보고 기뻐했다. 하지만 이어지는 내용은 '이 세상에서 가장 좋은 의자'라는 앞의 말과 사뭇 다른 풍경을 보여 준다. 이들이 살던 집은 지난해 큰 불로 모두 타 버렸다. 집 안에 있던 할머니는 다행히 무사했지만, 모든 살림살이가 타고 말았다. 글 밑에 그을린 쓰레기통, 그리고 그 속에 들어간 잡동사니들이 보인다. 이 그림책에는 화면의 테두리마다 연속무늬를 그려 놓았다. 그림과 글의 흐름에 맞는 무늬는 이야기의 분위기를 한결 밝게 해 주거나 긴박하게 만든다. 불이 나고 있는 화면에서는 불길 무늬를 그려 놓았다. 다음 장은 시커멓게 타 버린 집 안을 세 식구가 들여다보는 장면이다. 아이들은 마치 이들 식구라도 되는 듯 그 장면을 자세히 보여 달라고 했다. 보면서 장난기 어린 말투로 "다 타 버렸다!" 하는 아이들도 있었지만, 대부분 걱정스런 얼굴을 했다.

하지만 화면은 곧 어두운 데서 벗어나 다시 환하게 펼쳐진다. 파노

《엄마의 의자》 베라 윌리엄스 글 그림, 최순희 옮김, 시공주니어

라마처럼 이어지는 이삿짐 행렬. 세 식구가 이사하던 날이다. 이웃들은 저마다 한 가지씩 물건을 들고 찾아왔다. 지금의 우리네 풍속과 견주면 이 장면은 현실처럼 느껴지지 않는다. 하지만 이삼십 년 전에는 우리도 이러했다. 아직도 어떤 마을에는 이런 정겨움이 남아 있을 것이다. 아이들은 이 장면을 좋아했다. 냄비, 프라이팬, 양탄자, 곰 인형을 주는 이웃이 내게도 있으면 좋겠다는 아이도 있고, 자기가 그런 이웃이 되고 싶다는 아이도 있었다. 하지만 아이들이 살고 있는 이 도시에서 이웃을 만들기란 쉽지 않다. 어려운 집안 형편 때문에 이사를 자주 다니는 아이들은 말할 것도 없다. 이런 사정 때문에 2학년 우리 반 아이들과 '슬기로운 생활' 이웃에 대한 단원을 공부할 때 적잖이 힘들었다. '기능적 이웃'이라는 새로운 개념으로 집 둘레에 있는 모든 관공서나 가게도 이웃이라 배웠지만, 기능적 이웃은 한 집에서 부침개라도 부치면 서로 나누어 먹는 그런 이웃은 아니다. 아이들한테 마음으로 다가오는 이웃이 아니다. 그런데 이 그림책 속에 마음에 그리던 이웃이 있었다.

"집이 불탔을 때 어떻게 될까 생각했는데, 이웃들이 도와줘서 감동받았어요."

"이걸 보면서 지금도 예전처럼 이웃이 서로 도우면서 살아가면 좋겠다고 생각했어요."

아이들은 이웃이 왜 필요한지 이 장면을 보면서 많이 생각하는 것 같았다.

장면은 다시 과거에서 현실로 돌아왔다.

"우와, 동전 좀 봐!"

어느새 세 식구는 병 그득히 동전을 모았다. 그리고 식구들은 다리 아픈 어머니가 편히 쉴 소파를 사기 위해 은행에 가서 동전을 지폐로 바꾸고는 가구점에 간다. 온갖 소파가 다 나오고, 식구들은 돌아가며 의자에 앉아 본다. 그리고 그토록 바라던 꽃무늬 가득한 빨간 소파를 산다.

이제 집 안에 소파가 놓여 있고 어머니와 딸이 편안하게 누워 있다. 발 아래에는 고양이가 쿨쿨. 행복해 보인다. 마지막 장면에는 가족사진 두 장이 나오는데, 이 장면에서 우리는 흐뭇해진다. 서로 끌어안고 소파에 앉은 세 식구, 그리고 귀신 흉내를 내고 있는 어머니와 아이의 모습을 보면 절로 웃음이 난다. 행복한 결말이다.

"마지막에요 의자에 앉은 엄마와 아이가 참 편안하고 행복해 보여요."

"식구들이요, 참 차분해요."

"아무리 힘들어도 용기를 잃지 않는 게 훌륭해요."

이야기를 마무리하기 전에 주인공 아이가 어른이 되면 어떻게 살 것 같냐고 물었다.

혜림이는 아이가 어릴 때부터 어머니를 돕는 것을 보니까 크면 식구끼리 도우며 살 것 같다고 했다. 영은이는 적당히 행복할 것 같다고 했다. 살다가 불행한 일이 생길 수도 있지만, 어릴 때 힘든 일을 잘 이겨 내서 그때 일을 생각하면서 어려움을 이겨 낼 것 같다고 했다. 아이들은 어려울수록 식구들이 마음을 모으고, 힘든 때일수록 서로 돕는 게 얼마나 소중한지 깨달은 것 같았다.

지금은 아이들도 변했고 시대도 달라졌다. 그림책 만드는 사람들은 어떻게 하면 과감한 기법과 새로운 감각으로 아이들에게 다가가는 그림책을 만들 수 있을지 고민하는 것 같다. 하지만 아이들한테는 《엄마의 의자》(베라 윌리엄스 글 그림, 최순희 옮김, 시공주니어)같이 삶이 묻어난 그림책, 소년소설 《괭이부리말 아이들》(김중미 글, 송진헌 그림, 창비)처럼 서민들이 살아가는 이야기를 다룬 그림책도 필요하다. 아이들은 자신을 둘러싼 식구와 이웃, 골목과 마을 이야기가 들어 있는 그림책을 보면서 자기가 어디에 있는지 알게 될 것이고, 때로는 위로를 받을 것이다.

같은 주제로 더 읽어 준 그림책

《집으로》 이브 번팅 글, 데이비드 디아즈 그림, 김미선 옮김, 열린어린이
《천둥케이크》 패트리샤 폴라코 글 그림, 임봉경 옮김, 시공주니어
《할머니, 어디 가요? 쑥 뜯으러 간다!》 조혜란 글 그림, 보리

7
환상 속에서 위로받는 아이들

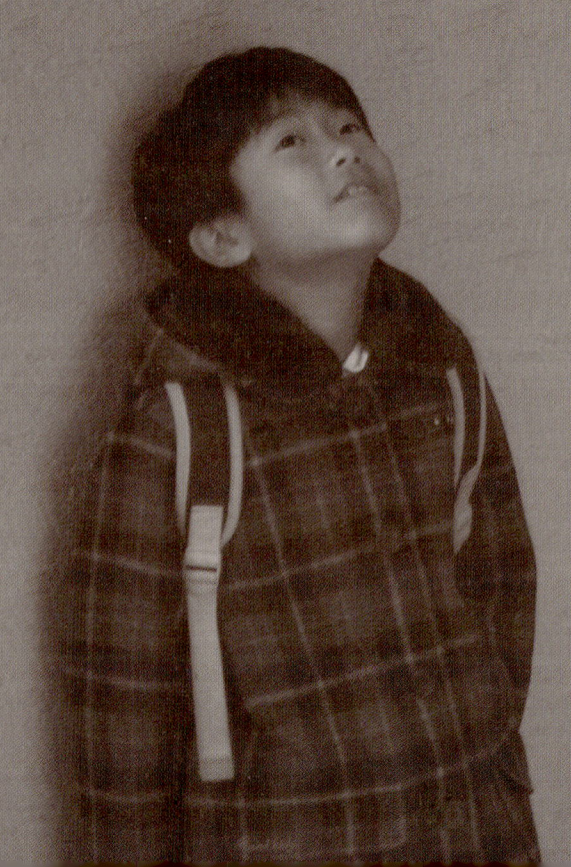

주영이 마음을 어루만진 그림책

주영이는 2002년에 만난 아이다. 다음 해 3학년 때 전라도의 한 섬으로 이사를 갔는데 지금은 중학생이 되었을 테다. 가무잡잡한 얼굴에 커다란 눈이 인도 인형을 생각하게 했던 주영이는 그해 6월 즈음부터 학교 공부가 끝나면 교실 한쪽에 앉아 책을 읽다 가고는 했다. 가끔 궁금한 게 있으면 내게 와 묻고는 했는데, 그럴 때를 빼고는 방해하지 않는 게 좋을 것 같아서 혼자 읽게 내버려 두었다. 한 달 남짓 그렇게 하더니 7월 어느 날, 자기한테는 왜 책을 읽어 주지 않느냐고 물었다.

그즈음 성적이 떨어지거나 동무들하고 어울리지 못하는 아이 셋을 일주일에 한 번씩 남겨 그림책을 읽어 주고 있었디. 시정을 모르는 주영이는 남아서 선생님하고 책을 보는 아이들이 부러웠던 모양이

다. 혼자 남아서 책을 본 것도 그런 마음을 품은 데서 나왔을지 모른다. 아이 마음을 헤아리지 못한 나는 저 편하라고 마냥 내버려 두었으니 아이 쪽에서 참다 못해 말하기에 이른 것이다.

주영이 바람대로 주영이한테 일주일에 사흘이나 그림책을 읽어 주었다. 주영이가 학교 공부가 끝나고 나서도 집에 가지 않고 남은 것은 어머니가 일을 나가는 것과도 관계가 깊었다. 아버지는 일 때문에 섬에서 살고, 외동딸 주영이는 학원도 안 다니는 데다 어머니까지 일을 나가니 너무나 심심했다.

집안 형편이 어려워지면서 속이 깊어진 주영이는 독립심이 강했다. 늘 자신이 읽고 싶은 책을 골라 와서 읽어 달라고 했다. 가만히 보니 식구에 대한 그림책을 자주 골라 왔다. 《내게는 소리를 듣지 못하는 여동생이 있습니다》를 읽을 때였다. 말없이 다 듣더니 듣지 못하는 이 아이는 자신과 싸우는 것 같다고 했다. 마치 자기 이야기를 하는 것 같아서 너도 그런 적이 있냐고 물으니, 엄마가 늦게 들어올 때는 엄마를 미워하려고 해도 안 미운데, 아빠는 술을 먹고 오면 밉다고 했다. 아이 마음속이 온통 어머니, 아버지 문제로 심한 갈등을 겪는 것 같아 보였다.

"주영이는 무슨 책이 좋아?"
"《엄마의 의자》가 좋아요."
"왜?"
"여자들이 나오는 그림책이 좋아요. 그리고 우리 집에도 의자가 없어요."

《엄마의 의자》에 나오는 식구는 할머니, 아이와 어머니 이렇게 셋이다. 아버지에 대한 설명은 없다. 주영이도 어머니와 단둘이 지내는데, 가게에 달린 방에 세 들어 살고 있었다. 단칸방이다. 그림책에 나오는 식구들은 집에 불이 나는 바람에 살림 도구를 다 잃었다. 이웃 사람들이 도와주어 급한 살림살이는 마련했지만 식당에서 일을 마치고 돌아온 어머니가 쉴 편한 의자가 없었다. 물론 주영이네도 그런 의자가 없다.

"이 아이 너 닮았다. 머리가……."

주영이는 제 머리를 만져 보았다. 그러고는 그림책 속 어머니를 찬찬히 살피더니 제 어머니를 닮았다고 했다. 그림책 속 아이가 아버지가 없듯이 주영이 아버지도 그때 주영이와 같이 살지 않았다. 그림책 속 어머니가 돈을 벌기 위해 늘 힘들게 일하는 것처럼 주영이 어머니도 돈을 벌기 위해 애쓰고 있었다. 그림책 속 주인공들이 사는 형편이 주영이의 처지와 사뭇 닮아 보였다. 그런 점이 위로가 되었을까? 집이 불에 탄 장면에서다.

"우리 할머니 집도 불나서 아버지가 다시 지어 줬어요."

주영이네 할머니 집도 불이 난 적이 있는 모양이다. 주영이 아버지가 집을 짓는 분이니 다시 잘 고쳤겠다 싶었지만, 그 기억이 주영이한테는 강하게 남아 있는 듯했다. 어머니와 할머니, 아이가 돈을 모아 큰 의자를 사러 간 장면에서 주영이가 갑자기 물었다.

"왜 아버지는 없어요?"

"글쎄……."

"아빠가 죽었거나 중국 갔거나. 우리 아버지도 중국 간 적 있는데 지금은 섬에서 집 지어요. 삼촌이랑 아저씨들이랑요."

주영이는 그림책 곳곳에서 식구들 모습을 읽어 내고는 제 속에 품은 이야기들을 풀어냈다. 그림책 속에서 가난한 어머니와 아이, 할머니는 커다란 유리병에 모은 동전으로 장미꽃 무늬가 새겨 있는 빨간 의자를 산다. 의자는 단순히 쉬는 곳을 뜻하지 않았다. 그것은 가난한 식구들이 제 힘으로 바라는 것을 마련하겠다는 의지의 표현이고 살아 보려는 소망이었다. 의자를 사러 갈 때, 사 가지고 와서 식구들은 생기 넘치고 행복했다.

마지막 장면은 행복하게 어머니가 의자에 앉아 쉬고 있는 장면이다. 그 곁에서 할머니도 아이도 고양이도 편안하다. 주영이가 이 책을 자주 찾는 까닭은 그림책 속 식구들이 그랬듯 자기네 식구들도 한데 모여 의자에 앉은 듯 편안하게 살기 바라는 마음 때문이지도 모른다. 그러나 그때까지 그 희망은 불안했다. 《따로 따로 행복하게》(배빗 콜 글 그림, 고정아 옮김, 보림)를 즐겨 찾는 주영이 모습에서 그 마음이 느껴졌다.

한 번은 주영이가 《따로 따로 행복하게》를 읽어 달라고 했다. 내가 그리 좋아하는 그림책이 아니었다. 그림책에 나오는 부부가 경제 문제가 아니라 취향 때문에 헤어지고 싶어 하는 면들이 내가 만나는 아이들 처지하고 너무 거리가 있어서다. 취미가 달라도 헤어질 수 있다. 하지만 아직 아이들 양육 제도가 불안한 우리 현실에서는 그리 간단한 문제가 아니다.

《따로 따로 행복하게》를 골라 올 즈음 나는 주영이네 속사정을 꽤 많이 알고 있었다. 주영이 아버지와 어머니가 자주 다투고 있었다. 경제 문제도 크겠지만 아버지가 술을 많이 마시는 것이 부부 싸움의 큰 원인이 되는 것 같았다. 아버지는 일 때문에 멀리 있지만 전화를 하다가도 두 분이 싸우는 모양이다. 사정이 이러니 주영이는 이불을 뒤집어쓰고 몰래 울 때도 있었다. 주영이는 몹시 불안해했다. 어머니, 아버지가 싸울 때마다 서로 헤어질지도 모른다는 생각을 키워 가고 있었기 때문이다.

그림책을 읽어 주는데 넉넉하지 못한 주영이네와 그림책 속에 나오는 부유한 집안 풍경이 대조가 되어 읽어 주기가 민망했다. 집에 대한 주영이의 아쉬움은 《돼지책》(앤서니 브라운 글 그림, 허은미 옮김, 웅진주니어)을 읽을 때도 강하게 드러났다. 이 책에 나오는 피곳 씨 부인은 아들 둘과 남편의 도구 같은 존재였다. 밥해 주는 여자, 집 정리해 주는 여자. 그 피곤함을 전반부에서 잘 그리고 있다. 힘든 여자의 처지를 잘 이해했을 텐데도 주영이는 이렇게 말했다.

"그래도 좋겠다. 집이 좋잖아요."

퇴근하는 길에 주영이를 집 근처까지 바래다주면서 우연히 집 앞까지 가 본 적이 있다. 단칸방인 자기 집을 생각할 때 이 그림책에 나오는 집은 너무나 멋진 집이다. 그러니 피곳 씨 부인이 아무리 힘들더라도 집이 좋지 않느냐는 생각을 한 것이다. 집에 대한 주영이의 간절한 마음이 느껴진다. 결국 집을 나갔던 피곳 부인은 돌아오고 집안은 이전하고 확 달라진다. 피곳 씨가 설거지를 하는 것이다. 주영이는 "아이, 잘한다." 하며 피곳 씨 머리를 쓰다듬었다. 주영이가 마음으로 《돼지책》에 나오는 좋은 집, 그리고 어머니한테 친절한 아버지를 그리고 있는 게 틀림없었다. 《따로 따로 행복하게》를 읽어 줄 때도 주영이는 몇 번이나 이런 데서 밥 먹고 싶다, 이런 집에서 살고 싶다고 했다.

《따로 따로 행복하게》를 다 읽고 나서다.

"애들이요, 엄마, 아빠 싸우니까 끝혼식 해 주는 게 대견해요."

"끝혼식이 괜찮다고 생각하니?"

"싫지는 않아요. 나도 해 주고 싶어요."

"왜?"

"엄마, 아빠도 안 맞으니까 따로 살았으면 좋겠어요. 아빠가 술 먹고 전화하면 엄마랑 싸워요."

주영이도 그림책을 보기 전까지는 어머니, 아버지가 자기를 미워해서 헤어지려는 것으로 알고 있었다. 뜻밖이다. 아이들 마음이 그렇다는 말은 들었지만, 정작 주영이 이야기를 들으니 부모가 아이들한테 미치는 영향이 얼마나 심각한지를 새삼 느낀다. 주영이는 《따로 따로 행복하게》를 보면서 조금은 편안해진 것 같았다. 혹시 부모가 이혼해도 자기 때문은 아니고, 이혼한다고 해서 꼭 자기가 불행해지는 것은 아니라고 생각한 것 같았다. 나하고 책을 읽고 나서도 주영이가 그 책을 보는 것을 여러 번 보았다.

주영이는 자기가 하고 싶은 이야기를 책을 빌어서 했다. 주로 식구들 이야기를 많이 하지만 남자 동무 이야기를 꺼낼 때도 있었다. 《피터의 편지》(에즈라 잭 키츠 글 그림, 이진수 옮김, 비룡소)를 읽어 달라고 한 날이었다. 말없이 읽어 주는 소리를 듣더니 자기도 남자 동무한테 생일 편지를 쓴 적이 있다고 했다. 그걸 동규한테 부끄러워 못 주고 지수한테 전해 달라고 했단다. 피터의 뒷모습을 보더니 피터가 에이미 생각을 하는 거라고 했다. 그리고 피터가 생일잔치 때 빌었던 소원은 에이미랑 결혼하는 거라고 했다. 식구 때문에 걱정이 많지만 주영이는 이렇게 마음속으로 남자 동무를 좋아해 보기도 한다. 그만큼 건강하다는 것이 아닐까?

《도서관》을 가져온 날이다.

"저는 이 책을 보면요, 책이 막 읽고 싶어져요. 그리구요, 공부보다 책 읽고 느낌 쓰는 게 좋아요."

주영이는 책에 푹 빠진 것 같았다.

주영이는 책을 보면서 어머니 이야기도 하고 아버지 이야기도 한다. 남자 동무 이야기도 했다. 앞으로도 이렇게 하면서 주영이 마음이 넉넉하게 자라면 좋겠다.

주영이가 또 좋아한 그림책

《도깨비를 빨아 버린 우리 엄마》 사토 와키코 글 그림, 이영준 옮김, 한림출판사
《슬픈 란돌린》 카트린 마이어 글, 아네테 블라이 그림, 허수경 옮김, 문학동네어린이
《아가야, 안녕?》 제니 오버렌드 글, 줄리 비바스 그림, 김장성 옮김, 사계절

조금씩 나아지고 있는 정은이

4월 말쯤, 웬만큼 반이 자리를 잡아갈 무렵이면 공부가 뒤처지거나 동무와 어울리지 못하는 아이들을 하루에 한 명씩 수업이 끝난 뒤에 남게 해서 그림책을 읽어 주었다. 나도 약속을 지키려고 애썼고 아이들도 그런 대로 잘 따라와서 한 달은 제대로 이어 갔다. 그런데 시간이 지나자 재민이가 안 하겠다고 한다. 딱지치기부터 해서 갖가지 놀이에 재미가 붙어 공부 시간만 끝나면 아이들과 어울려 놀기에 바쁘니 그림책이 마음에 들어올 리 없다. 달래 보았지만 끝내 마음을 돌리지 않았다.

윤석이도 몇 번 하고는 걸핏하면 도망갔다. 기분 좋은 날은 말하지 않아도 "저 남을 거에요." 하며 신바람을 냈지만, "너 오늘 나랑 책 보는 날인데……." 하면 입부터 내미는 날이 늘어 갔다. 2학기 때 잘 말해서 다시 해 볼 생각으로 윤석이도 그냥 놓아두었다. 이렇게 해서 방학할 때까지 쭉 그림책을 본 아이는 정은이뿐이다.

정은이는 새 학기에 처음 만났을 때부터 관심을 기울이고 보았다. 지난해 정은이 담임을 맡았던 선생님이 정은이 형편을 잘 일러 주었기 때문이다. 감자탕 가게를 하는 부모님은 늦도록 일을 하느라 정은이를 잘 돌보지 못한다. 그러다 보니 2학년인데도 아직 읽는 게 서툴다. 글도 알아보기 어렵게 쓸 때가 많다. 받침이 틀리는 것도 문제지만 글씨를 알아보기 어려워서 더 답답했다. 신발도 바꿔 신을 때도 많다. 내가 "신발!" 그러면 "어, 바꿔 신었네!" 그런다. 가방은 늘 책상 둘레에서 굴러다닌다. 분홍색 가방에 때가 꼬질꼬질하다. 책상 속은 책과 공책이 뒤엉켜서 반은 밖으로 튀어나와 있다. 언제 받았는지 모를 만큼 오래된 학습지와 안내장이 마구 구겨져 돌아다닌다. 공부 시간에 맞게 책을 꺼내 놓고 앉아 있는 모습은 본 적이 없다.

동무들하고도 잘 지내지 못한다. 아이들은 여섯 살 때 이미 사람들하고 사귀는 방법을 다 익힌다. 소꿉놀이 같은 것을 하면서 자연스럽게 사람들하고 어울리는 방법을 알게 된다고 한다. 그런데 혼자 노는 데 익숙해서 그런지 열 살 정은이는 동무들을 귀찮게 할 때가 많다. 어울려 놀 줄을 모른다.

봄 운동회 때, 승재 어머니 말을 듣고 깜짝 놀랐다. 승재 어머니는 조심스럽게 승재가 너무 스트레스를 받아서 학교에 가기 싫어한다며 짝 좀 바꾸어 달라고 사정했다. 정은이가 짝을 좀 귀찮게 해서 말로만 몇 번 타일렀는데 그게 아니었다. 며칠 뒤에 짝을 바꾸었다. 그리

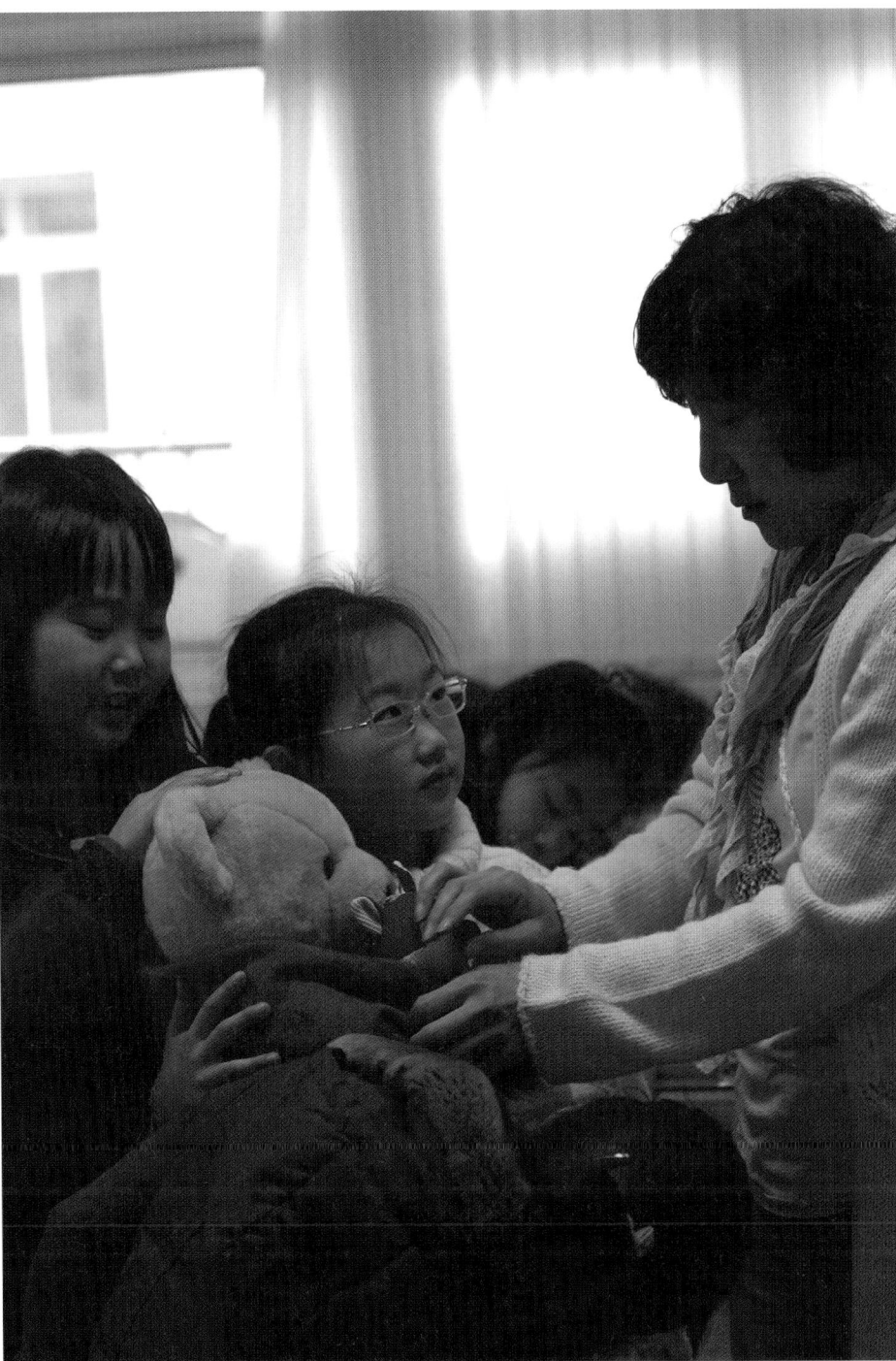

고 정은이 말투나 행동을 유심히 살폈다. 가만히 보니 정은이는 말한 마디도 곱게 하지 못했다. 아이들도 정은이한테 친절하지 않았다. 그렇다고 아주 동무들하고 어울리지 못하는 것은 아니다. 정은이는 자기 생각대로 거침없이 행동하는 면이 있다. 그래서 거절당하더라도 다시 아이들 사이에 끼어든다. 남자아이들하고도 잘 논다. 남자아이들을 끌고 다니면서 놀게 만들기도 한다.

그림책 《둥!》(야마시타 요스케 글, 조 신타 그림, 유문조 옮김, 천둥거인)을 읽을 때였다. 내가 바빠서 일을 하고 있는 사이 정은이는 《둥!》을 가져와서 혼자 소리 내 읽어 나갔다. 무엇이 재미있는지 터져 나오는 웃음을 참고 책을 읽었다. 그 소리에 남아 있던 다른 아이들도 웃었다. 더듬거리면서 책을 읽지만 책에 폭 빠져서 읽는다. 내가 다시 읽어 주니 그때부터는 책도 넘기기 전에 다음 이야기를 부지런히 나한테 설명한다. 숨 쉴 틈도 주지 않고 신이 나서 이야기한다.

5월 중순 어느 날이었다. 아이들은 모두 집으로 돌아가고 교실은 조용한데 정은이가 불쑥 들어오더니 토끼풀 꽃 몇 개 묶은 것을 내놓는다. 뛰어왔는지 얼굴이 발갛다. 내가 너무 좋아서 입을 헤 벌리고 있는 사이 정은이는 "나, 꽃 물 줄게요!" 하면서 물을 떠 와 화분에 물을 준다. 그러고는 집에 갔다. 그 뒤로도 여전히 공부 시간에 엎드려 있고 동무한테 장난을 걸었지만, 책 읽는 데 재미를 붙이고 나하고 이야기 나누는 것은 즐거워했다.

정은이는 보통 책을 한 권 읽고 집으로 가지만 오후 네 시가 되도록 남아 있는 날도 있다. 그런 날은 책도 여러 권 읽고 노래를 틀어 달라고 해서 따라 부른다. 한 번은 '감자 꽃' 노래가 좋다고 해서 틀어 주었는데, 따라 부르는 목소리가 고와서 한 번 혼자 불러 보라고 했다. 오디오를 끄고 혼자 부르는데 참 잘 불렀다.

6월 20일, 《팥죽 할멈과 호랑이》(서정오 글, 박경진 그림, 보리)를 읽을 때였다. 점심 먹고 교실에 오니 정은이가 《누가 내 머리에 똥 쌌어?》(베르너 홀츠바르트 글, 볼프 에를브루흐 그림, 사계절)를 읽고 있었다. 내가 읽어 줄까, 하니 혼자 보겠다고 해서 기다렸다. 다 읽고 나더니 《팥죽 할멈과 호랑이》를 골라 왔다.

"왜 이걸 골랐어?"

"저는요, 팥죽 할머니가 너무 불쌍해서 골랐어요."

"호랑이는 나쁜 호랑이 같구요, 할머니를 잡아먹으면 안 되잖아요, 늙어서 금방 죽잖아요. 호랑이는 그것도 모르구요, 잡아먹으려고 해요."

정은이는 사람은 늙으면 자연히 죽는데 호랑이가 그것도 모르고 할머니를 잡아먹으려고 한 게 꽤나 답답했던 모양이다.

호랑이가 올 줄은 생각도 못하고 밭을 매는 할머니가 나오는 장면에서다.

"할머니 힘들겠다. 식구도 없네. 식구들 다 같이 하면 좋은데. 할머니가 집이 없으니까, 깊은 산속에 빈집이 있으니까 살게 된 것 같아요."

"정은이도 힘들 때 있지. 언제 힘들어?"

"혼자 있을 때 무섭고 심심하고 그래요."

"몇 시까지 있는데?"

"밤 아홉 시. 오빠는 학원 갔다 오면 밤 아홉 시, 엄마랑 아빠는 새벽 세 시나 아침에 와요."

"밥은?"

"라면도 끓여 먹고 엄마가 해 놓은 거 꺼내 먹기도 하고……."

정은이가 어떻게 지내는지 이 몇 마디만 듣고도 잘 알 수 있었다. 정은이와 책을 다 읽고는 바르게 읽지 못한 곳을 다시 짚어 가며 읽어 주었다. 정은이는 늘 마음이 급한지 글을 빨리 읽으려다 자꾸 글자를 빼먹고 틀리게 읽는다. 그래서 그림책은 아주 천천히 읽게 한다. 책을 다 보고 나서 정은이는 집에 가려고 가방을 싸더니 조그만 쪽지를 내민다.

2학년 되어서요 글자 많이 알아졌어요.

이렇게 한마디 쓰여 있다.

정은이가 또 좋아한 그림책

《개와 고양이》 김중철 엮음, 유승하, 최호철 그림, 웅진주니어
《까막나라에서 온 삽사리》 정승각 글 그림, 초방책방
《도대체 그동안 무슨 일이 일어났을까?》 이호백 글 그림, 재미마주
《야, 우리 기차에서 내려》 존 버닝햄 글 그림, 박상희 옮김, 비룡소
《우리 몸의 구멍》 허은미 글, 이혜리 그림, 천둥거인
《장갑》 우크라이나 민화, 에우게니 M. 라초프 그림, 김중철 옮김, 다산기획
《훨훨 간다》 권정생 글, 김용철 그림, 국민서관

현섭이를 지켜주는 푸른 개

그림책을 가지런히 꽂아 놓은 교실 책장 위에, 지점토로 만들어 파란색을 칠한 개가 한 마리 있다. 지점토로 만든 이 파란 개는 '마음에 드는 그림책 속 주인공 만들기'를 주제로 수업을 할 때, 솜씨 좋은 학부모가 만들어 주었다. 뒷부분이 조금 떨어져 나갔지만 그림책《푸른 개》(나자 글 그림, 최윤정 옮김, 파랑새)와 나란히 놓으면 구별할 수 없을 만큼 똑같다.

《푸른 개》를 볼 때면, 십 년 전 서점에 죽치고 앉아 그림책을 읽던 때가 기억난다.《푸른 개》를 처음 보았을 때의 묘한 기분은 지금도 생생하다. 노란 바탕에 파란색으로 그린 '푸른 개'는 정감이 느껴지기보다는 낯설었다. 질감이 거친 화면도 마음에 썩 다가오지 않았다. 조금 넘겨 보다가 책꽂이에 넣고 말았다.

그런데 이상하게도 책방에만 가면 《푸른 개》를 꺼내 들었다. 어쩐지 파란색이 좋았고, 신비로운 힘을 가진 그 개한테 마음이 갔다. 우리 집에서는 내가 어릴 때부터 지금까지 개를 기르고 있다. 그래서 개한테 남다른 감정이 있기는 하지만, 이 그림책에 나오는 개는 내가 좋아하는 누렁이가 아니다. 그야말로 환상 속에서나 나올 법한, 누구나 있었으면 하고 꿈만 꾸어 보는 그런 개다. 아직도 나는 아이 같은 꿈을 꾸는 걸까? 망설이다가 마침내 《푸른 개》를 사고 말았다.

학교에 가서 《푸른 개》를 아이들 앞에 펼쳐 보였다.

"아, 좀 무섭다."

"눈빛이 이상해요."

아이들은 거의 다 무섭다고 했다. 하지만 파란 빛깔 눈과 파란 털빛, 동상 같은 모습에서 오는 완고함은 이 개가 특별한 개일 거라는 기대를 품게 했다. 게다가 개 한 마리 키워 보는 게 소원인 도시 아이들한테는 남다른 매력으로 다가갔으리라. 책을 읽어 주는 내내 아이들은 흥분했다. '푸른 개'를 키우고 싶어 하는 샤를로뜨의 마음을 외면하는 어머니를 보면서 아이들은 모두 샤를로뜨가 되었다. 이 책은, 바라는 것을 거절당했을 때 아이들이 받은 아픔을 넉넉히 위로해 주는 듯했다.

현섭이도 책을 보면서 제 마음을 몰라주는 어머니를 생각했을 것이다. 다만 현섭이는 개를 기르는 것이 아니라 게임을 실컷 하는 것이 소원이었다. 샤를로뜨는 식구들과 나들이를 갔다가 숲에서 길을 잃는다. 어쩐지 나는 샤를로뜨가 저 혼자 어디론가 가 버리고 싶은 마음도 있었을 거라는 생각이 든다. 제 마음을 몰라주는 부모한테서 멀어지고 싶은 생각이 마음 어딘가에 숨어 있지 않았을까?

현섭이도 샤를로뜨처럼 길을 잃은 적이 있다. 늦도록 게임을 한 어느 날, 집에 가기가 무서워 집하고 반대쪽으로 마냥 걸었다. 걷다가 어두워지자 공원 안에 있는 공중전화 부스에 쪼그리고 앉아 훌쩍거렸다. 한참이 지나서야 순찰차가 울고 있는 현섭이를 발견하고 집까지 바래다주었다.

현섭이는 《푸른 개》를 보면서, 야단맞을까 봐 집에 전화도 못 하고 공중전화 부스 안에서 불안에 떨던 순간을 생각했을지도 모른다. 위험에 빠진 샤를로뜨에게 '푸른 개'가 나타났듯이, 현섭이한테도 순찰차가 아닌 '푸른 개'가 나타난다. 그리고 당당하게 '푸른 개'를 타고 집으로 돌아가 부모님 품에 안기고, 바라던 대로 개까지 기르게 된다. 얼마나 멋진 일인가! 현섭이는 이런 꿈을 꾸면서 씩 웃었을지도 모른다.

현섭이는 다른 아이들보다 넘어야 할 벽이 많은 아이였다. 발음도 또렷하지 않고 또래 동무들보다 이해하는 힘도 모자라며 집중력도 떨어졌다. 그러니 선생님한테 야단맞는 일이 수두룩하고, 또래들한테도 온전하게 대접받지 못했다.

《푸른 개》를 읽어 준 지 여러 날이 지나 아이들의 흥미가 다른 책으로 옮겨 갈 무렵, 《푸른 개》는 현섭이 차지가 되었다. 공부 시간이면 늘 책상 한쪽에 《푸른 개》를 두고 공부를 했고, 쉬는 시간에는 겨드랑이에 끼고 다녔다. 그러다 어머니한테 어떻게 말을 했는지, 하루는 아예 《푸른 개》 한 권을 사 가지고 왔다. 《푸른 개》의 무엇이 현섭이의 마음을 사로잡았을까! '푸른 개'는 현실 세계의 개가 아니다. 아득한, 다른 세계에서 왔을 것만 같은 개다. 입김을 불어서 모닥불을 피우거나, 주인공 샤를로뜨가 위험에 빠졌을 때 불쑥 나타난다. 그러면서도 사랑하는 주인 곁을 떠나지 않는다. 이렇듯 《푸른 개》에는 현섭이가 바라고 꿈꾸던 것들이 들어 있었다.

3학년이던 현섭이는 지금 중학생 나이가 되었다. 이 글을 쓰다가 현섭이 소식이 궁금해져서 여기저기 알아보았는데, 연락이 닿지 않는다. 현섭이는 백혈병을 앓고 있다고 한다. 내가 가르칠 때는 건강한 장난꾸러기였는데 언제 그런 병에 걸렸는지 모르겠다. 현섭이하고 연락이 닿으면 꼭 찾아가 《푸른 개》를 다시 같이 읽고 싶다. 언제라도 그 아이를 다시 만나고 싶다. 스무 살 청년이 되어서 만나더라도 《푸른 개》를 꼭 같이 읽고 싶다.

교실 창가 책꽂이에 있는 지점토 개를 볼 때마다 현섭이를 생각하면서 건강을 빌어 본다.

현섭이가 또 좋아한 그림책
《섬피 아저씨의 드라이브》 존 버닝햄 글 그림, 이주령 옮김, 시공주니어
《검피 아저씨의 뱃놀이》 존 버닝햄 글 그림, 이주령 옮김, 시공주니어

책에 눈뜬 징검이

 4학년부터 아이들이 저마다 원하는 부서로 가서 활동하는 계발 활동 시간이 있다. 내가 맡은 부서는 독서글쓰기부다. 이 부서는 아이들한테 인기가 없다. 점심을 먹고 난 오후 시간을 책을 읽거나 글을 쓰면서 보내고 싶은 아이가 없는 것은 당연한 일인지도 모른다. 아무튼 남자아이들은 보드게임이나 티볼부, 축구부를 좋아하고, 여자아이들은 음악부나 수예부, 색종이접기부에 들어가고 싶어 한다. 이러다 보니 독서글쓰기부는 1지망에서 떨어진 아이들이 모이는 부서가 되기 일쑤다.
 계발 활동을 시작하는 3월 첫날, 독서글쓰기부 남자아이들은 모두 코가 쑥 빠져서는 절망스런 얼굴을 하고 있다. 이 아이들 마음을 어떻게든 움직여야 한다.

"애들아, 지금 이 부서에 와서 실망스러울 거야. 하지만 12월이 되면 아쉬워하게 될걸. 아이들이 잘 몰라서 그렇지 이 부서는 사실 재미있는 부서야. 너희들은 운이 좋은 거지. 독서글쓰기부는 책을 읽고 여러 활동을 하는 것은 물론 다른 부서가 하는 모든 활동을 해 보고 글을 쓸 수 있거든. 영화를 보고 감상문을 쓸 수도 있고, 피구를 하고 방금 겪은 일을 쓸 수도 있어. 앞으로 우리 부서에서는 한 시간은 신나게 놀고 다음 시간에는 글을 쓰거나 발표를 할 생각이야."

내 말을 듣는 아이들 눈이 조금 반짝이는 듯했다. 한 시간은 신나게 놀겠다는 말에 무엇인가 기대하는 눈치다. 약속한 대로 두 번째 계발 활동 시간에는 연극놀이를 신나게 했다. 그 다음 시간에는 전래놀이, 학교 한 바퀴 돌아보면서 글감찾기 같은 활동을 하고 나서 글을 쓰기도 하고, 재미있는 그림책을 함께 보기도 하고, 맛있는 과일이나 멸치 같은 먹을 것을 준비물로 가져와 그림을 그리고 글을 쓰고 먹기도 했다. 아이들은 점점 이 시간을 좋아했다. 어느 순간부터 운동장이나 복도에서 일부러 내게 달려와 인사를 하며 "다음에는 뭐 할 거예요?" 하고 묻는 아이도 생겼다. 하지만 단 한 아이, 내가 가장 그 마음을 움직이고 싶어 하는 아이는 조금도 재미있어하지 않았다. 어떤 것을 해도 비웃는 얼굴로 꿈쩍도 하지 않았다. 그 아이가 바로 이정길이다.

계발 부서를 짜기 전, 정길이 담임은 학년 회의 시간에 걱정스런 얼굴을 하며 정길이를 어느 부서에 보내는 게 좋을지 물었다. 선생님들이 그 아이를 부담스러워할 거라는 사실을 너무나 잘 알고 있기에 무턱 대고 아무 부서에 넣지 못하고 있었다. 나는 담임에게 우리 부서에 정길이를 넣으라고 했고, 담임은 고마워했다.

내가 정길이 사정을 전혀 모르는 것은 아니다. 공부 시간에는 끊임없이 떠들고, 무언가로 책상을 긁어 대면서 수업을 방해한다. 점심시간이 되면 밥도 안 먹고 집으로 내뺀다. 이 아이가 하는 행동을 들어 보면 날마다 견디는 담임이 대견할 지경이다. 가정 형편을 들여다보면 답답하기만 하다. 어머니는 중한 병으로 자리에 누워 살림을 전혀 못 한다. 여기에 아버지는 술로 사는데 형제자매가 자그마치 여덟이다. 이런 처지인 것을 알면서도 정길이를 내가 맡은 부서에 들어오게 한 것은 그 아이한테 조금이라도 도움을 주고 싶은 마음이 있어서였다. 나와 가까워질 수 있을지 어떨지는 조금도 가늠할 수 없었다.

아니나 다를까, 정길이는 계발 활동 첫 시간부터 내리 결석을 했다. 담임한테 어떻게든 보내 달라고 이야기도 하고, 정길이를 복도에서 만나면 꼭 오라고 달래도 보았지만 콧방귀도 뀌지 않았다.

"이번에는 꼭 와! 재미있는 거 많이 하거든."

"난 독서 글쓰기 재미없어요."

팔이라도 잡으려고 하면 소스라치듯 밀쳐 냈다. 도무지 말을 걸어 볼 틈을 주지 않았다. 어찌어찌해서 1학기에 겨우 서너 번 왔지만, 두 시간을 채운 날이 없었다. 이러다 보니 아이와 나 사이에 아무것도 생기지 않았다. 나도 그 아이가 오지 않는 날이 차라리 고맙기도 했다. 그냥 내 능력 밖이구나 하는 생각이 들었다. 그 아이가 오면 수업을 할 수가 없었다. 책을 읽어 줄 때마다 이상한 소리를 내는 통에 분위기를 잡아 가며 책을 읽을 수 없었다. 그런 아이를 보고 있노라면 머리가 버글버글해졌다. 아이는 연필 같은 것으로 책상을 계속 치며 탁탁탁탁 소리를 내고는 했다. 그만하라고 몇 번이나 말을 해 보지만 늘 못 들은 척 했다. 아니면 몇 초 쉬었다가 다시 했다. 다른 아이들이 나를 응원해서 정길이에게 뭐라 해도 신경을 쓰지 않았다. 그러다 이따금 툭 한마디 던지기도 했다.

"아, 그림책이 뭐 저래, 재미 하나도 없어. 나중에 보나마나 다 죽어!"

이런 식으로, 왔나 하면 계속 떠들거나 함부로 말하면서 내 신경을 긁고, 좀 조용합네 하면 사라지고 없었다. 정말 황당했다. 아이를 잡으러 나가기도 하지만 잡을 수 없었다. 이미 교문 끝에 가 있거나 어찌나 빠르게 숨는지 보이지도 않았다. 이렇게 한 학기가 흐르고 2학기 끄트머리가 되었다. 활동할 시간은 이제 몇 번밖에 남지 않았다.

그런데 어느 날, 정길이가 어쩐 일로 계발 시간에 왔다. 정길이는 담임선생님이 재미있는 거 보여 준다고 했다면서 자리에 앉자마자 "영화 틀어 줘요!" 하고는 소리를 질렀다. 그 아이를 놓치기 싫어서 프랑스 만화영화 '프린스 앤 프린세스' 가운데 짧은 것 세 편을 보여 주었다. 다른 아이들은 정신을 놓고 보았다. 정길이는 시시하다는 표정을 짓고는 삐딱하게 앉아 곁눈질하듯 보고 있었다. 그래도 내 편에서는 도망가지 않고 앉아 있는 게 다행스럽기 그지없었다. 아무것도 하지 못하고 정길이와 끝나고 마는가 싶어 몹시 속상해하고 있었기 때문이다. 나는 아이를 놓치지 않고 무엇인가 해 보려고 하니 긴장이 되었다.

영화를 보고 귤 그리는 시간이다. 정길이가 귤을 가지고 오지 않아서 다른 아이한테서 얻어 주었다. 정길이는 귤을 보더니 연필로 귤 가운데를 꾹꾹 찌르면서 흠집을 만들고 있었다. 열불이 나는 것을 겨우 누르며 가까이 가서 부드럽게 야단을 치고는 나누어 준 종이에 대강 그림을 그려 주었다.

"자, 여기에 색을 칠해 봐!"

그러고는 조금 뒤에 다시 가 보니 정길이는 귤을 몽땅 하늘색으로 칠해 놓았다. 기가 막혔다. 조금도 귤 색깔과 비슷하지 않은 하늘색 한 가지로 귤을 칠하다니! 그래도 별말 하지 않고 지우개로 하늘색을 지우고 귤에 칠할 때 쓸 색연필을 두세 가지 골라 주었다. 그제야 정길이는 조금은 미안한 낯으로 순순히 색을 칠했다. 다시 살살 칠하는 법을 가르쳐 주면서 테두리 밖으로 나가지 않게 칠해 보라고 했다. 그런데 이상하게도 잘 따라 했다. 글 쓸 차례가 되었다. 나는 이미 정길이가 글자를 제대로 쓸 줄 모른다는 것을 담임한테 들어 알고 있었다. 때문에 마음 상하지 않게 하려고 다른 아이들 모르게 살짝 내 자리로 오게 했다. 나는 컴퓨터 자판에 손을 대고는 정길이한테 귤에 대해서 하고 싶은 말을 하라고 했다. 정길이는 두 문장 겨우 이야기했다. 그것을 컴퓨터로 쳐서 인쇄해 주었다.

"가서 그대로 베껴 써 와. 네가 한 말 그대로야."

인쇄해 준 게 좋았을까. 정길이는 들어가서 귤 그림 옆에 글을 그대로 써 왔다. 오랜만에 마칠 때까지 공부를 했다. 기특했다. 나는 이날

모습을 보고 정길이가 다음 시간에도 올 거라고 믿었다.

하지만 그건 동화책에나 나오는 일이었다. 다음 시간에 정길이는 오지 않았다. 다행히 한 번 건너뛰고 다시 왔다. 하지만 오 분쯤 앉아 있더니 "어 재미없어."를 되풀이하면서 구시렁댔다. 그러더니 슥 없어졌다. 순간 나는 뒤쫓아 나갔다. 운이 좋았다. 주차장에 숨어 있는 아이를 발견했기 때문이다. 나는 팔을 꽉 잡고는 절대로 놓치지 않겠다는 얼굴로 협박했다.

"오늘도 도망가면 그냥 두지 않을 거야. 너 아버지가 학교 와서 뭐라 해도 난 겁 안 나! 알아서 해."

눈을 무섭게 뜨고 말했다. 아이는 내가 하는 꼴이 황당했는지 멍한 얼굴로 잠깐 나를 보더니 순순히 따라왔다. 나는 얼른 아이 가방과 신주머니를 감추었다. 사과를 그리는 시간이 되었다. 정길이는 지난번처럼 시키는 대로 색을 곱게 칠했다. 글은 지난번하고 똑같은 방법으로 해서 쓰게 했다.

그리고 책 읽는 시간이 왔다. 아이들을 모두 도서관으로 보냈다. 20분 동안 책을 읽고 오라는 과제를 주었다. 그런데 정길이는 꿈쩍도 안 하고 있었다.

"도서관에 가야지."

"책은 재미없어요. 집에 갈 거예요."

그 말이 끝나기도 전에 나는 정길이 손을 꽉 잡고 도서관으로 갔다. 그러고는 그림책 장에서 《제랄다의 거인》(토미 웅게러 글 그림, 김경연 옮김, 비룡소)을 골라 들고 교실로 다시 왔다. 마침 교실은 텅 비어 있어서 정길이한테 책을 읽어 주기에 좋았다. 내 교탁 옆에 의자를 놓고 정길이를 앉게 했다. 그러고는 《제랄다와 거인》을 읽어 주었다.

한 장, 두 장, 석 장을 넘기면서 보니 정길이 얼굴이 달라지고 있었다. 아주 재미있다는 얼굴이다. "어, 와!" 하고 짧게 감탄하면서 순수한 반응을 보였다. 책을 다 읽고 이 거인이 달라진 까닭이 뭐냐고 물으니 음식 때문이라고 했다. 나는 정길이 얼굴을 가만히 들여다보면서 물었다.

"책 재미있니?"

"예."

아이는 자기가 책이 재미없다고 말한 것 때문에 쑥스러웠는지 머리를 숙이고는 짤막하게 대답만 했다. 순간 정길이가 방금 본 그림책 속 거인과 닮았다는 생각이 들었다. 선생님과 동무들을 괴롭히고 공부를 방해하는 정길이는 겉만 보면 무시무시한 거인처럼 보일지도 모른다. 하지만 그림책 속 거인 마음에 순한 마음이 숨어 있었듯 정길이 마음속에도 보드라운 마음이 숨어 있을 거라는 생각이 들었다. 정길이 마음속 깊은 곳에 숨어 있는 다정하고 고운 마음이 무엇을 만나야 피어날까? 좋은 음식, 책, 다정한 어른, …… 무엇일까? 정말 정길이가 거인이 제랄다의 음식을 먹고 몸과 마음이 멋지게 성장했듯 좋은 기회를 만나 잘 자라면 좋겠다. 그런 생각을 하며 정길이한테 다음 공부 시간에도 꼭 오라고 했다. 아이는 그러겠다고 했다.

다음 날 복도에서 정길이를 만났다. 어제 함께 나눈 시간 때문이었는지 다른 때보다 인사하는 목소리가 부드러웠다. 하지만 그뿐이었

다. 나는 이제 조금 기대하는 마음이 생겼는데, 그 마음을 저버리고 아이는 그 다음 시간에 오지 않았다. 단 다섯 번만이라도 그 아이와 책 읽는 시간을 내 보았다면 하는 아쉬움이 자꾸 들었다. 애를 쓰지 않은 내 탓이 컸다.

끝내 마지막 시간이 되었다. 아, 정길이가 왔다. 이날 정길이는 여느 때와 다르게 차분해 보였다. 옷차림도 단정했다. 다른 아이로 보일 만큼 철이 든 것 같았다. 복지관 선생님, 담임 선생님이 많이 도와준 듯 싶었다.

첫 시간에 묘사 글쓰기 활동을 하고, 이어지는 시간에 아이들을 데리고 도서관에 갔다. 아이들에게 책을 읽게 하고 나서 얼른 여기저기 다니며 책을 뺐다 넣었다 하는 정길이를 찾았다. 그러고는 그림책 두 권을 골라 나란히 의자에 앉았다. 옛날이야기 그림책《줄줄이 꿴 호랑이》(권문희 글 그림, 사계절)와 《크릭터》를 읽어 주었다. 두 권 모두 재미있는 이야기라 정길이는 꼼짝 않고 이야기를 들었다. 다 읽어 주고 나니 "아, 재미있다." 그런다. 그러더니 자기 혼자 책을 골라 읽겠다고 했다. 가만히 보니 지난번에 읽어 준《제랄다와 거인》을 꺼내 본다. 다 읽더니 다음에는《강아지똥》을 가져왔다. 끝까지 읽는다. 몸을 눕혔다, 뒤집었다 하면서도 끝까지 읽는다. 그렇게 열심히 책을 읽는 일이 처음일 거라는 생각이 들었다. 정길이가 책을 읽는 모습이 예뻐서 교실 내 책상에 넣어 둔 입체 그림책을 살짝 꺼내 왔다. 우리 반 아이들이 기절할 정도로 재미있어한 책《무시무시한 동물》이다.

책을 열면 매머드가 일어난다. 색깔이 더없이 아름답다. 누구라도 한 번 보기만 하면 뒤로 넘어갈 만큼 재미있는 책,《무시무시한 동물》을 다른 아이들이 보지 않게 살짝 가져와서 정길이 손을 잡고 유리문으로 된 도서관 안 작은 방으로 들어갔다. 남자아이 몇 명이 기다란 나무 층계에 자유롭게 앉아 있었다. 나와 정길이는 한쪽에 자리를 잡고 앉았다. 입체 그림책 표지를 본 우리 반 남자아이 둘은 눈이 휘둥그레져서 다가왔다. 그러고는 다시 한 번 더 보려고 내 옆에 붙어 앉았다. 입체 책을 열었다. 거대한 동물이 일어선다. 빛깔이 아름답다. 정길이는 "와!" 하며 얼굴을 바짝 들이댔다. 그러더니 손가락 끝으로 입체로 선 종이 동물을 만져 본다. 아주 조심스럽게. 펼친 화면 네 귀퉁이에 접어 놓은 작은 입체 그림책도 하나하나 열어서 찬찬히 보여 주었다. 정길이는 내내 조금도 눈길을 떼지 않고 책을 보았다. 새로운 면을 펼칠 때마다 탄성을 질렀다. 마지막에 보여 준 매머드는 황홀한 듯 한참 보고 만지고 했다. 이어 이런 책 또 있으면 보여 달라고 한다. 나는 다음에 또 구하면 보여 주겠다고 했다.

책을 읽기로 한 시간이 다 되어 마무리를 하고 교실로 돌아왔다. 읽은 책 가운데 마음에 남는 장면을 그림으로 그리기로 했다. 정길이는 같은 반 동무하고 매머드를 그리고 싶다고 했다. 나는 다른 아이들한테 이 그림책을 보여 주지 않아서 몰래 보아야 한다고 했다. 아이 둘은 내 책상 옆에 의자를 가지고 앉아서 입체 그림책에서 매머드를 펼치고 그림을 그렸다. 나는 정길이가 하는 행동이 마냥 신기했다. 무엇보다 먼저 그림을 그리겠다고 한 게 너무나 신기했다. 정길이는 열심히 그렸다. 색연필로 색도 정성껏 칠했다. 마지막에 동물 이름도 쓰고 느낌도 썼다. "참 재밌다." 이렇게 말이다. 종이를 내미는 정길이 얼굴이 꽤 만족스러워 보였다.

이렇게 같이 책을 읽고 놀 수 있는 기회가 몇 번만 더 있으면 하고 생각했다. 하지만 이날은 마지막 시간이다. 공부를 마쳤다. 정길이는 큰 소리로 인사를 하고 갔다. 정길이 뒷모습을 보면서 정길이가 책도 재미있다는 것을 알았으니 가끔이라도 도서관에 가면 좋겠다, 싶었다. 이제 정길이는 5학년이 된다. 이번에 보여 준 입체 그림책 같은 멋진 책을 구하면 꼭 정길이를 초대해서 함께 볼 생각이다.

정길이가 또 좋아한 그림책
《개구리일까, 아닐까?》 던칸 크로스비 글, 히도 반 헤네흐텐 그림, 서남희 옮김, 보림
《나는 티라노사우르스》 피터 매카티 글 그림, 배소라 옮김, 마루벌
《세 강도》 토미 웅게러 글 그림, 양희전 옮김, 시공주니어
《크록텔레 가족》 파트리샤 베르비 글, 클로디아 비엘린스키 그림, 양진희 옮김, 교학사

피터의 휘파람과
세일이의 리코더 소리

《휘파람을 불어요》(에즈라 잭 키츠 글 그림, 김희순 옮김, 시공주니어)를 처음 보았을 때 어릴 적 소리 내 껌을 씹으려고 아주 애를 쓰던 게 생각났다. 우리 마을 아주머니 한 분은 이빨은 물론 불그레한 잇몸까지 드러내 따닥 따닥 따다다다닥! 소리 나게 껌을 씹었다. 정말 그 소리는 조금도 끊어지지 않고 기막히게 계속 이어졌다. 그게 얼마나 부러웠는지 껌을 씹을 때마다 소리를 내 보려고 입 모양, 씹는 모양을 열심히 보고 따라 했다. 《휘파람을 불어요》에서 피터가 볼이 얼얼해지도록 휘파람 부는 연습을 했듯이 나는 껌 씹는 연습을 했다. 나한테도 소리가 나는 순간이 찾아왔듯 마침내 피터한테도 휘파람으로 개 윌리를 부르는 가슴 터질 듯한 순간이 찾아왔다. 어른들이 보면 아무 일도 아닌 것 같지만, 아이들은 아주 작은 일도 제 힘으로 해내면 가슴 벅차 한다. 이런 기쁨은 아주 소중하다. 무언가를 해내 자신감이 붙으면 다시금 새로운 일에 뛰어들고 싶은 마음이 생기기 때문이다.

세일이한테도 그런 일은 분명 있었을 법한데 공부 시간에는 아무런 기대도 없는 듯 도무지 나를 보지 않았다. 칼로 지우개를 썰거나 아침에 사 온 장난감을 만지작거리면서 쉼 없이 딴전을 피웠다. 교과서는 안 가져온 게 더 많고, 공책 한 권에다 이것저것 다 썼다. 필통은 있지만, 연필은 쓸 만한 게 없었다. 세일이는 날마다 연습하는 리코더의 한 음도 제대로 소리 내지 못했다. 어떻게 해야 세일이가 마음을 붙일 수 있을까? 생각 끝에 리코더가 좋겠다는 생각이 들었고, 자연스럽게 그림책 《휘파람을 불어요》가 생각났다.

"리코더 음이 제대로 안 나는 사람은 남아서 오 분만 연습하고 가자."

열 명 가까이 남았다. 세일이도 내 앞에 둥글게 늘어선 아이들 틈에 끼어 있었다. 손가락으로 구멍을 막는 법부터 하나하나 잡아 주고는 도 음을 내게 했다. 3학년 아이들은 제 음을 쉽게 내지 못하고 픽, 핏 하고 바람 소리를 냈다. 세일이도 어렵다는 듯 고개를 갸우뚱거렸다. 연습이 끝나고 세일이를 남게 했다.

"세일아, 나하고 책 한 권 볼래?"

"예."

세일이는 우물쭈물하는 아이가 아니다. 어른을, 선생을 그다지 두려워하는 아이도 아니다. 솔직하게 싫으면 싫다, 좋으면 좋다를 밝히는 아이다. 어머니가 일을 나가기 때문에 종일 어린 동생과 집에서,

골목에서 지내다 보니 나름대로 견디는 법을 터득한 것 같았다. 그림책을 폈다. 별로 신통해하는 얼굴이 아니다.

"제목 읽어 볼래?"

"휘―파―람―을―불―어―요!"

목소리가 맑고 또랑또랑하다.

"어, 세일이 목소리 참 예쁘네!"

이렇게 말하니 세일이 얼굴빛이 조금 달라지는 듯했다.

"이 아이 어때?"

"모르겠어요."

여전히 관심 밖이다. 목소리도 싸늘하다. 나는 책을 한 쪽씩 읽어 갔다. 그러다 피터가 휘파람 소리가 안 나자 팔을 펴고 빙빙 도는 장면에 이르렀다. 세일이는 멀리서 휘파람을 불며 강아지와 노는 남자아이를 보더니 갑자기 한마디 했다.

"그런데 사람 머리가 이상해요."

그림책을 보며 세일이가 처음으로 반응을 보였다. 마음이 조금 놓였다. 휘파람을 불려고 애쓰는 피터의 마음이 느껴졌을까? 세일이는 이제 피터가 휘파람 부는 장면이 나올 때마다 "흡흡." 하며 휘파람 부는 흉내를 냈다.

"세일이 너도 볼이 얼얼해지도록 리코더 불어 볼래?"

"싫어요."

"왜?"

"못하니까요."

"그래도 오늘 연습하니까 좀 나아졌잖아."

"예."

우리는 피터가 모자를 쓰고 아빠 흉내를 내는 장면에서 그림책 대사를 주고받았다.

"그런데요, 피터가 아빠 흉내 왜 내요?"

"혹시 아빠 흉내를 내면……."

"아! 어른들은 다 휘파람 소리를 내니까!"

피터가 낙서가 가득한 벽 앞을 지나는 장면에 이르렀다.

"이게 뭐지?"

"낙서요."

"낙서 좋아해?"

"전에 차에다 '바보'라고 썼어요."

"손가락으로?"

"아니요, 페인트요."

"페인트? 그러면 차에 쓴 글자도 안 지워지고 손에 묻은 것도 안 지워지잖아."

"물로 지우면 지워져요."

"아, 수성 페인트구나! 그런데 차 주인은 기분이……. 네가 차 주인이라면……."

"나쁘죠!"

"그래, 그런 장난은 좀 그렇지?"

"이 책 재미있었니?"

"예."

"어느 장면이 맘에 들어?"

"휘파람 부는 순간요."

"너도 피터가 휘파람 연습한 것처럼 리코더 연습 해 볼래?"

세일이는 그냥 웃기만 한다. 그런데 다음 날 아침에 보니 세일이가 리코더 연습을 하고 있었다. 들어 보니 전날보다 소리가 한결 나았다.

"집에서 연습했구나! 얼마나 연습했어?"

"여덟 번이요."

너무 기특하여 세일이 볼을 만져 주었다. 다음 날 아침에 보니 세일이 책상 위에는 《휘파람을 불어요》가 놓여 있었다.

이 책에는 바라는 일을 이루고자 하는 아이들의 절실한 마음과 그 일을 이루지 못했을 때 보이는 행동이 잘 드러나 있다. 피터는 휘파람이 불어지지 않자 혼자 빙글빙글 돌아 본다. 색분필로 길바닥에 선을 길게 그어 보기도 한다. 아빠 모자를 쓰고 아빠 흉내도 내 본다. 겉으로 보면 이 같은 행동은 피터가 휘파람을 불게 되는 일하고는 별 상관없어 보이지만, 세일이는 온갖 일을 벌이는 피터의 마음이 휘파람을 불고 싶은 생각으로 꽉 차 있다는 것쯤 어렵지 않게 눈치 챘다.

리코더 소리를 전혀 내지 못하던 세일이는 휘파람을 불어 보려고 애쓰는 피터와 달리 리코더 부는 일에 전혀 관심이 없어 보였다. 어쩌면 처음에는 잘해 보려고 했는데 한두 번 해 보고 나서 잘 안되니까 관심없는 척 했을지도 모른다. 아무튼 세일이는 《휘파람을 불어요》를 보기 전까지 리코더를 불어 보려고 조금도 애쓰지 않았다. 그런 세일이가 피터를 보면서 마음이 움직였다.

　세일이는 휘파람 소리를 내기 위해 애쓰는 피터를 보면서 리코더를 잘 부르고 싶은 자신의 진짜 마음을 확인했을 것이다. 그리고 그 바람을 피터처럼 행동으로 옮겨 보았다. 빙빙 돌거나 줄긋기를 하는 대신 리코더를 불고 또 불었다. 세일이는 한동안 리코더 연습을 열심히 했다.

세일이가 또 좋아한 그림책

《반쪽이》 이미애 글, 이억배 그림, 보림
《으뜸 헤엄이》 레오 리오니 글 그림, 이명희 옮김, 마루벌
《치과 의사 드소토 선생님》 윌리엄 스타이그 글 그림, 조은수 옮김, 비룡소
《호야의 썰매타기》 아만 키미코 글, 니시무라 시게오 그림, 김난주 옮김, 웅진주니어

그림책으로 만난 옆 반 아이, 은미

은미는 2004년에 만난 아이다. 옆 반 아이인 은미는 아이들 사이에 '전따'로 통했다. 우연히 그 아이를 볼 때면 울고 있거나, 방금 울었는지 눈가에 물기가 어려 있고는 했다. 우리 반 아이도 아니고 6학년이나 된 큰 아이라 섣불리 나서서 무얼 어쩌기도 어려워 그저 마주치면 인사를 하거나 등을 토닥거려 주는 일밖에 하지 못했다. 그래서 늘 반 아이들하고 섞이지 못하고 밥 먹으러 갈 때마다 혼자 저만큼 뚝 떨어져 걸어가는 그 아이를 보면 마음이 짠해 견디기 힘들었다. 서른넷 우리 반 아이들도 제대로 감싸 안지 못하면서 다른 반 아이한테까지 마음을 주는 것은 지나친 감상이거나 욕심일 수도 있다. 하지만 은미에 대한 걷잡을 수 없는 연민을 어쩌지 못하고 9월 어느 날, 나는 덜컥 그 아이하고 약속을 해 버렸다.

"생활 주번 서는구나! 힘들겠네. 음, 점심때 도서관에서 잠깐 볼래?"

내가 남다른 관심을 기울인다는 것을 눈치 챘을 테지만, 느닷없이 보자는 말에 적잖이 당황스러웠을 것이다. 하지만 은미는 고개를 가만히 끄덕거렸다. 점심을 먹고 갑자기 일이 생겨 늦게야 바쁘게 도서관에 갔다. 둘레둘레 살피며 나를 찾는 은미가 보였다. 애타게 기다렸다는 게 느껴졌다.

시간이 급해서 책장에서 보이는 대로《아기 곰의 가을 나들이》(데지마 게이자부로 글 그림, 정근 옮김, 보림)를 골랐다. 다 읽어 줄 때까지 은미는 아무런 감정을 보이지 않았다.

"은미야, 졸업할 때까지 나랑 월요일마다 그림책 보자."

은미는 가만히 있었다.

"나랑 책 읽는 거 좋으니, 싫으니?"

여전히 말을 하지 않았다.

"그럼 다음 주에 또 만날까?"

그제야 고개를 끄덕였다. 처음으로 그림책을 읽어 준 일이 은미한테 어떻게 다가갔는지 모른다. 하지만 은미는 내 뜻을 받아들였고, 우리는 그렇게 그림책으로 만났다. 담임선생님한테는 따로 말씀드렸다. 은미가 많이 힘들어하는데 담임이 남자에다 나이가 많은 분이라 무슨 이야기하기를 어려워하는 것 같다, 마침 아이들한테 그림책을 많이 읽어 주고 있으니까 은미한테 그림책을 읽어 주면서 도움을 주고 싶다, 이런 이야기를 했고 담임선생님은 기꺼이 허락해 주셨다.

은미하고 그림책을 읽은 지 한 달이 되던 날이다. 그때까지 나는 은미한테 월요일마다 그림책을 두 권씩 읽어 주었다. 은미는 여전히 그림책을 보면서 별다른 반응이 없었고, 보고 나서도 묻는 말에도 시큰둥했다. 그림책 읽어 주는 것을 이 아이가 좋아하는지 어쩐지 알 수가 없어 나는 꽤나 긴장하고 있었다. 어떤 책을 읽어 주어야 할지 늘 고민했지만 번번이 은미는 냉담한 듯했다. 하지만 약속은 한 번도 어기지 않았다.

어느 날, 은미에게 예쁜 그림책 표지 그림이 새겨져 있는 수첩을 주었다. 그림책《도대체 그동안 무슨 일이 일어났을까》(이호백 글 그림, 재미마주) 표지를 그대로 따온 고운 수첩이다. 수첩을 주면서 하고 싶은 말이 있으면 써서 달라고 했다. 그런데 한 주가 채 지나지 않은 금요일, 은미가 급식실 현관 앞에서 나를 기다리고 있었다. 밥을 먹고 나오자 은미는 "오늘 책 보면 안 돼요?" 하고 물었다. 돌아오는 월요일은 식구들하고 무슨 일이 있어서 일찍 가야 된다고 했다. 은미가 내게 말을 먼저 건 게 하도 신통해서 얼른 그러자고 했다.

도서관에 가니 은미는 지난주에 준 수첩을 손에 쥐고 있었다. 가만히 보니 수첩이 구깃구깃했다. 왜 그렇게 구겼냐고 하니 반 아이들이 가방하고 사물함을 자꾸 뒤져서 갖고 다니느라고 그랬다고 했다. 내가 준 수첩을 잃어버리기 싫어서 그랬던 것 같다.

그림책을 두 권 골랐는데, 한 권은 내가 고르고 나머지 한 권은 은미한테 고르라고 했다. 은미는 늘 도서관에 와서 그림책을 보았기 때문에 웬만한 것은 다 본 듯했다. 《쉿쉿》(김춘효 글, 백은희 그림, 비룡소)을

골라 왔다. 집안일을 하던 아버지는 방에서 뛰어노는 아이를 야단치다 울린다. 아버지는 달래려고 애를 쓰지만 도무지 아이가 울음을 그치지 않자 같이 엉엉 우는 것으로 끝나는 이야기다. 아버지와 아이가 같이 우는 장면에서 은미가 처음으로 빙긋 웃었다. 책 읽는 횟수가 늘어나면서 굳어 있던 은미 얼굴이 부드러워지는 것은 느꼈지만 그렇게 웃는 모습은 처음 보았다.

그때까지 은미는 동무 이야기도 식구 이야기도 내게 한 적이 없었다. 나 또한 서둘러 알려고 하지 않았다. 조금씩 친해지자고, 동무가 되어 주자고 생각하고 있었다. 이날 책을 다 읽고 은미와 헤어지고 나서 혼자 천천히 4층 층계를 오르고 있는데 은미가 달려오더니 수첩을 쑥 내밀며 "뭐 썼어요." 하고는 도망치듯 달려간다. 어느새 교실까지 달려가서 무얼 써 왔을까, 두근거리는 마음으로 수첩을 펼쳤다. 앞 장에 내가 수첩을 줄 때 글을 쓰고 그린 그림을 은미는 똑같이 따라 테두리를 그리고 꾸미고 나서 글을 썼다.

강승숙 선생님께
은미하고 한 권 골라서 선생님 일주일에 2번씩 해요. 책 보기로 해요. 선생님이 재미있어요.

몇 번이고 읽었다. 그리고 얼른 그 아이 반으로 가서 살짝 불러냈다. 귓속말로 이제부터 이틀씩 하자고 했다. 그 말을 하고 돌아서는데 나도 모르게 흥분이 되었다.

그림책을 읽은 지 한 달이 지났다. 은미와 나는 친해지고 있었지만, 은미와 아이들 관계는 좀처럼 나아지지 않았다. 여전히 은미와 내가 걷고 있으면 이상한 눈빛으로 힐끔힐끔 보는 아이들이 있었다. 나중에 우리 반 남자아이가 쓴 글에서 은미를 싫어하는 아이들 생각을 확인하기도 했다.

선생님은 대단해요. 은미랑 다니는 선생님도 더럽다고 하는 여자아이들이 있는데 그렇게 은미와 책을 보는 게 용감해요.

이런 현실을 보면서 고민 끝에 우리 반 아이들한테 은미 이야기를 꺼내기로 했다. 마침 주장글을 공부할 때였다. '따돌림'이 주제로 나와 있어서 자연스럽게 이 문제를 꺼낼 수 있었다. 아이들은 은미에 대해 다 알고 있었기에 주저하지 않고 제 생각을 말했다. 들어 보니 모두 그 아이한테 피해당한 것도 없는데 누가 그러더라 하면서 그 아이를 멀리하고 싫어하고 있었다. 대 놓고 싫은 소리를 한 아이도 있었다. 이미 은미네 반 아이들과 다른 반 아이들 가운데 꽤 많은 아이들이 은미 몸도 책상도 물건도 만지려 들지 않는다고 했다. 그 아이를 만지면 만진 아이도 따돌림당하는 형편이었다.

아이들 이야기를 듣고 나서 내가 은미하고 책 읽어 온 이야기를 들려주었다. 왜 은미와 도서관에 가는지, 담임도 아니면서 왜 그 아이한테 도움을 주려고 하는지 단단차게 털어놓았다. 진정한 공부는 우리 앞에 놓인 문제를 풀어 가는 거라고 말했다. 그동안 있었던 일을 말하자 관심 없던 아이들도 꽤 관심을 기울이는 듯했다. 나는 작은 실천이라도 해 보자며 아이들을 설득했다.

그날 일로 작은 변화가 일었다. 도서관에서 은미와 책을 읽고 있으면 은근히 다가와서 우리 둘이 무슨 책을 읽는지, 무슨 이야기를 나누는지 관심을 보이는 아이들이 늘었다. 인사를 하면서 은미한테 적극 다가가는 아이들도 있었다. 물론 여전히 마음 문을 닫고 있는 은미 쪽에서 받아들이지는 못했지만 소중한 변화였다. 은미가 아이들의 진심을 믿고 마음 문을 여는 데는 시간이 필요했다. 하지만 크리스마스를 앞두고 슬기가 쓴 편지는 은미 마음을 크게 움직인 듯했다.

크리스마스를 앞두고는 그동안 상처 준 동무나 어쩐지 가까이 하지 못한 아이들한테 카드를 만들어 보내자고 했다. 선미가 은미한테 카드를 써서 보냈다. 그날 오후, 도서관이 복잡해서 은미를 교실로 오게 했다. 우리 반 여자아이들 몇이 은미한테 반갑게 인사를 했다. 하지만 은미는 굳은 얼굴로 서 있었다.

"은미야, 부끄러워하지 말고 아이들이 인사하면 살짝 웃어 주기라도 해. 어디 해 보자."

아이들이 다시 인사를 하니 그제야 조금 웃었다. 책을 다 읽고 문밖을 나서는 은미한테 다시 우리 반 아이들 셋이 명랑하게 인사를 했다. 은미는 머뭇거리다 내 얼굴을 보더니 끄덕였다. 남들한테는 흔한 일이 은미한테는 시험 보듯 어렵고 새롭다. 그래도 이렇게 한걸음 내딛는 은미가 장하다는 생각이 들었다.

겨울 방학을 앞두고 방학 계획표를 짜는 날, 선미가 짠 계획표를 보니 '은미와 책읽기' 이렇게 쓰여 있다. 선미는 내가 바라던 일을 하려고 마음먹고 있었다. 그날 점심을 먹고 급식실을 나서는데 헌영이, 선미가 내 곁에 와서는 "선생님, 저 은미랑 동무하기로 했어요." 그런다. 놀라서 정말이냐고 물었다. 그랬더니 은미가 "그래, 동무해." 하고 대답했다는 말도 그대로 전해 주었다. 기뻤다. 은미한테 말을 걸려면 용기가 있어야 하는데 그런 마음을 낸 헌영이와 선미가 더없이 고마웠다. 헌영이는 따돌림 때문에 한바탕 힘든 일을 겪었다. 그래서 은미 마음을 잘 알아차리고 다가가려는 노력을 했는지도 모른다.

12월, 방학하기 전에 은미와 《고향으로》(김은하 글, 김재홍 그림, 길벗어린이)라는 그림책을 보았다. 이날은 번갈아 가며 책을 읽었다. 여전히 은미는 발음할 때 문장 끝부분을 어물거렸지만 처음보다는 목소리가 제법 또렷해졌다. 어쩐지 탁한 화면이 마음에 썩 들어오지 않아서 꼼꼼하게 읽지 않던 그림책을 은미 때문에 보았다. 도서관이라 작은 소리로 책을 읽다 보니 글자가 많은 것은 부담스러워 피했는데, 방학을 앞둔 마지막 날이라 은미 바람대로 그 책을 읽기로 했다.

첫 화면, 세로로 된 우리에 갇힌 흑두루미가 보인다. "딱딱한 시멘트 바닥에서 사료를 받아먹는 동안……." 하고 읽으니 "사육사가 먹이를 줘요." 하고 은미가 대답했다. 은미는 '사육사'라는 낱말을 똑똑하게 발음했다. 그림책 뒷부분으로 가면 흑두루미가 내침을 받았던 어느 두루미 식구와 점점 친해지는 장면이 나온다.

"은미야, 처음에는 흑두루미가 왜 그 식구를 피했을까?"

"낯설어서요."

환상 속에서 위로받는 아이들

은미는 서슴지 않고 대답했다.

"나를 처음 만났을 때 어색했지?"

"예."

"지금은?"

"아니에요."

그림책을 보는 내내 흑두루미가 은미 같다는 생각이 들었다. 그 두루미는 많은 노력 끝에 두루미 동무들과 어울려 날아간다.

"은미야, 이제 중학교 가잖아. 나랑 책 읽을 시간도 별로 없네. 은미야, 아이들하고 친해지려고 노력해 보자. 먼저 다가가기도 해야 돼. 흑두루미처럼."

"예."

교과서 같은 말이지만 정말 은미가 의지를 가지고 자기가 처한 상황을 바꾸려고 노력했으면 하는 마음이 간절했다.

《고향으로》를 읽은 날 집에 가면서 은미가 편지를 내밀었다. 하늘색 기다란 봉투에 담겨 있었다.

6-1 강승숙 선생님께

선생님, 안녕하세요.

은미예요.

책 읽어 주는 거 벌써 2달째에요.

내일 모레 방학하네요.

1월 17일 날 만나요. (은미 올림)

은미한테 그림책은 무엇이었을까? 우리가 나눈 시간은 겨우 두 달이다. 그림책을 읽고 이야기를 많이 나눈 것도 아니다. 답답했을 그 아이 사정을 듣지도 못했다. 처음부터 나는 그런 욕심을 갖지 않기로 했다. 그저 세상에 따뜻한 사람이 많다는 믿음을 주고 싶었다. 모두한테 버림받았다는 생각을 하지 않게 해 주고 싶었다. 만나는 시간 동안 우리는 서로 성실했다. 은미는 책 읽는 시간을 단 한 번도 어기지 않았다.

그날 뒤로 책을 더 읽지 못했다. 중학교에 간 은미 소식이 궁금할 때가 많다. 하지만 내가 할 수 있는 일은 마음속으로 그 아이가 힘차게 날갯짓하기를 비는 것뿐이다.

은미가 또 좋아한 그림책

《개와 고양이》 김중철 엮음, 유승하, 최호철 그림, 웅진주니어
《도대체 그동안 무슨 일이 일어났을까?》 이호백 글 그림, 재미마주
《반쪽이》 이미애 글, 이억배 그림, 보림

찾아보기

가장 사랑받는 곰 인형	84
강아지똥	154, 158, 160
견우와 직녀	255
고향으로	335
곰 아저씨와 춤추는 곰	238
곰 인형 오토	184
괭이부리말 아이들	287
긴 머리 공주	115
까마귀 소년	122
까막나라에서 온 삽사리	141
꼬마 구름 파랑이	192
꿈꾸는 아이	91
나는 평화를 꿈꿔요	193
나무는 좋다	226
내게는 소리를 듣지 못하는 여동생이 있습니다	170, 293
너하고 안 놀아	90
노란 양동이	67
당나귀 실베스터와 요술 조약돌	20, 152
당주의 숲	205
도서관	50, 298
도서관에 간 사자	53
동물원	235
돼지책	296
두루미 아내	253
따로 따로 행복하게	295, 297
또야 너구리가 기운 바지를 입었어요	271
만희네 집	272
몽실 언니	155
무명 저고리와 어머니	160
무시무시한 동물	239, 318
백두산 이야기	138
백만 번 산 고양이	105
부러진 부리	242
사랑에 빠진 거인	115
새앙 쥐와 태엽 쥐	80
생각하는 ㄱㄴㄷ	98
쉿쉿	330
시리동동 거미동동	40
쏘피가 화나면— 정말 정말 화나면…	59
씨앗은 어디로 갔을까?	212
아씨방 일곱 동무	265
엄마 까투리	151
엄마의 의자	279, 293
열 개의 눈동자	237
오, 키퍼!	176

요셉의 작고 낡은 오버코트가…?	270
우리들만의 작은 집	32
움직이는 ㄱㄴㄷ	97
저만 알던 거인	238
제랄다와 거인	315
종이 봉지 공주	115
칠기 공주	115
크리스마스 선물	264
크리스마스 파티	260
크릭터	192
큰 늑대 작은 늑대	77
태양으로 날아간 화살	129
터널	161
팥죽 할멈과 호랑이	303
푸른 개	305
풀 도감	217
피터의 편지	297
휘파람을 불어요	321

살아 있는 교육 21

선생님, 우리 그림책 읽어요

글쓴이 강승숙 | **사진** 노익상

2010년 4월 12일 1판 1쇄 펴냄
2018년 5월 2일 1판 6쇄 펴냄

편집 이송희, 김성재, 김소영, 김용란, 문지원, 백승윤, 이경희, 이용석, 이지나, 조성우 | **디자인** 신수경
제작 심준엽 | **영업·홍보** 안명선, 양병희, 이옥한, 정영지, 조병범, 조서연, 최민용
경영 지원 임혜정, 전범준, 한선희
제판 (주)한국커뮤니케이션 | **인쇄** (주)로얄프로세스 | **제본** (주)과성제책

펴낸이 유문숙 | **펴낸 곳** (주)도서출판 보리 | **출판 등록** 1991년 8월 6일 제 9-279호
주소 (10881) 경기도 파주시 직지길 492 | **전화** 031-955-3535 | **전송** 031-955-3533
누리집 www.boribook.com | **전자 우편** bori@boribook.com

ⓒ 강승숙, 노익상 2010

이 책의 내용을 쓰고자 할 때는, 저작권자와 출판사의 허락을 받아야 합니다.
잘못된 책은 바꾸어 드립니다. 값은 뒤표지에 표시되어 있습니다.

보리는 나무 한 그루를 베어 낼 가치가 있는지 생각하며 책을 만듭니다.

ISBN 978-89-8428-611-5 03370

이 책의 국립중앙도서관 출판예정도서목록(CIP)은 서지정보유통지원시스템 홈페이지(http://seoji.nl.go.kr)와 국가자료공동목록시스템(http://www.nl.go.kr/kolisnet)에서 이용하실 수 있습니다.
(CIP 제어 번호: CIP2010001117)